U0928192

团队精神

尚水利　著

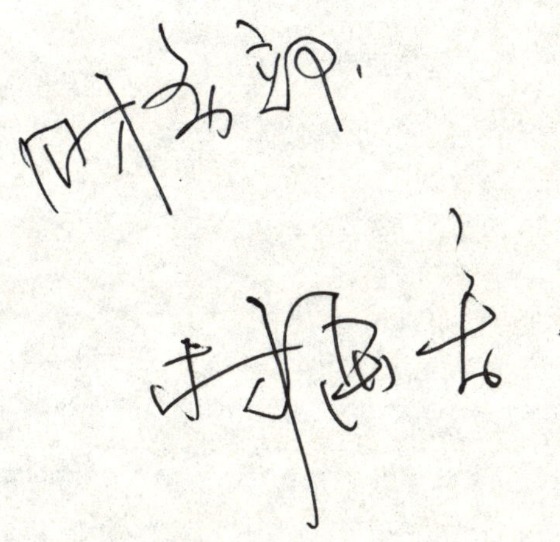

时事出版社

目　录

第二部分　团队中的个体分析

第三部分　团队中的领导分析

第四部分　团队行为分析

前 言

1945 年 8 月 15 日，日本宣布投降。美军进驻日本，占领军首脑麦克阿瑟将军说：日本生产效率只是美国的八分之一，即八个日本人干一个美国人的活儿。当时日本的经济情况使他们确信重建日本至少需要 50 年的时间。

确实是，日本在 1945 年的时候还没有中国的水平高，1949 年持平。但在 20 世纪 60 年代至 70 年代中期，日本创出了经济腾飞的奇迹，迅速成为世界经济大国。照理说，日本国土狭小，仅有 37 万多平方公里，实际上没有什么物质资源可言，然而在二三十年的时间里，却一跃成为世界上第二号经济大国。真有点令人不可思议。仅就技术而言，自 60 年代以来，日本已一个接一个地在世界工业技术领域里居领先地位。例如：在摩托车方面已使英国黯然失色；在汽车方面已胜过德国和美国；在手表、照相机、光学仪器方面已凌驾于德国和瑞士之上。为此，以美国为首的西方国家对日本式的奇迹产生了浓厚的兴趣，一些日本专家也对此现象进行了深入的反思，其结论是：日本企业强大竞争力的根源，不在于其员工个人能力的卓越，而在于其员工整体“团队合力”的强大，其中起关键作用的，是那种弥漫于其中的无处不在的“团队精神”。

拿破仑曾说：“战争中，军队的精神状态足以保障四分之三的胜利”，“世界上只有两种力量——剑和精神。从长远来说，精神总是能征服利剑。”至此，管理学的一种前沿学科——团队管理，应运而生，并迅速风靡于欧美。

谈到管理，向来是欧美人的天下，从泰勒、法约尔、马克斯·韦伯等为代表的古典管理理论到行为科学管理理论（如：梅奥的霍桑试验、马斯洛的需求层次论、赫茨伯格的双因素激励理论、斯金纳的强化理论等），到现代管理理论（如西蒙的科学决策理论、德鲁克的目标管理理论等），无一不是欧美人在这一领域独领风骚。现在他们却不得不面对现实，去向日本人学习管理理论，真乃此一时彼一时也。但仔细地想一想，你就会明白，由一般管理到集团或公司管理再到团队管理，这是一个由宏观到微观逐步过渡的过程，这个过程的发生不能不说是管理学上的一大变革和进步。

20世纪80年代，经营管理流行的术语是组织文化，团队工作（Teamworking）则是90年代的流行概念。越来越多的组织都把自己的员工划分成许多小组，人们在各自的小组内一起工作，每个人都有自己的工作要做，这些小组通常被叫做团队。以团队为基础的组织和工作方式，已经取得了越来越多的深远效果，以团队为基础的管理结构，并不是指简单地摆脱权威体系的束缚，领导者的主要任务是学会改变组织内权力的运用方式，改变对员工的评估标准体系。所以，从传统的等级制组织结构，到以团队为基础的组织结构的转变，是一个从量变到质变的过程，是对传统官僚体系组织结构的一次重大挑战。

同其他管理形式一样，成功的团队管理也是件复杂的事，不存在确保成功的简便易行的规则，也没有保持长久和谐性和较高生产率的神奇的指导方针。但是不管怎么说，还是有一些可称为团队管理基础的原则和概念。适当运作这些原理和概念，可能会给管理人员提供一种成功的机会。

1999年6月至12月，我有幸参加了中国高级人事管理培训中心组织的境外培训班，主要学习管理学的有关知识，先后在瑞士日内瓦大学、法国国家行政学院、英国文官学院（相当于中国的国家行政学院）等院校学习，并实地考察了一些知名企业，如雀巢公司、瑞士电信、瑞士梅花表总部、法国航空总公司、法国CEGO咨询公司等。在这半年的学习时间里，除了系统地接受国外先进管理思想的培训外，再次感受到了团队管理思想在国外运用的热潮。可以说，这种热潮目前已是愈演愈烈，浩浩荡荡。在此，愿将此理论根据自己的理解介绍给大家，以便资源共享。

本书的结构安排大致分四大块：第一部分是对团队的静态分析，包括什么是团队、团队的特征、团队的发展阶段、团队的内部结构与外部环境；第二部分是对团队中的员工认识，包括人性、气质、性格、能力和个体压力；第三部分是对团队中的领导进行分析，包括现代领导的一般理论、现代激励理论、有效地授权、时间管理、会议管理和领导情商；最后是对团队行为的分析，包括团队学习、团队创新、团队凝聚力与团队士气、团队沟通与冲突、团队人际关系、建设高绩效团队。

本书的最大特点是在每一章节都尽可能地给出一些量表，以便读者自我认知、自我定位与自我提高。

本书在写作过程中，参考和借鉴了国内外学者著作中的某些资料和思想，在此表示衷心感谢！

尚水利

2000 年 10 月 31 日

第一部分

团队的静态分析

第一章

什么是团队

龟兔赛跑是一个妇孺皆知的的故事。事后，小兔子哪能咽得下这口怨气。心想，在这个世界上，谁不知道我小兔子比乌龟跑得快，难道说一次偶然的结局能证明必然现象吗?

于是它决定和乌龟再来一场比赛，乌龟同意了。这次，兔子吸取了上次的教训，不敢懈怠和大意，它全力以赴，全神贯注地从头到尾一口气跑完，领先乌龟好几公里。可左等右等不见乌龟的到来，无奈之下，它决定返回探个究竟。这一看不要紧，令他大惊失色，原来它跑错道了，乌龟早已在另一个终点迎候它。

兔子的肚皮简直就要气爆了，非要和乌龟决一死战不可。乌龟心想：我是千年的王八，如果不比你聪明岂不是白活了吗？比就比，但它很清楚，照目前的方法比赛，迟早会被兔子击败。于是在选择行进路线时，它做了稍稍的改变。

比赛开始了，兔子为了确保自己立下的誓言，捍卫自己仅有的一点尊严，丝毫不敢大意，对准路标，飞驰而出，急速快跑。

突然间，它来了一个急刹车，为什么？一条大河波浪宽，终点就在河对岸。兔子呆坐在那里，一时不知该怎么办。此时，乌龟却一路姗姗而来，纵身跃入河里，不一会儿功夫，便游到了河对岸，将奖杯高举。

待乌龟游回来后，对小兔子说：“请记住，在这个世界上，再聪明的人也有你过不去的坎，何必非要争个你优我劣呢？为什么不能在陆地上你背着我，在河流里我背着你呢？要不再试验一把？”“行。”小兔子回答道。

它们一起出发了。在陆地上，兔子扛着乌龟，一路飞奔而去。直到河边，他们调了个个，乌龟匍匐在地上，等兔子安稳地趴在其背上后，便跃入了河中。不一会儿，它俩游到了河对岸，与前次乌龟到达终点相比，这次抵达终点的时间明显缩短了，速度明显快了许多。不仅如此，它俩还获得了一种更大的满足感和成就感。

因为它们不再互为竞争对手，而是一对同心协力、共同作战的合作伙伴。通过优势互补的合作，使它们真正体会到了合作的价值和意义。

弥补个人不足，发挥整体优势，这便是团队存在的价值所在。

在当今社会里，我们经常可以看到这样的情形，有些企业在创业时几个人都能互相配合，鼎力相助，在没资金、没人才、没项目的困难条件下都能取得成功。可是当企业做大以后，个人英雄主义膨胀，在有资金、有人才、有项目的情况下，企业却垮了，原因何在？所有的人都会不言而喻。没有组织的概念，没有团队的精神，他的所谓的组织充其量是一个集合体。在团队与集合体中，集合体没有共同的工作目标，而团队有；集合体没有多变的结构，而团队有；集合体没有领导核心，而团队有。但团队是需要营造的，高竞争力的团队是需要管理的，而不是搭建的。团队的个人目标和集体目标是一致的，个人业绩和团队业绩是统一的，这样才能协同作战，在竞争的年代里取得成功。一个组织需要能带领团队协同作战的领军人物，倡导这样一种氛围才能取得成功。如果没有团队合作的精神，个人的计划再精彩，可能也不会完满实施。无论是一个家庭，还是一个公司，或是一个社会，一个人的本事再大、能力再强，如果要做成一件事，没有其他人的帮助、协调是根本不可能成功的。中国有一句俗语叫一个篱笆三个桩，一个好汉三个帮。说的就是这个道理。特别是现在的竞争年代，世界经济的发展，社会分工越来越细化，产供销一条龙的时代将成为历史，单打独斗、尔虞我诈的无序竞争即将过去，你中有我、我中有你的合作竞争时代已经来临。不面对这一现实，不遵守这一游戏规则，被淘汰出局的将是自己。所以，一定要以合作的态度工作，既要明白自己的工作目标，也要知道别人在考虑什么、关心什么，相互理解，才能达到共同的目标。这就是我们所说的团队所要解决的问题。

一、团队为什么如此流行

20年前，当沃尔沃、丰田、通用食品等公司把团队引入它们的生产过程中时，曾轰动一时，成为新闻热点，因为当时没有几家公司这样做。现在，情况截然相反了，不采用团队方式的企业可能成为新闻热点了。随便翻开国外的一本商务期刊，你都会读到，在通用电气公司、美国电话电报公司、惠普公司、摩托罗拉公司、强生公司、澳大利亚航空公司、苹果电脑公司、联邦快递公司、克莱斯勒公司、3M公司、强蒂尔公司、爱默生电子公司等企业中，团队方式都是它们的主要运作形式。软件大王微软公司在美国以特殊的团队精神著称，像Windows2000这样的产品的研发，有超过3000名开发工程师和测试人员参与，写出了5000万行代码。没有高度统一的团队精神，没有全部参与者的默契与分工合作，这项工程是根本不可能完成的。甚至美国前总统克林顿就职后的第一件事就是对他的主要行政人员进行团队建设训练。其目的就是让团队成员理解，自己应如何运用自己的个性特征为团队作出贡献。因为这些内阁成员以后需要靠密切合作的团队精神，才能解决他们面临的大量问题。

团队为什么如此流行？追根溯源，还要从20世纪60年代日本的经济腾飞说起。60年代至70年代中期，日本经济迅速发展，成为世界经济大国，企业的国际竞争力跃居世界前列。就技术而言，自60年代以来，日本已一个接一个地在世界工业技术领域里居领先地位。特别是在产业技术方面，日本已达到了极高的水平。在高技术产业方面，除航天工业外，日本与美国几乎不相上下；在某些领域，如微处理机、光电技术、机器人等甚至已超过美国。目前，日本已成为美国最强有力的竞争对手。

90年代以来，虽然泡沫经济崩溃，日本经济进入低谷，不少企业也因此而度日维艰，惨淡经营，但包括许多中小企业在内的众多企业在国际上仍然具有很强的竞争力，从整个经营体系以及各项综合性指标来看，日本企业仍然堪称世界一流企业。

以美国为首的西方国家对日本企业展开了深入的研究，以寻求日本经济奇迹的秘密。日本各界也对“日本式经营”进行了深入探讨，以便总结经验。经研究，有一种观点为大家所普遍接受，那就是，在日本企业界无处不在的团队精神。

二、团队的定义与分类

“人以群分，物以类聚”，如果将组织看作是一个完整的人体，团队便是构成人体的各类系统，如消化系统、循环系统等，个人则是组织或团队的最基本的细胞。任何个人都不是孤立的，人总是生活在社会组织或群体中，并以组织和团队的身份和他人交往，在交往过程中，形成了类型各异、规模不同的各式各样的团队。所以，对团队来一个宏观的概览是非常必要的。

（一）什么是团队

一个人构不成团队，两个以上的个人的集合体也未必是团队。同在车站等车、码头候船的乘客、电影院里的观众、排队买东西的顾客等，都称不上是团队。

团队是一些才能互补并为负有共同责任的统一目标而奉献的少数人的集合。其重要特点是团队内成员间在心理上有一定联系，彼此之间发生相互影响。那些萍水相逢，偶然汇合在一起的一群人，虽然在时间、空间上有某些共同的特点，但他们之间在心理上没有什么相互影响和相互作用，因而称不上团队。团队的核心是共同奉献，动力是共同愿景（Shared Vision）、共同愿望中的景象，在一个团队中，才能互补很关键。

（二）形成团队的基本要素

1. 成员们有着共同的目标，为完成共同目标，成员之间彼此合作，这是构成和维持团队的基本条件；事实上，也正是这共同的目标，才确定了团队的性质。组织则不同，它是先有结构，后有任务、目标和发展方向。团队必须是先有目标，后有团队。更重要的是，团队的目标赋予团队一种高于团队成员个人总和的认同感。这种认同感为如何解决个人利益和团队利益的碰撞提供了有意义的标准，使得一些威胁性的冲突有可能顺利地转变为建设性的冲突，也正因为有团队目标的存在，团队中的每个人才都知道个人的坐标在哪儿，团队的坐标应在哪儿，否则黑白颠倒，轻重不分，团队将面临着灭顶之灾，也失去了其存在的价值。再说，正因为团队目标的存在，才使得团队成员在遇到紧急情况、面临失败风险等情况下全身心地投入，统一思想，形成合力，恐怕除了团队，没有人能够做到这一点，因为这些事件是对他们整体的挑战。

2. 各成员之间互相依赖，从行为心理上来说，成员之间在行为心理上相互作用、直接接触，彼此相互影响，彼此意识到团队中的其他个体，相互之间形成了一种默契和关心。不论何时，不论需要怎样的支持，成员之间都互相给予，而且他们也总是彼此协作，共同完成所需完成的各项工作。

3. 各成员具有团队意识，具有归属感，情感上有一种认同感，意识到“我们是这一团队中的人”，“我是这一群体中的一员”。每个人都有发自内心地感到有团队中他人的陪伴是件乐事。彼此心理放松，工作愉快，所以说，团队意识和归属感形成了团队的深刻意义。

4. 责任心。所有真正的团队，其队员都要共同分担他们在达到共同目的中的责任。世界上没有任何一个团队中的成员是不承担责任的，如果大家都不承担责任，实现共同的目标无疑是一种空中楼阁。请试想一下“老板让我负责”和“我们自己负责”之间微妙但却有重要的区别。前者可导致后者，但是，没有后者，就不会有团队。“我们自己负责”这么一句简单的话，却道出了一个核心问题，那就是我们自己对团队的承诺以及团队对我们的信任。事实上，当我们为了一个共同的目标，走到一起来了的时候，也就不可避免地承担起对团队的责任来。一事当前，如果人人都从自身找原因，而不是“归罪于外”，那么这个团队素质的提高就指日可待了。

（三）团队与群体的区别

在国内的众多著作中，我认为，没有真正地区分团队与群体；或者只是进行了很为肤浅的区分。如等候公共汽车的人群，甚至干脆将二者混同。不可否认，凡团队必是群体，但群体未必都是团队。二者有很大的区别。

下面我们先来看一下群体的定义：两个或两个以上相互依赖的个体，为了实现某个特定的目标而结合在一起。在群体中，成员通过相互作用，来共享信息，作出决策，帮助每个成员更好地承担起自己的责任。

人们如果选择了团队而不是群体，就要为建立共同的目的、目标和采取的方法，而承担必要的发生矛盾冲突的风险，承担开发共同产品的风险，承担集体行动的风险，自称是团队却没有承担些这风险，那就顶多是个伪团队，即仍然是个群体。

在团队中，通过其成员的共同努力能够产生积极协同作用，其团队成员努力的结果使团队的绩效水平远远大于个体成员绩效的总和，即 1+1>2 的结局。在群体中，成员不一定在非要到集体中才能工作，他们也不一定有机会这样做，在业绩上，他们仅仅依赖的是“个人绩效”的总和。即 1+1=2 的模式。表 1—1 明确展示了群体与团队的区别。

表 1—1　　群体与团队的区别

群　体	团　队
强有力的目标，明确的领导人	（团队）成员分担领导作用
个人负责制	个人负责和相互负责相结合
群体的目的与更广的组织任务是一致的	团队自己产生具体的目的
个人的工作产品	集体的工作产品
通过有效的会议运行	鼓励进行不限人员参加的讨论和积极的解决问题的会议
通过群体对他人的间接影响来评定其效率	通过评价集体的工作产品直接评定业绩
讨论、决策和代表作用	（团队成员）共同讨论、共同决策、也共同做实事

从一个群体发展为一个高效的团队，需要经过众多程序的磨练与实践。为了便于大家理解，我认为，采用被称为“团队绩效曲线”的简单框架很有帮助。

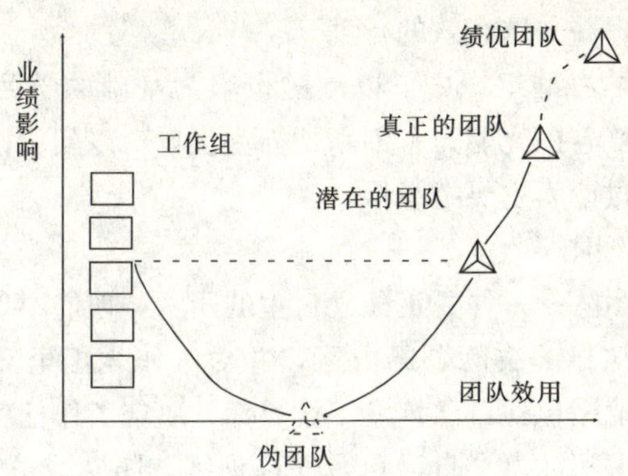

图 1—1 团队的绩效曲线

做这样的区分，其主要目的，是想通过团队的积极协同作用，提高组织绩效。而不仅仅是为了将群体换一种称呼而已。

（四）团队的类型

团队有很多种类型，每种类型的团队都有明显的特征和要求。

桑德斯特洛姆·戴穆斯根据四种变量，即团队成员与组织内其他成员差别化程度的高低、团队成员与其他成员进行工作时一体化程度的高低、团队工作周期的长短以及团队产出成果的类别，把团队分为四个类型：建议或参与型团队、生产或服务型团队、计划或发展型团队、行动或磋商型团队。

斯蒂芬·罗宾斯根据团队的存在目的，拥有自主权的大小，将团队分为三种类型：问题解决型团队、自我管理型团队和多功能型团队。

1. 问题解决型团队

团队成员往往就如何改进工作程序、方法等问题交换不同看法，并就如何提高产品质量、生产效率和改善工作环境等问题提供建议。在问题解决型团队里，团队的主要责任是通过调查研究、集思广益，理清组织的问题、忧虑与机会，拟出策略计划，或者执行计划。

20 世纪 80 年代，应用最广的一种问题解决型团队是质量圈。这种工作团队由职责范围部分重叠的员工及主管人员组成，人数一般在 8—10 人。他们定期相聚，来讨论他们面临的质量问题，调查问题的原因，提出解决问题的建议，并采取有效的行动。

在当前创见学习型组织中，以问题情境为基础的学习型团队正在推广。这种团队以培养探究能力和创新精神为主旨；以问题情境作为内容呈现方式；以小组讨论为主要组织形式。

2. 自我管理型团队

自我管理型团队是一种真正独立自主的团队，他们不仅探讨问题怎么解决，并且亲自执行解决问题的方案，并对工作承担全部责任。一般说来，他们的责任范围包括自己订立工作目标、决定工作任务的分配、控制工作节奏、安排工间休息。自己负责在职训练，团队成员充分发挥民主，共同决策，彻底的自我管理型团队甚至可以挑选自己的成员，并让成员相互进行绩效评估。例如，在美国的克利夫兰 L—S 电子电镀公司，整个工厂是按照自我管理型团队来经营的，他们制定自己的工作日程表，自己轮换工作，设置生产目标，建立与能力相关的薪资标准，解雇同事，聘用员工。工厂总经理说："不到他们正式上班的时间，我从来不会见到一个新员工。"

目前，像我们所熟知的美国著名的施乐公司、通用汽车公司、百事可乐公司、惠普公司等，实行的都是自我管理型的团队。现在，美国大约五分之一的公司采用了这种团队形式。专家们预测，到目前为止，40—50% 的美国工人可以通过这种团队形式来管理自己。

3. 多功能型团队

多功能型团队由来自同一等级、不同工作领域的员工组成，他们来到一起之后，使组织内（甚至组织与组织之间）员工之间交换信息，激发出新的观点，解决面临的问题，协调完成复杂的项目。例如，在 20 世纪 60 年代，IBM 公司为了开发卓有成效的 360 系统，组织了一个大型的任务攻坚队，攻坚队成员来自于公司的多个部门。任务攻坚队其实就是一个临时性的多功能团队。但是，实行这种团队形式，由于团队成员知识、背景、经历和观点不同，再加上需要处理复杂多样的工作任务，因此，建立起有效的合作尚需时日。

英国的管理顾问、网络研究专家威廉斯，把团队区分为团体和工作队。并提出“团体—工作队连续统”理论，见图1—2。

图1—2 团体—工作队连续统

连续统的一端是个人的松散联盟，不太需要合作，他们不用相互沟通，不用做太多的集体决定，没有也行，有了更好。需要经常下现场工作的工程师就属于这一类，他们凑到一起的时间不多，早上接受任务时才见面。另一端是紧密结合的工作队，他们的成绩取决于是否紧密、有效地合作。这种紧密合作，不一定非得拥有间办公室，每天都在一起工作，也可以天南海北各一方。设计工作队就是这一类的典型。

任何团队都可以根据其相互信赖程度和共性程度这两个因素在连续统中找到自己的位置。

威廉斯还归纳出团体与工作队的四点差别：

（1）期望。工作队在成员参与、投入、合作与支持等方面的期望要比团体较高，而且要求也较严格。在工作队中，每位队员期望自己做到而且别人对自己也做到是完全合法的，而在团体里，彼此间可能只是简单的和睦相处，相互支持与合作较少。

（2）沟通。由于工作队对信息交流、集体决策、开放程度、建立更多关系的要求比团体高，所以工作队就相应地要求有比团体更复杂的沟通结构。

（3）运行方法。因为工作队成员间相互依赖程度高，工作必须相互配合才能完成，所以格外关心共同工作的运行方法。团体不用太多相互依赖，所以不用太讲究运行方法，对管理工作要求也不高。

（4）亲近程度。亲近程度是指大家应在什么程度上相互了解，从而应在什么程度上相互分开。

在工作队中，同事间相互了解得多，依赖性强，从而个性特征难以显露。而多数团体成员彼此间却在很大程度上可以独立行事。

三、团队建立的方法与发展阶段

团队建立的方法有五种：人际交往法、角色界定法、价值观法、任务导向法和社会认同法。

人际交往法强调团队成员之间进行交往的方式，目的是确保团队成员以诚实的方式交往。角色界定法勾勒出了多种角色模式和群体过程，目的是使个人清醒地认识到员工个人所做贡献的类型。价值观法强调团队拥有价值观念的重要性，所有成员都应拥有这些价值观，在工作中，着力于培养共同的团队价值观，这样，就能以一贯的同样的方式指导每个团队成员的行为。社会认同法是通过有效的交流来提高团队的凝聚力，通过展示团队成就和职业化鼓励成员为自己的团队感到自豪。

如同每个人在人生之路上所走的路各自不同一样，每个团队都会以不同的建立方法经历五个发展阶段：组建期、激荡期、规范期、执行期和休整期。

（一）组建期

在一个组织中组建团队一般有两种可能：一是建立以团队为基础的组织，即以团队为整个组织的运行基础；二是在组织中有限的范围内或在完成某些任务时采用团队的形式。其特点是，团队的目的、结构、领导都不确定。团队成员各自摸索群体可以接受的行为规范。当团队成员开始把自己看作是团队的一员时，这个阶段就结束了。

在这个阶段，主要应完成以下两方面的工作：一方面是形成团队的内部结构框架；另一方面是建立团队与外界的初步联系。

1. 形成团队的内部结构框架

团队的内部结构框架主要包括团队的任务、目标、角色、规模、领导、规范等。

在其形成过程中，下列问题是我们必须要明白的：

（1）是否该组建这样的团队？

(2) 团队的任务是什么?

(3) 团队中应包括什么样的成员?

(4) 成员的角色分配如何?

(5) 团队的规模要多大?

(6) 团队生存需要什么样的行为准则?

2. 建立团队与外界的初步联系

主要包括:(1) 建立起团队与组织的联系;(2) 确立团队的权限;(3) 建立对团队的绩效进行考评、对团队的行为进行激励与约束的制度体系;(4) 建立团队与组织外部的联系与协调的关系,如建立与企业顾客、企业协作者的联系,努力与社会制度和文化取得协调等。

在团队组建之初,团队成员比较关注所要做的工作的目标和工作程序。

在人际关系的发展方面表现为,成员之间相互了解和相互交往,彼此呈现出一种在一起的兴趣和新鲜感。所有团队成员需要明白:"人们对我的期望如何?我如何才能融入团队?我们该做什么?有什么规矩?"

在行为方面则可能表现为:在完全了解情势之前,不会轻易投入;承受着可能的对个人期望的模糊和不确定状况;保持礼貌和矜持,至少一开始不表现出敌视态度等等。

(二) 激荡期

团队经过组建阶段后,隐藏的问题逐渐暴露,团队内部冲突加剧,虽然说团队成员接受了团队的存在,但对团队加给他们的约束,仍然予以抵制。而且,对于谁可以控制这个团队,还存在争执,互不服气。在这一阶段,热情往往让位于挫折和愤怒。抗拒、较劲、嫉妒是常有的现象,那些团队组建之初就确立的基本原则可能像旋风中的大树一样被打倒。这个阶段之所以重要,是因为如果团队成员可以安全通过的话,出现在面前的就不再是支离破碎的部分,而是团队本身了。

激荡包括成员与成员之间、成员与环境之间、新旧观念与行为之间三方面的激荡。

1. 成员与成员之间的激荡

团队进入激荡期后,成员之间由于立场、观念、方法、行为等方面的差异必然会产生各种冲突，什么工作行为、任务目标、工作指导等统统忘却于脑后。此时，人际关系陷入紧张局面，甚至出现敌视、强烈情绪及向领导者挑战的情况。其结果是，一些人可能暂时回避，一些人准备退出。

2. 成员与环境之间的激荡

首先，这种激荡体现在成员与组织技术系统之间的激荡。如团队成员在新的环境中可能对团队采用的信息技术系统或新的制作技术不熟悉，经常出差错。这时最紧迫的是进行技能培训，使成员迅速掌握团队采用的技术。

其次，成员与组织制度系统之间的激荡。在团队建设中，组织会在其内部建立起尽量与团队运作相适应的制度体系，如人事制度、考评制度、奖惩制度等。但是，由于这些制度是在组织范围内制定和实施的，相对于小范围的团队来说，未必有效，也就是说，针对性差。所以制定适应团队发展的行为规范已迫在眉睫。

再次，团队成员与组织其他部门之间的关系磨合。团队在成长过程中，与组织其他部门要发生各种各样的关系，也会产生各种各样的矛盾冲突，需要进行很好的协调。

最后，团队与社会制度及文化之间的关系也需要协调。

3. 新旧观念与行为之间的激荡

团队在激荡期会产生新旧观念、行为之间的激荡。表 1—2 是传统组织与团队的一些主要区别。

表 1—2　　传统组织与团队的主要区别

	传统组织	团　队
决策方面	往往以领导决策为主，专断的情况多	集体决策及成员参与决策
组织方面	强调严格的分工、等级制度与硬性的规章	职责划分非常灵活，成员彼此平等，行为准则很有弹性
领导方面	强调命令与服从，很少有民主	强调民主与自我管理
控制方面	重监督、惩罚与强制	强调共同目标下的自我督导
文化方面	重视各安其位、严格执行、绝对服从	重视互相帮助、互相协作、活力热忱

由表1—2可知，在传统组织中进行团队建设将不得不面临着一系列行为方式的激荡与改变。在这一过程中，团队建设可能会碰到很多阻力。如：成员可能会因为害怕责任、害怕未知、害怕改变等而拒绝新的团队行为方式；领导也可能会因为可能的权力变小而拒绝放弃严厉控制等。这时需要运用一系列手段来促进团队的成长。

（三）规范期

经过一段时间的激荡，团队将逐渐走向规范。在这个阶段中，团队内部成员之间开始形成亲密的关系，团队表现出一定的凝聚力。这时会产生强烈的团队身份感和友谊关系，彼此之间保持积极的态度，表现出相互之间的理解、关心和友爱，并再次把注意力转移到工作任务和目标上来，大家关心的问题是彼此的合作和团队的发展。团队成员对新的技术、制度也逐步熟悉和适应，并在新旧制度之间寻求某种均衡。团队与环境的关系也逐渐地理顺。

在新旧观念的交锋中，新型的观念逐渐占据上风，并逐渐为团队成员普遍接受。总之，团队会逐步克服团队建设中碰到的一系列阻力，新的行为规范得到确立并为大家所遵从。

在这一阶段，团队面临的主要危险是团队的成员因为害怕遇到更多的冲突而不愿提出自己的好建议。这时的工作重点就是通过提高团队成员的责任心和权威，来帮助他们放弃沉默。给团队成员新的挑战显示出彼此之间的信任。

当团队结构稳定下来，团队对于什么是正确的行为基本达成共识时，这个阶段就结束了。

（四）执行期

“养兵千日，用兵一时”。在这个阶段，团队结构已经开始充分地发挥作用，并已被团队成员完全接受。团队成员的注意力已经从试图相互认识和理解转移到充满自信地完成手头的任务。至此，人们已经学会了如何建设性地提出不同意见，能经受住一定程度的风险，并且能用他们的全部能量去面对各种挑战。大家高度互信、彼此尊重，也呈现出接收团队外部新方法、新输入和自我创新的学习性状态。整个团队已熟练掌握如何处理内部冲突的技巧，也学会了团队决策和团队会议的各类方法，并能通过团队会议来集中大家的智慧作出高效决策，及通过大家的共同努力去追求团队的成功。在执行任务过程中，团队成员加深了了解，增进了友谊，除了高度的相互信任外，还可以退后一步，让团队显示自己巨大的能量。

（五）休整期

在休整期，对团队而言，有以下几种可能的结局：

1. 团队解散。为完成某项特定任务而组建的团队，伴随着任务的完成，团队也会因任务的完成而解散。此时，高绩效不再是压倒一切的首要任务，注意力放到了团队的收尾工作。这个阶段，团队成员的反应差异很大，有的很乐观，沉浸于团队的成就中，有的则很悲观，惋惜在共同的工作团队中建立起的友谊关系，不能再像以前那样继续下去。

2. 团队休整。对于另外一些团队，如大公司的执行委员会，在完成阶段性工作任务（如一年为周期）之后，会开始暂时休整而准备进入下一个工作周期，此间可能会有团队成员的更替，即可能有新成员加入，或有原成员流出。

3. 团队整顿。对于表现差强人意的团队，进入休整期后，可能会被勒令整顿，整顿的一个重要内容就是优化团队规范。在这里，皮尔尼克提出的“规范分析法”非常值得我们借鉴。

首先，明确团队已经形成的规范，尤其是那些起消极作用的规范，如强人领导而非共同领导、个别负责任而非联合责任、彼此攻击而非互相支持等。

其次，制定规范剖面图得出规范差距曲线。

再次，听取各方面对这些规范进行改革的意见，经过充分的民主讨论，制定系统的改革方案，包括责任、信息交流、反馈、奖励和招收新员工等。

最后，对改革措施实现跟踪评价，并作必要的调整。

四、团队的功能

由于团队是介于组织和个人之间的人群结合体，因而它的作用主要是起到桥梁和纽带作用。总的来说，群体的功能就是贯彻执行组织的任务，协调群体成员之间的关系，满足成员的合理要求。

（一）组织采用团队的原因

一是创造团结精神。组织采用团队，员工通过合作提高了团队士气，同时还可以创造一种工作满意度的氛围。二是使高层管理者有时间进行战略性的思考。任何一个庞大的组织要想有效地达到其目标，都必须分工合作，把最终目标分成若干分目标，分配给团队，在团队内部任务和责任落实到个人。采用团队形式，尤其是自我管理团队形式，使高层管理者得以脱身去作更多的战略性的规划。否则，高层管理者将不可避免地成为“救火队长”。三是提高决策速度。团队能够促进员工参与决策过程，有助于管理人员增强组织的民主气氛，提高工人的积极性。四是员工组成的多元化易于产生新颖的创意。团队能把互补的技能和经验带到一起，这些经验和技能超过了团队中任何个人的技能和经验，使团队在更大范围内能应付多方面的挑战。五是提高业绩。团队能够给雇员提供更好的环境，且比传统的部门结构或其他形式群体更灵活，反应更迅速。相比传统的以个体为中心的工作设计，团队方式可以减少浪费，减轻官僚主义作风、增加员工建议等优势，其工作绩效明显高于单个个体的工作绩效。卡特森伯奇和斯密斯甚至认为：如果一位主管人员的目的是领导一个充满活力的组织，那么，他就必须放弃事必亲躬的方式，应该建立起允许进行自我管理、自我控制的经营结构和系统，即团队。

（二）团队对个人心理的影响

1. 增加力量感，获得安全感。首先，一个人生存在社会上，总会遇到各种困难和危险，当一个人只有融入一个团队中时，在对付共同的敌人或某种威胁时，团队才可以增加个人的安全感与力量感，团队内各成员力量的结合并非是若干个体的简单相加，而是使个体有机地结合成一种新的力量。团队的这种力量甚至可以击败权威的行使。其次，在团队里，人们对一些变革的行为也较有准备。因为，团队中的人们都要对集体负责，变革对团队的威胁要比个人对付这些变化大得多。

2. 获得归属感。归属需要是人的基本需要，就是每个人都希望自己归属于一个群体，成为这个群体的一员，只有当个人归属于团队时，才能免除孤独的恐惧感，获得心理上的安全感。一个人如果归属问题得不到解决，或者说不能很好地解决，必然是孤立无援，如同失落荒野、心绪难宁、才智难展。事实上，团队成员在团队中，比个人独处时，有更多愉快的事。如聚会、庆祝活动等，工作中的幽默感更是能帮助人们对付工作和生活中的紧张和压力。

3. 满足社交的需要。在团队中，个人可以与团队中的其他成员进行各种信息的交流和沟通，进而促进人与人之间的感情交流，促进团队成员之间相互联系、相互了解，获得同情、友情和支持，当团队内部出现某种隔阂时，可以利用团队的力量，做好协调促进转化工作。

4. 满足自尊与成就的需要。通过团队参与，一个人不但可以体会自己是社会的一分子，且能确认自己在社会中的地位；倘若一个人的作为不被他人尊重，或承认，就会产生失落感，甚至丧失生活的信心。在团队中，个人因其地位，而受人欢迎，受人尊重；大家朝夕相处，患难与共，彼此了解，可满足其心理的自尊需要。在团队中，成员之间团结协作，可以取得个人难以取得的成就，更使那些强烈地希望干一番事业、实现某种理想的人，通过为团队做出贡献得以实现，从而满足成员的成就需要。一个人若游离于团队之外，其成就的需要就成了空中楼阁了。

团队中的人们有更多的灵活性，这是因为团队为人们提供了发挥自己才能的广阔空间，且又受层级制的限制较少。况且，在团队中更支持那些不循规蹈矩，敢于吃螃蟹的人，因为它更看中的是目标的完成。

5. 增加自信。首先，在团队中通过大家交换意见，提出一致的结论，可以使个人对社会情景中某些不明确、无把握的看法，获得支持，增加信心和勇气。其次，团队通过共同克服困难，能够使人们对相互的能力建立起信任和信心。克服障碍，取得业绩，这就是使分散的人们成为团队的原因这一。

团队的主要功能是执行任务和满足员工的需要。任何一个团队如果能同时完成这两项目标，便是高效率的团队；如果只完成了第一项任务，而没有完成第二项任务，只能算是成功的团队，但不能算是高绩效的团队。

（三）团队对个体行为的影响与制约

团队是由个人组成的，个体组成团队后，就会对个人的行为产生影响，使个体表现出不同于个体单独情境时的行为反应，形成了“总体超越了部分的总和”。此时，个人的价值观、态度与团队成员所共有的价值观、态度有密切的关系。个体的许多行为，是通过团队来形成或改变的。

1. 社会助长作用

即个人在工作中，由于团队中的其他成员在场，激起了更强的工作动机，从而使工作效率比个人单独干时高。如在企业中，一般工人所从事的简单而熟练的工作，诸如装配零件等，各自独做（互不相见）和与数人在一起工作的工作效率大不一样，一般情况下，后者成绩较佳。其主要原因是：与他人一起工作消除了单调情结，提高工作热情。再说，由于别人在场，能唤起竞争意识和被评价意识，使自己感到有竞争的压力。大家在一起工作，总会有个比较，一般情况下，谁也不想落后，都会暗中使劲，好给他人留下一个好印象，否则，做得不好或不如别人好，“面子”上说不过去。当然，一些需要集中注意力的思考性工作，尤其是进行创造性思维活动，人越多，心越烦，注意力集中不起来，导致效率降低。不一定能产生社会助长作用，不过也应当允许特殊的存在，如头脑风暴法就是例外。

2. 社会标准化倾向

人们在单独情境下个体差异很大，而在团队中，团队成员在相互作用与影响下，会互相模仿、暗示、顺从。久而久之，团队成员会产生近乎一致的行为、情绪和态度。慢慢地使团队成员对事物有大体一致的看法，对工作有一定标准。这就是社会标准，并逐渐地在生活或工作中趋同或遵守这一标准，整个过程就叫社会标准化倾向。任何一名团队之外的成员要想融入某一团队其中，首先必须接受这个团队的独特行为标准和行为准则。社会标准化倾向的结果，形成了团队的各种规范。团队规范不仅约束着人们的行为，而且还能对个体产生一种动力作用，促使个体的行为发生变化，改变人们的行为。

3. 形成团队压力

先看下面的案例：

假设你所在的团队正在开会，就某一事商讨对策。你所在的团队共八人。开会之前，你准时赶到，但与会人员仍有几个尚未露面，所以你就同其他人闲聊起来。最后，全部到齐，会议开始。大家就所议之事各抒己见。慢慢地形势逐渐明朗化，众人纷纷称赞 X 方法是解决问题的最佳途径。然而你却极力推崇 Y 方法。每个人都倾听你的高见。人们向你提出了问题并对你的建议做出了褒贬不一的评论，讨论进行得很热烈。

少顷，团队领导说："好吧，我们已就这个问题讨论了一会儿，现在可以看看大家还有什么要说的。"显然，他想将刚才的讨论加以归纳总结。讨论是非正式的，与会者以各自的方式一个接一个地表示赞同 X 方法。此时，你心里感到有些不快，处境尴尬。也许是心理作用，你感到人们似乎把注意力都集中到了你身上，领导也向你投来了询问的目光。你再次以简洁的话语表达了你的观点：Y 方法是正确的，X 方法是错误的。

此时团队压力开始产生了，大家的注意力都集中在你身上。于是会议主持人说道："这样吧，我们还有一点时间，何不就这一问题再讨论一会儿?"然后转向你说："你能否就自己的观点做一个简要的说明?"你当然以一种自恃有理的姿态再次表明了你的观点。现在所有的人都在关注你了，你俨然成了舞台上的中心人物，众人纷纷向你提出质疑，以判断你的观点是否正确。

这个过程持续了一会儿，人们开始有点坐立不安。最后有人对你说："也许我们的分歧并不像看起来那么严重，真正的差异只不过是语言表达不同而已。小的分歧一旦夸大，看起来就严重了。"会议主持人也补充说道："时间不早了，我认为该对这个问题做一结论了。每次我们都说要开短会，可每次在不知不觉中开了个长会。"接着有人笑着对你说："其实你完全可以同意 X 方法，要是这样的话，我们的会议早就结束了。"

你很清楚你目前的环境与压力。人们方才那一番话的潜台词就是：别在耽误我们的时间了，我们还有别的事呢。

然而，你再次据理力争，坚信 Y 方法是用来解决该问题的最佳方案。会场顿时一片沉寂。过了一会儿，终于有人挺身而出："我的天哪！你这人怎么这样，你老调重谈有大半天了，一点新意都没有。"这句话犹如捅了马蜂窝，其他人的攻击接踵而来，大家从各个不同的方面对你进行种种指责。有人说你以前也曾犯过同样的错误；也有人说你没有团队合作精神等等。就连领导也好像加入了他们的行列。

但是你仍然坚持己见，一丝不苟，仍坚信Y方法是解决问题的惟一正确途径。所以你无论如何也接受不了X方法。你据理力争，口干舌燥，孤立无援。时间就这样一分一秒地过去了。

随之而来的结果又如何呢?

你的情绪一落千丈，你知道再争辩下去也毫无意义。众人的目光也从你的身上移开了，对你的任何“高见”都不管不问。

最后其中的一位与会者对会议主持人说：“我们在这个问题上已经纠缠了一个半小时。我们还有其他事要办。我认为我们应该接受X方法，进入下一个议程。”其他人都彼此交换眼色，并以一种探询的目光注视着领导，而不再关注你的存在。并且人们对决定采用X方法的理由做了总结。此时有人说：“好了，我们已决定采纳X方法，进入下一个议题吧!”

在以后的几分钟里你沉默不语，因为大家对你视而不见，听而不闻。你听到了对接受X方法所做的理由概括，既然X方法不合理，所以你再次谈了自己的看法。有两三个人注视着你谈话却没说什么，其他的人好像都置若罔闻。会议主持人最后说道：“我们接着讨论下一个议题吧!”会议继续开下去。

你清楚所发生的一切意味着什么。你的心理状态趋于封闭。你感到自己已经游离于团队之外。当你讲话时，没有人听你的，你对他人已无任何影响力。换句话说，你已被团队所淘汰。

从上述案例，我们可以看出，团队压力，是指在团队内，当个人的意见与多数人的意见不一致时，团队对个体施加的一种阻止力量，使个体在心理上产生一种压抑、压迫感。团队压力是行为个体的一种心理感受。个体行为目标与团队目标偏离越大，来自于团队的压力就越大。同时，个体心理越脆弱，其对团队压力的感受就越强烈。

团队对背离者会施以压力。据研究，通常团队压力过程有四个阶段：

(1) 理性的说服阶段。如果个体与团队持有不同观点，其他团队成员首先会友好地劝说，希望个体放弃个人意见，此时对个体的压力不大。

(2) 情感的引导阶段。其他成员会采取感情亲近的策略，好言相劝，陈明利害，来提醒背离者，希望他改弦更张。

（3）直接的攻击阶段。当团队发现理性的探讨不起作用，亲善的政策也失效，团队压力的第三个阶段随之到来，即攻击阶段。多数人便开始了攻击，当面讽刺、挖苦、顶撞，团队其他成员力图击败背离者，使其归顺。

（4）开除背离者阶段。上述几个阶段仍未成效，个体仍一意孤行，团队中的多数人便失去了耐心，这是真正的最后阶段，是团队对背离者的清除。采取不理政策，断绝同他沟通，使其孤立。这个阶段，对大多数人来说，可能是一种十分严重而令人生畏的后果。人们对此越是畏惧，则对该团队越是重视。身心的孤独，确实给人带来极大的恐慌。谁也不愿遭到朋友或同事的抛弃。人们往往在团队压力初显端倪之时，就屈从转向了。在理性讨论阶段和情感诱惑阶段就“放弃了原先对团队的背离行为”。

团队压力过程中的矛盾在于，团队通过上述四个阶段对背叛者施加的压力越大，那么背离者欲放弃背离行为的困难也就越大。在团队压力的第一阶段，背离者容易屈从团队压力而改变他的立场（这样做可以保住面子）。如果在团队施以情感政策阶段中“做出屈服”，这虽使背离者稍感局促不安，但不致于十分窘迫。但是在团队的攻击阶段，背离者如做出让步，则会十分难堪。为此他不得不陷入“四面楚歌”的境地，而一旦背离者在被团队开除的情况下，不得不改变初衷，事情就无法挽回了，因为此时不会有人接受背离者的屈服了，个体备受孤独折磨。

4. 从众行为

从众行为，是指个人在团队中，不知不觉地受到团队的“压力”，而在意见判断和行为上表现出与团队中大多数人相一致的现象。从众行为不都是天赋的本能，绝大多数情况下是在后天习得的，即学会的倾向性。

从众行为，最早是由美国心理学家谢里夫通过实验证明的。20 世纪 50 年代被美国的社会心理学家阿希的实验进一步确认。

阿希试验

阿希把测试人员七至九人分成一组，让他们坐在教室里看两张卡片，如图 1—3 所示。一张卡片上画着一条直线，另一张卡片上画着三条直线，三条直线的长度不同，让大家比较三条直线的卡片上哪条直线与另一张卡片上的直线长短相等，线段的长短差异是非常明显的。在通常情况下，被试者都能判断出 A＝c，判断错误的概率小于 1％。但阿希为了检测从众压力，对实验预先作了布置，在九个人的实验组中对八个人都要求他们故意作出一致的错误判断，例如 A＝a。第九个人并不知道事先有了布置，在安排座位时，也有意让不知情的被试者坐在最后，以便让他作最后判断。当他人依次说出 A＝a 时，被测试者所面临的选择形势是：公开说出自己的正确想法，或者，跟随团队作出一个自己坚信是错误的答案。阿希曾组织了许多实验组进行这样的实验。统计分析表明，大约有 37％放弃了自己的正确判断而顺他人的错误判断。

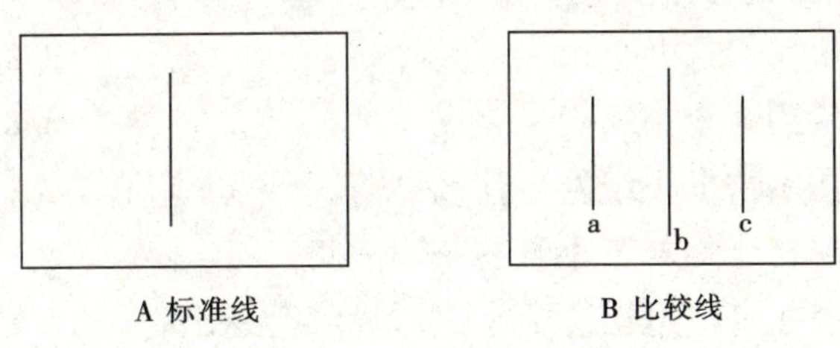

图 1—3　阿希实验的卡片

一个人走进候诊室，向四周一看，感到十分惊讶：先来的人都只穿着内衣裤坐着等候。他们穿着内衣裤喝咖啡、抽烟、读报、聊天。这个人起初迷惑不解，后来断定这群人：说不定知道一些他所不知道的内情。20 秒钟后，他也脱下外衣坐着候诊。

有个人在办公大楼耐心地等电梯，当梯门打开时，他看见电梯内每个人都面朝内，背朝外。于是，当他踏进电梯后，也面朝内，背朝外。

这些都是从众行为。

从众行为有时是必要的。社会生活需要互相合作，如果没有一致的行动，社会组织势将崩溃。况且，在特定的情况下，当你茫然不知所措时，仿效他人的行动和见解不失为一种权宜之计。然而，从众会牺牲我们的个性，妨碍我们产生新的见解，压抑个人的独创精神。

在现实生活中，从众行为是大量存在的，对从众行为的认识，切不可武断从事，因为，从众行为并非都是消极的、不好的。其实，从众行为既有消极的一面，也有积极的一面。

在一个团队中，有的从众是识大体，顾大局，保证团队成员间的统一认识和统一行为，以便同心协力，提高团队活动的良好秩序和效率。还有的从众行为是在个体无法确定自己的想法和行为是否正确时，只能参照别人的意见和行为，这时个体的内心会产生一种安全感，增强自信心。当然，大家公认的准则和规范，如按时上下班，按时完成工作任务，从众就更没有什么异议了。

自测题：你想加入团队吗？回想近期你所加入过的一个团队，根据你在团队生活中的感觉回答以下 20 个小题。从 1 至 9 表示由“同意”到“不同意”。

	同意　　不同意
（1）我想继续成为这个小组的成员。	1 2 3 4 5 6 7 8 9
（2）我喜欢我们这个小组。	1 2 3 4 5 6 7 8 9
（3）我盼望到这个小组中来。	1 2 3 4 5 6 7 8 9
（4）我不在乎这个小组发生什么事情。	1 2 3 4 5 6 7 8 9
（5）我感到自己参与了小组的一切活动。	1 2 3 4 5 6 7 8 9
（6）如果现在可以退出这个小组，我就会退出。	1 2 3 4 5 6 7 8 9
（7）我害怕到这个小组中。	1 2 3 4 5 6 7 8 9
（8）我希望这个小组现在就结束。	1 2 3 4 5 6 7 8 9
（9）我对这个小组不满意。	1 2 3 4 5 6 7 8 9
（10）如果现在可以转入其他小组，我就会这样做。	1 2 3 4 5 6 7 8 9
（11）我觉得自己真正参与到小组活动中了。	1 2 3 4 5 6 7 8 9
（12）尽管存在个体差异，我们这个小组还是很团结。	1 2 3 4 5 6 7 8 9
（13）与我所了解的其他小组相比，我觉得我们这个小组比大多数小组都好。	1 2 3 4 5 6 7 8 9
（14）我觉得自己不属于小组活动的一分子。	1 2 3 4 5 6 7 8 9
（15）我觉得如果我不在这里，小组就会是另外一个样子。	1 2 3 4 5 6 7 8 9
（16）如果有人告诉我，小组今天不碰面，我会很难过。	1 2 3 4 5 6 7 8 9
（17）我觉得自己与小组有一定的距离。	1 2 3 4 5 6 7 8 9
（18）这个小组的活动对我来说很重要。	1 2 3 4 5 6 7 8 9
（19）我觉得自己的缺席对小组没有多大影响。	1 2 3 4 5 6 7 8 9
（20）如果漏掉一次小组会议，我不会感到难过。	1 2 3 4 5 6 7 8 9

说明：累加第 4，6，7，8，9，1，14，17，19，20 项的得分；对其余各项用 10 减去你所得的分数，得到一个校正后的分数。比如说，如果

你的第一项得 3 分，那么你的校正分数就是 10－3＝7 分，把上述 10 个直接得分和所有校正后的分数累加起来，分值越高，说明你对集体的感情就越强。

第二章

团队的内部结构与外部环境

团队是由人构成的，这是真理。但由什么样的人来构成，由多少人来构成，分别扮演什么样的角色，处于什么样的地位，这是学问。这些人在什么样的环境下工作，这是条件。

一、团队的内部结构

过去我们常说：一山不容二虎。试想，要是一个公老虎和母老虎呢？情况恐怕就大不相同了。三个诸葛亮在一起工作，必定是阴谋诡计丛生的地方；三个曹操能行吗？争权夺利，乌烟瘴气是其必然的结局。

（一）团队规模

在团队的户外训练中，有一个有趣的试验，即每个人伸出一根手指头，将一根足够长的棍子，放在站成一排的人的手指头上方，然后一声令下，让棍子下降，只要超过 20 个人做此游戏，一个有趣的现象是：棍子要么倾斜掉下来，要么非降而升。当然，前提是确保每个人的手指头自始至终都必须紧挨着这根棍子。为什么会出现这种情况？因为当一个人意识到他的手没有跟上其他人的节奏时，就会马上调整，调整的结果往往是向上抬高自己的手指，个别人的抬高又使得其他人的手指够不着棍子，这些人也不得不抬高自己的手指，依此类推。俗话说，人多好办事，现在看来，未必如此。

在 20 世纪 20 年代末，德国心理学家瑞格尔曼在拉绳实验中，比较了个人绩效和团队绩效。他原来认为，团队绩效应等于个人绩效的总和。即，三个人一起拉绳的拉力应是一个人的三倍，同理，八个人应是一个人的八倍，但是实验结果证明，三人团队产生的拉力只是单个人的 2.5 倍，不是三倍，八人团队的拉力更不是单个人的八倍，还不到一个人拉力的四倍。按理说，一个团队如果凝聚力强，强大的团队精神会激励其成员更加努力地工作，从而提高整体作战能力。但随着团队规模的扩大，团队的生产力却呈现下降的趋势。这是为什么呢？

1. 根据社会公平理论，每个人都会在自觉与不自觉中比较自己与他人的贡献与收入的平衡问题，如果他认为其他成员没有尽到自己应尽的职责，而在收入上与自己相差无已，甚至还高于自己，他就很有可能会降低自己的努力程度，以寻求一种内心的平衡。人数越多，公平问题越难处理，失衡问题也就越严重。

2. 关于绩效评估。在组织中，他强调的是整个团队的绩效，所有团队活动的结果都不能归结为某个人的作用，这就将个人的投入与团队产出之间的关系搞模糊了。换言之，当个人认为自己的贡献无法衡量时，个人就会降低自己对团队的努力，团队的效率自然就会降低了。

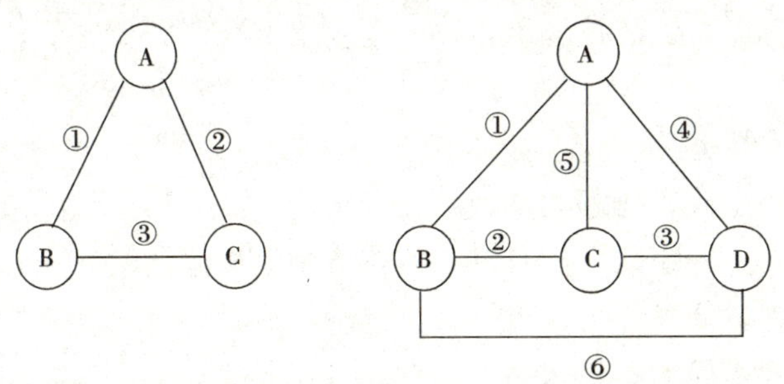

图 2—1　团队人数与人际关系图

3. 就团队活动过程来说，团队规模过大，很难进行流畅的配合，进而采取及时有效的行动。因为团队规模的增大，团队成员不同点也增多，成员之间彼此了解的程度就会越低，沟通的减少就意味着冲突的增多，人际关系就会处于一种“微妙”的状态。通过图 2—1，我们可以清楚地了解人数的多少与人际关系的处理问题。假如一个团队只有三个人，一个领导，两个小兵，相互之间的关系，只有三重；现在我们再增加一名员工，那么，人与人之间的关系，就上升为六重了，整个地翻了一番。

当然，我们也不是说，人数越少越好，关键要看情况，外国心理学家詹姆斯曾对符合团队特征的 9129 个团队进行了分析。其结果是，在大多数情况下，团队的人数为 2～7 人。如果团队的目标是调查事情的真相，那么应该是大一点的团队要好一点，相反，小团队善于完成生产性任务，成员在七人左右更为适宜。一般说来，团队的规模大小从两个人直到 12 个人都为正常的界限，很少有超过 16 个人的。

在国际上，有一个下八律供参考，即一个人只能指挥八个以内的人或组织，一般以三至六个人为宜，如果在军事领域，最好不要要超过三个人。

（二）团队成员

个人并非生来就适合做团队选手，要想将个人塑造成团队的选手，作为一个管理者必须要考虑以下两种情形：

1. 技能因素

从技能上来说，成员间的技能必须是互补的。一个团队如果是高效的，必须培养起正确的技能组合，一般说来，这些技能主要包括以下三个方面：

（1）技术技能

拥有技能是完成任务的基础，没有技能，徒有热心和激情是无济于事的。但是，在一个团队中拥有单一的技能对于任务的顺利完成也将是困难重重的。试想，让一个名医去打一个经济纠纷案，肯定会使他为难，但是由医生和律师组成的小团队去打一个医疗事故案或个人伤害案，岂不是如虎添翼，这就是团队的力量。台湾宝来投信新金融部经理张圭慧在谈到团队的优劣时说道：“一个团队里锦上添花的队友越多，这个团队越出色；

相反，需要雪中送炭的人越多，这个团队越差劲。”

（2）解决问题和决策的技能

团队要行动，团队要发展，团队在行动和发展中必然会有问题，有问题就需要有解决问题的技能，然后在解决问题的过程中，权衡利弊，把握机会，果断决策。对大多数团队来说，需要有些人员一开始就具有这些技能，尽管许多人都是在工作中使自己日臻完善。例如，团队中的领导。这也正是团队管理内容的原因之一。

（3）人际关系的技能

没有有效的沟通和建设性的冲突，就不可能使团队成员之间形成真正的默契，而有效的沟通和建设性的冲突，又要依靠处理人际关系的技能。如：承担风险，善意的批评，客观公正，积极倾听，对他人利益获得的正确认识等。

如果一个团队不具备以上三类成员，就不可能充分发挥其绩效潜能。一种类型的人过多，另两种类型的人自然就少，团队绩效就会降低。

2. 个人成为团队成员必须具备以下四个条件

（1）良好的协作关系

团队的成立，人员构成将打破原来的组织结构的划分，成为一个跨部门、跨工种的团队，能否有效地协作是影响团队有效性的一个关键问题。另外，对于被挑选出的代表而言，他不仅要对各项工作任务和工作活动了如指掌，而且对他们的相互关系也要有深刻的理解，并熟知各相关单位之间及各单位与团队之间的内在联系。

（2）融入团队

首先，自觉地与该团队的态度、行为和利益取向等取得一致。

其次，在许多问题上与团队达成共识。作为一名团队成员必须在谁做哪项具体工作、时间如何安排、需要发展哪些技能、怎样才能使团队获得荣誉称号、合作小组该如何划分、决策如何修正等一系列问题上达成一致意见。也就是说，在工作的各个具体方面以及如何能把个人的技能与提高团队业绩联系起来拧成一股绳的问题上取得一致意见。

再次，团队成员要时刻或经常与其所代表的群体保持密切联系。

（3）对团队充满信任

这要求成员诚实、守信，团队也对它的成员充满信任，它确信它的员工愿意也能够维护它的利益，并在团队事务中能代表该群体作出贡献。

(4) 勇于承担责任

作为团队成员必须承担责任，承担责任乃是成员个人对自己和他人做出的承诺。倘若团队成员把参加团队活动、承担团队责任当作一种额外的负担，并不把团队任务当作其真正的工作，甚至于充满抱怨的话，团队不可能具有凝聚力。因而，是否勇于承担责任，是检验一个人愿意成为团队成员的试剂。

(三) 角色分配

世界是一个大舞台，个体不过是舞台上的一个演员而已。每人都扮演一种角色，如果我们每个人都只选择一种角色，并可以长期地扮演下去，对角色行为的理解就简单多了。但是很不幸，不管是上班，还是下班，我们都要被迫扮演多种不同角色。作为团队成员的个人与他在团队中的角色并不是简单的对应关系。角色越复杂，则角色表演的难度就越大。要理解一个人的行为，关键是要弄清他在一定环境条件下所扮演的角色。美国管理学家斯蒂芬·P. 罗宾认为，在团队中人们喜欢扮演九种潜在团队角色。

1. 创造者—革新者，这些人想像力强，易产生创新思想。

2. 探索者—倡导者，这些人乐意接受新观念，擅长利用并支持新创意。

3. 评价者—开发者，这些人分析技能较高，分析决策方案是他们的优势。

4. 推动者—组织者，这些人设定目标，制定计划，组织人力，建立制度，完成任务是他们的拿手好戏。

5. 总结者—生产者，这些人坚持按时完成任务，兑现所有的承诺。

6. 控制者—核查者，这些人最关心的事情是规章制度的建立和贯彻执行，善于检查具体细节，保证避免出现任何差错。

7. 支持者—维护者，这些人维护团队的稳定，处理外部冲突和矛盾。

8. 汇报者—建议者，这些人充分搜集信息，以供决策。

9. 协调者，这些人尽力在团队成员之间建立起合作关系，通过调查研究来综合信息。

一个高效的团队能够根据每位员工的特点适当地分配不同的角色。

例如，一个足球队需要具有多种技能的成员，如守门员、前锋，中卫和后卫。一个优秀的足球教练除了知道如何挑选有潜力的球员，识别他们的优势与劣势外，一个重要的才能就是把他们安排到最能发挥他们才能的位置上。

团队角色定位问卷

提示：以下各题，用10分分别最能反映你的行为的分项打分。这10分既可以分别打给几项，也可以只加到某一项上。

1. 我认为我能为一个集体做些什么？

A. 我觉得我能够很快地发现并利用新的机会

B. 我能够与各种人融洽相处

C. 我生性爱出点子

D. 我擅长围绕集体目标甄选有用的人材

E. 我做事善始善终与我本人的高效率有很大关系

F. 只要最终能出成果，我耐得住一时的寂寞

G. 我通常能感觉出哪种办法是现实可行的

H. 我能够不带个人偏见地提出合理的可供选择的方案

2. 如我在与他人合作中有什么不足，很可能是：

A. 如果会议安排、主持得不好以及结果不理想，我就感到不自在

B. 我一向迁就那些有很好的见解而无缘发表的人

C. 每当人们接触一些新观点，我总爱大侃一番

D. 我对目标的看法使我难以热情爽快地与同事合作

E. 当需要完成某件事情时，有时候我表现出盛气凌人的样子

F. 要让我挑头做事很难，或许我过于在乎别人的态度了

G. 我容易陷入纷扰的思绪，以致不能专注于眼前的事情

H. 同事们总认为我考虑问题太细，杞人忧天

3. 当参与一个项目时：

A. 我有不施加压力也能影响他人的本事

B. 我处事谨慎，马虎的错误不会重犯

C. 如果会议跑题、空耗时间，我还会坐视不管

D. 我能不负众望发现独到见解

E. 我随时都能处以公心支持好的建议

F. 我很关注新观念、新事物的发展动态

G. 我相信我的判断力有助于做正确决策

H. 主要的工作由我来抓落实是让人放心的

4. 参与集体事务，我所特有的方式是：

A. 我个人保持一种加深对同事了解的兴趣

B. 我愿意对他人的看法表示质疑，即使处于少数地位也保留自己的看法

C. 我通常能找到辩论的机会驳倒不成熟的建议

D. 我认为当一项计划要求付诸实施时，我有能使之操办起来的本事

E. 我通常别出心裁带给大家一个惊奇

F. 凡是我亲手办的事我总有点追求尽善尽美

G. 我乐于运用本单位以外的关系

H. 当我倾听各种意见时，一旦需要做出决定，我会立马儿拍板

5. 对一份工作感到满足是因为：

A. 我喜欢分析形势，比较各种可能的选择

B. 我对能找到解决问题的实际方案而有兴趣

C. 我希望我将建立良好的工作关系

D. 别人做出决定会听我的意见

E. 我能接触到或许能提供新见解的人

F. 我能让别人同意一项必须的行动步骤

G. 我感到在自己所处的部门能够全部精力投入工作

H. 我希望找到一片扩展想像力的天地

6. 如果突然领受一项艰巨的任务，时间有限，人员生疏：

A. 在上手操办之前，我可能躲在一个角落，争取想出一种摆脱困境的办法

B. 我将同意与我接近的人一起工作

C. 我将设法将此任务尽可能的让其他人员分担一些

D. 我想我会保持冷静，面对现实思考解决办法

E. （原文缺）

F. 尽管有压力，我将下决心完成任务

G. 如果我看到集体工作没有进展，我会做好准备，主动起带头作用

H. 我将召集大家讨论，集思广益，推动工作进展

7. 和大家一起工作遇到问题时：

A. 遇到阻碍工作进程的问题，我容易显得不耐烦

B. 其他人可能会责备我太关注于分析而依靠直觉不够

C. 我要确保工作顺利进行的愿望有助于对问题的处理

D. 我很容易变得厌倦，需要有一二位善于做鼓动工作的同事使我打起精神

E. 如果目标不明确，工作很难开展起来

F. 我不善于把自己想到的一些复杂观点表达清楚

G. 我深知当有的事情自己做不了时需要别人帮助

H. 当遇到反对意见时，我不能直截了当地让别人了解我的观点

分数统计

CW＝1G＋2A＋3H＋4D＋5B＋6F＋7E＝？

CH＝1D＋2B＋3A＋4H＋5F＋6C＋7G＝？

SH＝1F＋2E＋3C＋4B＋5D＋6G＋7A＝？

PL＝1C＋2G＋3D＋4E＋5H＋6A＋7F＝？

RI＝1A＋2C＋3F＋4G＋5E＋6H＋7D＝？

ME＝1H＋2D＋3G＋4C＋5A＋6E＋7B＝？

TW＝1B＋2F＋3E＋4A＋5C＋6B＋7H＝？

FI＝1E＋2H＋3B＋4F＋5G＋6D＋7C＝？

自我认知角色类型及内容

CW：自律性强，组织能力强，能将政策、战略转移为具体管理任务，关注可行性问题，将方案转化为行动，按计划行事，计划若变化，无所适从，工作效率高，灵活性小，他是组织的平衡点

CH：团队角色的主席，稳健、支配欲强，外向，对目标执著，中等智力，有策略，善于沟通，好接触

SH：组织的塑造者。外向，支配欲强，精力充沛，情绪化，敢于迎接挑战，通过自己的努力，影响塑造组织，个人影响有时比主席还大，能制定方案并推动实施，他可能使人感到钦佩，但没他干不成的事，是任务领袖

自我认知测试认定标准

	低	平均	高	甚高	平均分
	0%—33%	33%—66%	66%—85%	85%—100%	
CW	0—6	7—11	12—16	17—23	10.0
CH	0—6	7—10	11—13	14—18	8.8
SH	0—8	9—13	14—17	18—36	11.6
PL	0—4	5—8	9—12	13—29	7.3
RI	0—6	7—9	10—11	12—21	7.8
ME	0—5	6—9	10—12	13—19	8.2
TW	0—8	9—12	13—16	17—25	10.9
FI	0—3	4—6	7—9	10—17	5.5

PL：播种者。支配感强，智商高，内向，新思想、新观念、新创意的创立者。提出新点子，让别人培育开花，对大问题关注，但可能在小事上出错，对别人的意见容易批评，引起别人反感，不易接受别人批评

RI：资源开发者。外向、交际积极、支配欲强，轻松。乐于接受新事物。能防止组织的僵化和死板，充满活力，乐于接受新事物，外交好手

ME：检验和评估者。对组织的现状检测、评价。稳健、智商高，内向、冷峻，严肃，对现有观点能进行有根据，不带个人情绪的分析，天生的批评者。不是创新者，表情不外露，易中立、客观、冷静，作决策费时间，但客观，不讲方法，不受欢迎。有时态度消极，看问题批评多

TW：团队合作者，最好合作的人

FI：任务完成者，点睛者，有紧迫感，时常提醒大家不要误了时间

（四）地位

地位是一个人在团队中所处的相对位置，通常用等级关系来表示。在理解人类行为时，地位是一个重要的因素，因为，它是一个重要的激励因素，如果个体认识到，自己的地位认知与别人对自己地位的认知不一致，就会对个体的行为反应产生巨大影响。

决定一个人在团队中的地位有许多因素，最常见的有：

1. 职位

职位是组织赋予的，是权力的象征。

2. 工作重要性

对实现团队目标有更大贡献的人往往获得较高地位，例如，在科研小组中，专业人员的地位往往高于行政人员。

3. 个性

善于与人合作与交往的人比专断或郁郁寡欢的人更受欢迎，受到更高评价。

4. 团队公认的其他属性

其他方面大致相同的成员之间，地位的高低由团队公认的有价值的属性决定，如：性别、年龄、文化水平、经验、技能等。

从影响地位的因素中，我们可以发现，地位有正式地位和非正式地位之分。正式地位是通过组织正式给予的，这种给予不是所有的人都能够拥有的。甚至他们具有明显的地位标志。如：宽敞明亮的大型办公室、令人眼花缭乱的头衔、丰厚的薪水、灵活的工作安排等。在更多的情况下，我们是在非正式的意义上对待地位问题的。如工种，大家一旦约定俗成，它就具有地位价值。在美国，基于对 740 种工作的调查，人们发现，最受人青睐、受人尊敬的前五种职业是：医生、大学校长、宇航员、大城市的市长、律师。

地位也可以通过教育、年龄、性别、技能、经验等特征而非正式地获得。需要注意的是，非正式地位不一定不如正式地位重要。

（五）规范

第二次世界大战期间，美国家庭主妇一般不喜欢用动物内脏做菜。由于当时食品短缺，政府当局希望能说服她们改变态度。勒温做了如下的实验：首先将被试的家庭主妇分成六个小组，前三个小组听讲解人劝说，介绍这种菜的味道如何如何好，营养价值又是如何如何高，并且每人还能得到一份食谱；后三个组被告知团队规定今后必须用动物内脏做菜。一周以后，检查发现，讲解组中仅有3%的人改变了态度，而团队规定组中有32%的人改变了态度，现实也是如此，有时仅靠苦口婆心的说服教育无济于事，而用纪律和规范等强制方式，能迫使人改变态度和行为。

所有的团队都有自己的规范。所谓规范，就是团队成员共同接受的一些行为标准。其目的是为了鼓励对团队成长有益的行为，规避有害的行为，让团队成员知道自己在一定的环境条件下，应该做什么，不应该做什么，提高团队的自我管理、自我控制的能力。从个体的角度看，团队规范意味着，在某种情境下团队对一个人的行为方式的期望。团队规范被团队成员认可并接受之后，它们就成为以最少的外部控制影响团队成员行为的手段。

后面我们还将谈到组织规范，团队规范与组织规范的不同地方在于，它们有许多是不成文的，如：上班不能无休止闲聊、不能睡觉等。而且这种规范在某种程度上被团队的成员所接受和执行后才能被认为存在。组织中的规章制度则可能是成文的，多以手册和备忘录的形式分发给所有成员。另外，团队规范很有可能在团队组建之前就存在，如：有一批泥瓦匠，从没在一起干过活，现在他们从四面八方来到同一建筑工地上来工作，他们一开始就能按照同一种规范来工作。而组织一般说来是先有组织，后有规范。

规范的“热炉法则”

“热炉”指的是规范应具有热炉子一样的烫手效应。“热炉法则”包含四项基本内容：

（1）预先警告

即有言在先，达成共识。火炉烧红了明摆着的，任何人都知道那不能碰。在任何单位中都应该有这样一个“热炉”——健全的规章制度。它对工作在各个岗位上的员工“该干什么”和“该怎么干”作出明确规定。同时对在各个岗位上的员工的工作，由谁负责去检查，检查的结果用什么来记录等等；也要作出明确的规定。最后是如何给予赏罚的问题，在什么情况下奖，在什么情况下罚；该如何奖，该如何惩，关于这些，也都需要作出明确的规定。

（2）言出法随

即不碰则不烫，一碰则烫，哪碰烫哪。人不犯我，我不犯人，只要你不去碰它，它决不会跟你过不去。但是，只要你一碰它，它马上就烫你。而且，热炉是很讲“政策”的，它只烫你碰它的那一部分，而不会烫你的别处或烫你的全身。也就是说，实事求是、就事论事，对事不对人。

（3）一视同仁

即谁碰烫谁，不讲情面，对谁都一样，和谁都没有“私交”，对谁都不讲“私人感情”。“王子犯法与庶民同罪”。

（4）前后一贯

这是真正的“公平”，第一次就烫得厉害，不存在下不为例之类的事情。既然已有言在先，那就要言行一致，言而有信，前后一致，使结果永远相同。

（六）领导

任何一个团队都必须拥有自己的正式领导，火车前行，靠的就是火车头的带头作用。这是不言而喻的。在一个团队中，团队员工的分工与合作，员工技能的开发与利用，团队的冲突与沟通，团队问题的解决，未来发展的决策等等，都需要团队的领导发挥作用。没有领导，完成这些事情是不可想像的。可以说，团队领导对团队绩效具有重大影响，这种影响如此之大，使我们准备用一章的篇幅来讨论领导问题。

在团队领导中，还有一种常见的现象，那就是非正式领导的存在。非正式领导不是由上级任命，而是团队成员交往中，由于某些成员凭借自己的个性、资历、能力赢得了其他成员的信任和尊敬，因而处于具有影响力的地位上。所以非正式领导人，是指长期以来自然而然涌现的、在团队内拥有较大影响力的个人。

有一项研究，调查了 72 个决策团队，成员人数从五人到 17 人不等。

涌现出来的非正式领导人，一般都具有下列特点：

1. 总的参与程度非常高。

2. 对于讨论一些问题的进行以及问题的解决，贡献要大于正式领导人。

3. 团队中所有的成员（包括正式领导）都认为：这种人是“尤其需要”的。

4. 团队中如果一些问题不能顺利进行，且是人为的因素，非正式领导往往与事情有直接或间接的关系。

5. 非正式领导在发挥其影响时，并不是依靠对物质奖惩手段的控制，而是主要依靠精神上的奖惩，也就是说，由于他拥有威望，因此他的态度对其他成员是重要的，很可能决定着其他成员的心理满意水平。

团队领导水平的测试

选择合适的数字，然后合计得分。选择的数字意为：1—最不符合，2—较不符合，3—中等情况，4—较符合，5—最符合。

（1）我已挑选好团队成员。 1 2 3 4 5

（2）我已向我的队员证明我关心他们。 1 2 3 4 5

（3）我已鼓励他们互相关心。 1 2 3 4 5

（4）我知道我的队员的喜好。 1 2 3 4 5

（5）我积极推动团队发展。 1 2 3 4 5

（6）我已培养了一只适应力强的队伍。 1 2 3 4 5

（7）我支持我的队员。 1 2 3 4 5

（8）我已经教给他们什么是重点。 1 2 3 4 5

（9）我经常告诉他们行动计划。 1 2 3 4 5

（10）我在奉献方面做出了表率。 1 2 3 4 5

（11）我的队员愿意将团队利益置于个人利益之上。 1 2 3 4 5

（12）我已培养了一名优秀替补队员。 1 2 3 4 5

（13）我鼓励每一名队员找到自己的位置。 1 2 3 4 5

（14）我赢得了队员的尊重。 1 2 3 4 5

（15）我按队员的表现奖励队员。 1 2 3 4 5

（16）我树立了一种胜利的传统。 1 2 3 4 5

（17）我预料到困难并做好准备解决它。 1 2 3 4 5

（18）我了解每个队员的水平。 1 2 3 4 5

(19) 我花时间传授并积极授权。　　　　　　1 2 3 4 5

(20) 我仅仅做那些我不能授权的工作。　　　　1 2 3 4 5

得分：90—100 你是一名伟大的团队教练，已准备好取得最优异的成绩。

80—89 你是一名优秀的教练，对你的队伍和技术做了很好的调整。

70—79 你是一名可靠的教练，现在不要停下来，继续发挥工作中的优势，为更上一层楼而努力。

60—69 你的团队开始成型，需要不断地学习与建设。

60 分以下你还有很多工作要做，但是不要泄气，马上用建立领导者团队的方法组建你的团队，提高你的教练水平。

二、团队的外部环境

在古罗马，为迎接军人得胜回朝，他们成立了猴子军乐团，让猴子代替人来表演各种乐器。众所周知，猴子有一个致命的弱点——猴子的尾巴翘起来。训练时，偶而有个别猴子特别卖力，得到奖赏，他们的尾巴就翘起来，其结果是很难再整齐有序了，驯猴人一气之下将这些猴子的尾巴用铡刀割掉了。其他猴子很是幸灾乐祸，他哪里知道，此时它的尾巴也不自觉地翘了起来，其结果可想而知。

猴子军乐团成了秃尾巴猴军乐团。

等到老猴退休，补充新猴时，不等任何人招呼，没有任何暗示，众猴一拥而上，有的摁脑袋，有的拉耳朵，有的收拾爪子，有的搬铡刀，先把新猴的尾巴割掉。

新猴犯了什么过错，要遭此酷刑，什么都没有，只因他是一个有尾巴的猴，而这里已经形成了一种容不得有尾巴猴的环境。

有三个人过桥，一个是正常人，一个是聋哑人，一个是盲人，此桥很窄，横空出世，高万丈有余，两岸如刀劈一般，桥下是湍急的河流，击打两岸，声如雷钟。试想一下，谁过桥的难度最大？正常人，因为环境太恶劣了，他既可以看到，又可以听到，是一种全方位的感知。换句话说，是环境的恶劣造成了正常人不如残疾人的悲剧。

一群蛤蟆正在进行一场比赛，看谁最先到达一座高塔的顶端。比赛开始了，周围观战的蛤蟆发出了一片嘘嘘声："哇，这么高，太难为它们了！它们肯定没法达到目的地。"

一些蛤蟆听到此言，开始泄气了。然而，有一只蛤蟆仍在奋力向上摸索着爬去，围观的蛤蟆还在嘘嘘着："太困难了，下来吧，不可能达到塔顶的！"又有一些蛤蟆懈怠放弃了，只有那只蛤蟆一如既往地继续向塔顶奋力爬去，而且步伐似乎加快了。更可悲的是，鼓噪最厉害的是原先放弃比赛的那些蛤蟆。

就这样，越往上爬，所剩的蛤蟆就越少，鼓噪的蛤蟆就越多。

当比赛结束的哨声吹响时，只有那一只蛤蟆竭尽全力到达了终点，站在了高高的塔顶上。其他蛤蟆都好奇地上前问它为什么能坚持到最后，此刻，它们才发现这是一只聋蛤蟆。

这就是环境对人的影响。

团队的外部环境是指团队实质上不能加以控制的条件和因素，它代表了成员们的"给定"条件。组织结构、物质条件、规章制度、管理惯例、上级指派的主管和管理人员的领导方式和能力、组织所给的奖惩，这些领域都可以看成是团队外界环境的组成部分。因为这些外界环境因素在团队的日常行为和成果中经常起一种关键性的作用。

（一）组织结构与权力机制

任何一个组织都有它自己的结构方式，这种结构方式决定了一个组织的性质和功能、组织内部信息沟通的方式和权力责任关系。组织形式一般有直线集权式制、直线参谋制、直线职能制、事业部制、矩阵制、多维立体制六种形式。正是这种组织形式决定了团队在组织中的权力和责任以及它受组织的控制程度。如规定谁向谁汇报工作，谁有权决策，把哪些决策权力授予个人或团队。当然，这还仅仅是组织结构的"静态"影响，如果再加上组织结构的"动态"影响，即运作机制，如一长制还是委员会制，分级制还是职能制，集权制还是分权制等，对团队的影响就更是非同小可了。

（二）组织战略

一个组织的整体战略，通常是由组织的高层管理人员制定的，它规定着组织的目标以及组织实现这些目标的手段。在任何时候，一个组织所追求的战略都会影响到组织中团队的权力，反过来，这又将决定组织的高层管理人员希望分配给团队用以完成任务的资源。

现在，大多数组织战略集中在三种战略的选择上：创新、成本最小化和模仿。

如果一个组织将战略定于开发新产品，实施新的服务方式，那么他的战略就是创新战略。与创新战略相适应的组织结构就必须是松散的，工作专门化程度低，正规化程度也低，倾向于分权化。毫无疑问，这对于团队的运作是非常有利的。

组织战略也可能引导组织朝着降低成本，扩大市场份额的方向发展，这样，组织就会对成本加以严格地控制，限制不必要的发明创新和营销费用，压低销售基本产品的价格。他所追求的是机械结构的效率和稳定性。与此战略相适应的组织结构必然是控制严密，工作专门化程度高，正规化程度高，高度集权化。这与团队的灵活决策下经营有一定的矛盾。因为他必然要对团队进行种种规范限制，以确保组织战略的实施。

模仿战略的组织试图利用上述两种战略的优势，既搞创新、冒险，又想稳扎稳打，一步一个脚印，如对一种创新的产品，在他们认为确实可行时，才“大打出手，”大规模投资，以获取利润最大化。所以常见的现象就是采纳革新者的成功思想并进行模仿。模仿战略的组织特点肯定是松紧搭配，对于目前的活动控制较严，对创新活动控制较松。在这种氛围里，团队的日子过得还会挺滋润。

（三）正式规范

组织都有一定的规范，没有规矩，不能成方圆。为组织的生存和发展，组织通常会制定规则、程序、政策以及其他形式的规范来使员工的行为标准化。组织对员工施加的正式规定越多，组织中团队成员的行为就越一致，就越容易预测。如麦当劳公司对填写菜单的格式、烹调、时间等都有标准的工作程序，因此，麦当劳公司的团队自己制定独立的行为标准余地是很有限的。表 2—1 确认了组织规范的九个范畴，它们显然是或多或少互有联系的，并能影响团队、部门乃至整个组织的效能。每一类范畴，都给了一个可能的积极与消极的规范的例证。

表 2—1　　组织规范的范畴及积极与消极规范举例

范　畴	例　证	
	积极规范	消极规范
组织的及个人的荣誉	当公司受到不公正批评时，成员们能挺身而出，为公司辩护	成员们对公司的问题漠不关心
绩效/业绩	成员们虽然已经干得相当不错了，但还是精益求精	公司成员们满足于必要的最低绩效水平
协调合作/信息交流	成员们乐于听取并接受别人的意见和观点	成员们不是坦率地讨论问题，而是在别人背后窃窃私议
领导/监督	成员们在需要帮助时会提出请求	成员们掩饰问题，回避他们的主管人
同事/同伴关系	成员们不占一起工作的人的便宜	成员间互不关心彼此的福利
顾客/消费者的关系	成员们关心为顾客服务	成员们对顾客态度冷淡，而且有时可能甚至怀有敌意
诚实与安全	成员们关心不诚实和小偷小摸的行为	估计成员们是有些偷窃行为，而且只有必要时才老实
培养和发展	成员们确实关心培训与发展	对培训和发展的议论是不少，可是并没有人真正认真看待
革新与变革	成员们经常寻找改进工作的方法	成员们总是按老一套办法行事

（四）组织文化

文化无处不在，每个组织都有其成文的和不成文的文化，它影响到组织管理风格和管理理念。每个组织的发展历程不同，看待问题、处理问题的方式也不同，随着时间的推移，逐渐形成了自己的文化，这其中既有社会文化的共性，也有自我的个性，这种组织文化规定着哪些行为是可以接受的，哪些行为是不可以接受的。它影响到我们的个人生活和职业生活。其外在表现形式可折射到每个人的行为、管理制度和管理方法的使用。员工在进入组织几个月之后，一般就能了解其所在组织的文化。他们能够知道，上班时应该如何着装，组织的规章制度是否都应该严格地遵从，什么样的行为会产生什么样的后果，等等诸如此类的事情。

（五）组织中的人员甄选、绩效评估和奖酬体系

团队成员首先是组织中的成员。一般说来，团队在组建过程中，其成员都是来自于其所在的组织，所以，组织在甄选员工的过程中所使用的标准，将决定这个团队中成员的类型。

另一个影响员工的组织变量是组织的绩效评估和奖酬体系。组织能够给员工制定具有挑战性的符合“SMART”的绩效目标吗？组织的奖励标准是什么？奖励的幅度多大？能否给予按质按量完成任务的个人或团队恰当的奖励，绩效评估是否公开、公正、合理等，都会影响团队成员的行为。

（六）组织的环境

从硬环境来看，组织的设备是否精良，资金是否雄厚，环境是否优雅，如工作的条件，工作场所的外观，照明水平，噪声干扰状况等，对员工的行为有着巨大影响。20 世纪 80 年代后期，环境心理学家萨妮温（Carol Sullivan）在美国康涅狄格州的阿特纳保险公司总部进行了一次著名的人类工程学试验。她花了三年的时间，研究从人类工程学角度做出的改进对 40 名员工产生的影响。从 20 世纪 50 年代初起，员工用的是大金

属桌，成排坐着，没有隔开。阿特纳公司把金属桌搬走，给员工配备了“L”形且桌面可以调节的办公桌，以及符合人类工程学原理的椅子，三面树起隔板。然后把这组员工迁到新楼层，配备新的通风设施、间接照明设备、强光过滤器、新的地毯等。刚用上这些新设施时，劳动生产率提高了67%。三年后，劳动生产率平均增长了53%。大多数员工将其工作水平的提高归功于外部环境的改善。另一些员工的办公室也重做了布置，但仍用原有设施，其生产率却没有明显的提高。

从软环境来看，组织的文化，员工的素质等对团队的凝聚力、完成任务的可能性和团队的活力影响也是十分巨大的。如果一个组织提供了十分有利的环境，那么团队和员工完成任务的信心大增，对完成高质量的工作任务提供了可靠的保证。反之，如果一个组织资源有限，那么团队所能拥有的资源当然也就有限了。因此，这个团队所能做的事情在很大程度上就取决于这些资源条件了。

第二部分

团队中的个体分析

第三章

个体差异分析

“人啊，认识你自己”，这是古希腊德尔菲神庙门口刻的铭文。但是，世界上最难做的事情是了解人，最有意义的事情也是了解人。对人的认识和了解，是人能生存于社会之中的基础，更是管理工作的重要前提条件。一切优秀的管理者无不深谙人性，包括人的情感、动力、意志、性格、气质、能力等。精通人的心理，摸透人的本性，会帮助管理者有效控制人的行为，使人力资源在团队中得到最大发挥。

一、人性假设理论

所谓人性，是指人的本性，也即人的特性中最根本的内容。在管理学上，对人性的假设，实际上是对员工需要和劳动态度的一种看法。

揭示人性的本质是一件非常困难的事，但是人们并没有因此而畏惧，相反，却作了大量的探索。孟子云：“人之初，性本善”，荀子云：“人之初，性本恶”，也有人说：人之初，本无善恶。简单地将人的本性归纳为善或者恶不足取，本性善良的人有时要显出凶恶，比如对敌人；本性凶恶的人有时也表现出善良的一面，比如对待自己的孩子，虎毒不食子。再如，杀人魔王希特勒对自己的宠物却恩爱有加。事实上，在每一个人的心目中，每一个人对人性也有自己的假设，只不过这种假定是不系统的，没有理论化的，每一个人都在自己假定的人性基础之上管理他人或与他人交往，并通过管理效果的成败来修正自己的假设。对人性的研究，心理学家和行为科学家有过各种各样的假设。美国行为科学家埃德加·沙因将管理学史上的人性假设归纳为四种，即前人已经提出过的“经济人假设”、“社会人假设”、“自我实现人假设”，有他自己提出的“复杂人假设”。

（一）经济人假设（x理论）

这是古典经济学家和古典管理学家关于人性的假设。以泰罗为主要代表。

这种管理思想特点是：

1. 人生来懒惰，总想少干一点工作，多得一点报酬。

2. 一般人都没有什么雄心，不喜欢负责任，宁可被别人指挥。因此，人总是被动地在组织的操纵、激励和控制之下从事工作。

3. 以自我为中心是人的感性，对组织（集体）的目标不关心。

4. 人缺乏自制能力，容易受他人的影响。组织必须设法控制个人的感情。

由上述基本看法产生了相应的管理观念，泰罗在科学管理的基础上，提出了为了要达到企业经营目的，追求生产的高效率，管理与作业必须分开。并运用严格的管理制度，也就是强制性的管理对人进行控制。这就是所谓X理论。

X理论的管理特点就是“金钱”加“皮鞭”。金钱的作用在于满足人的物质追求，保持行为动力，皮鞭的作用在于迫使人的行为与组织目标保持一致性。

（二）社会人假设

这是人际关系学派的倡导者梅奥等人依据霍桑试验提出来的。这一假设认为，人们最重视的是工作中与周围的人友好相处，物质利益是相对次要的因素。具体表现为：

1. 人类工作的主要动机是全部社会需要，包括良好的人际关系和工作气氛，而不只是追求金钱。

2. 工业革命和工作合理化的结果，使得工作变得单调而无意义。因此，必须从工作的社会关系中去寻求工作的意义。

3. 非正式组织有利于满足人的社会需要，因此，非正式组织的社会影响比正式组织的经济诱因对人有更大的影响力。

4. 人们最期望于领导者的是能否承认并满足他们的社会需要。

“社会人”的观点，比之“经济人”的观点，无疑是一大进步。它强调了人的社会性需求，突出了人际关系对个人行为的影响，与之相适应的管理理论是“参与管理”理论。这种理论主张：

1. 管理者除了应该注意工作目标的完成外，更应该注意关心人，体贴人，爱护和尊重员工，致力于建立融洽的人际关系，提高团队士气。

2. 在控制激励工人之前，应先了解他们对团队的归属感，及对社会需求的满足程度。

3. 重视团队对个人的影响和团队奖励制度。在这种理论指导下提出了职工参与管理。以满足员工的社会性需要，与“成就的需要”。改变对职工的外来控制与自我控制。为达到企业目标而努力工作。

4. 管理人员要由单纯的监督者变为上下级之间的中介，鼓励交流、沟通，经常倾听员工意见并向上级发出呼吁。

（三）自我实现人假设（y理论）

这个理论是美国心理学教授麦格雷戈在1957年提出的。“自我实现人”是“社会人”的发展。

“自我实现人”的特点是：

1. 一般人是勤奋的，厌恶工作并不是人的普遍本性，只要环境条件有利，工作就会像娱乐、休息一样自然。

2. 人的需要从低级到高级可分为多种层次，其最终目的是满足自我实现的需要，寻求工作上的意义。

3. 人们因工作而变得成熟，有独立、自主的倾向。

4. 人们能够自我激励和自我控制，外部激励和外部控制会对人产生威胁，造成不良的后果。

5. 个人的自我实现同组织目标的实现并不是冲突的，而是能够达成一致的。在适当的条件下，个人会自动地调整自己的目标，使之与组织目标配合。

上述“自我实现人”特点的假设是针对经济人特点的假设所构成的。据“自我实现人”的特点，提出了与之相应的管理理论，即Y理论。

Y理论管理的特点主要是：尽量把工作安排得富有意义，对工作具有挑战性，使工人工作之后能引以自豪，满足自尊。管理人员的责任在于寻找什么工作对什么人具有最大的挑战性，最能满足其自我实现的需求，使工人在工作中不再感到负担，而感受到生活的乐趣和意义。组织对工人不需要激励，而是提供机会，由工人自我激励，从而自然地达到组织目标。在管理制度上给予员工更多的自主权，让员工参与管理和决策，分享权力。

（四）复杂人假设（超y理论）

埃德加·沙因等人认为，经济人假设、社会人假设和自我实现人假设，各自反映出当时的时代背景，并适合于某些人和某些场合。但是，人有着复杂的动机，不能简单地归结为一两种。事实上存在着各种各样的人。人的工作动机，包括生理的、心理的、社会的、经济的各个方面。再加上不同的情境和时间因素而形成。因此，“复杂人”的观点是：

1. 人不但复杂，而且变动很大。每个人都有许多不同的需求。人的动机结构不仅因人而异，而且同一个人也因时而异，因地而异。各种动机之间交互作用而形成复杂的动机模式。

2. 人的需求与他所处的组织环境有关系，在不同的组织环境与时间、地点会有不同的需求。在正式组织中与别人不能和谐相处的人，在非正式组织中可能是合群的，从而满足其社会需要。在某些复杂的组织中，各个部门可以利用不同的动机来达到其目标。

3. 人是否愿意为组织目标作出贡献，决定于他自身需求状况以及他与组织之间的相互关系。工作的性质、本人的工作能力和技术水平、劳动强度的强弱、人际关系的好坏，都可能产生影响。

4. 人可以依自己的需求、能力，而对不同的管理方式作出不同的反映，没有一套适合于任何人、任何时代的万能管理方法。

与上述观点相适应的管理理论，即“权变理论”。他们认为，管理实践按其本性就要求管理者在应用理论或方法时应考虑现实情况，因此，做好一个管理者的实际工作要取决于所处的环境与条件，管理者最重要的能力便体现在鉴别情景、分析差异、诊断问题的洞察力上。

人性假设自测题

仔细阅读下列各命题，并按下列表格的要求给出相应的序号。

1	2	3	4	5
同意	基本同意	中性	基本不同意	不同意

(1) 高工资和安全的工作环境足以使绝大多数员工满意地工作

(2) 一个管理者应该帮助和指导下属的工作

(3) 绝大多数员工喜欢在工作中切实地负起责任来

(4) 绝大多数员工害怕工作中出现的新事物

(5) 管理者应该让下属自己控制他们的工作质量

(6) 绝大多数人不喜欢工作

(7) 绝大多数人是有创造性的

(8) 一个管理者应该密切的监督和直接指导下属的工作

(9) 绝大多数员工有阻止变革的趋势

(10) 绝大多数人努力工作仅仅是因为他们不得不如此

(11) 应该允许员工制定他们自己的工作目标

(12) 与工作相比，下班后，绝大多数员工是幸福的

(13) 绝大多数员工实实在在地关心他们所工作的组织

(14) 一个管理者应该帮助下属在他们工作中的成长与发展

分数：按照同意得＋2分，基本同意得＋1分，中性得0分，基本不同意得－1分，不同意得－2分的要求，给出相应的分值。并且按下列要求计算X、Y的总分：

X＝1＋4＋6＋8＋9＋10＋12

Y＝2＋3＋5＋7＋11＋13＋14

X代表x理论，Y代表y理论，通过分数的高低可基本测试出：在麦格雷戈的x理论和y理论中，你个人的基本倾向性。

二、个体差异的分析

（一）知觉

在社会生活中，人们每时每刻都在接收和处理着大量的信息资料。但是人们对同一事物信息的取舍与多少常常不同。这是因为人们的第一本能反应常常取决于他们的知觉。

1. 知觉形成的主要步骤知觉就是对外部刺激进行选择、组织、归类和解析的过程。知觉的形成主要经过三个步骤：

（1）选择

每时每刻，人们都会面对大量的信息，可谓绚丽多彩，无穷无尽，但是并不是所有的“美好”都能成为“回忆”，人们只对有限的外部刺激加以收集。在选择过程中，我们要过滤掉大多数刺激，以便能处理好那些较重要的刺激。

这是因为：

一是生理因素。感觉器官的有限性，或者说是局限性迫使人们不得不对广袤的世界采取有限的选择，实乃无能为力所致。

二是心理因素。没有哪两个人的知觉是完全一样的。我们都是以个人对“真实”世界的看法来描绘世界的。都受自己感知世界局限的束缚。除生理因素外，人们的知觉还要受其原有的经验、价值观念、态度、信仰等影响，它就如同过滤器一样，人们通过它来接受外部环境的刺激。不同的过滤器，所获得的结果当然就不同了。例如，同样是石油价格的跌落，在石油公司员工愁眉不展的同时，出租车司机却个个喜上眉梢。同样，在团队中，由于员工所接受的各不相同的专业训练和特殊经验，他们对团队中所出现的问题的解释和处理方法就带有明显的个人特征。

三是外部因素。外部因素指的是外界的或环境方面的影响知觉选择的因素。这些因素主要包括大小、强度、对比、活动程度、重复程度、新颖性和熟悉程度。大小、强度、对比等等越大越强时，就会引起你对它们更大的注意。这些事情都会不由自主地闯进我们的知觉过程中来。强烈的光线、巨大的声响、醒目的颜色以及电话铃声等等，都是在外界发生而影响我们感知的事物，而且我们无法对它们进行控制。

(2) 组织

知觉的第二个步骤便是组织刺激信息。显然，知觉的选择过程在先，一旦产生之后，知觉的组织过程就开始活跃起来了。这时选出来给予注意的各种刺激被看作为一个整体。例如，我们可以对下列属性在头脑里形成一幅图画：木制的东西，有四条腿，有个座位，有靠背、扶手、条板。这就是我们对椅子抱有的形象。当我们看到一个具有上述各种属性的对象，我们就认定它是一把椅子。我们将这些输入的信息组织成为一个有意义的整体，在这个例子中，就是一把椅子。

这种对对知觉的组织行动一般遵循下列原则：

形象与背景的关系。请看下面两个实例：一是“少女还是老妇”，见图 3—1，由于观察的角度和背景不同，有的看成少女，有的看成老妇。另一个是“花瓶的轮廓还是两张脸的轮廓”？（见图 3—2）。之所以产生这种情况，是由于知觉的组织结构所造成的错觉。

图 3—1 该图是少女还是老妇？

图 3—2　花瓶的轮廓还是两张脸的轮廓?

在一个团队中，人们对同一问题之所以产生出不同的看法，绝大多数是因为看问题的角度或背景不同所致。有的人可能以团队为背景，有的人可能以部门为背景，有的人还可能以集团公司为背景等等。

(3) 归类就是利用连续性、拼合性、接近性或相似性的原理将各个刺激信息组织成为有意义的知觉型式

连续性是指在时间和空间上，将对象看作是有连续性的事物的倾向。弹奏钢琴的声音因其连续性被人感知为乐曲。呆板的经理们希望员工遵循既定的规则办事，而那些随机应变，富有想像力的员工，这些经理可能接受不了，因为随机行为不符合经理们对连续性的不变需要。

拼合性就是人们观察事物时将对象完整化，将对象看作一成不变的整体的倾向。这是一种感知对象整体的能力，即使感知对象只有一部分是明确的情况下，也是如此。如在火车车厢里面对面坐的若干乘客，比背靠背坐的乘客，更容易被知觉为一个单元。

接近性说明，一组对象可以因为它们彼此相近而被看作是相互有关的。往往在同一部门工作的人被看作是一个小单位，因为他们统一的服装看去彼此接近。如图 3—3 所示，对八条线的知觉，往往把它们分成四组，则不是知觉为八条线组成的整体。

图 3—3

相似性说明，具有相似性的对象容易被知觉为一组。对象越相似，被看作是一个共同体的趋向性越大。如图 3—4 所示，有 16 个小方块，但人们往往不把它们知觉为一个整体，而是知觉为两行空心方块和两行实心方块的两组图形。

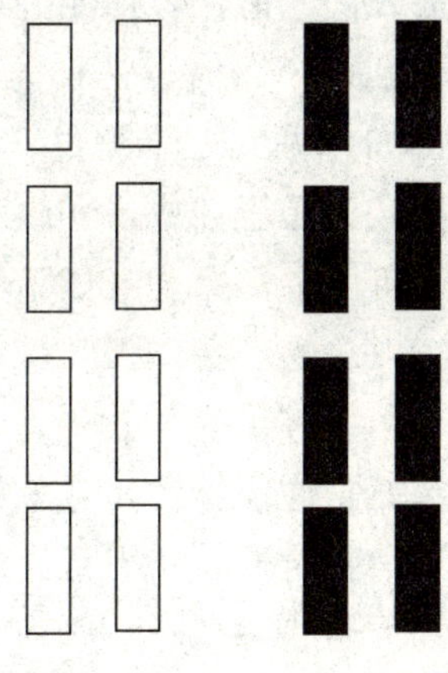

图 3—4

（4）解析

它是指在前两个阶段基础上进行的判断。知觉在解析阶段主要受以往的经验和参照系的影响。因此，不同的生理和心理特征的人对同一事物的解析往往会出现差异，但这两种知觉却可能都是正确的。

总之，知觉通过选择，过滤掉那些不必要的信息，然后把选出的要素按一定的原则组成有意义的组合，并对这种组合做出解释，解释又导致个体的反应，公开的（行为）或是隐蔽的（态度），或两者兼有。每个人由于从对感官刺激进行选择和组织的方式产生了不同，从而产生不同的解释和反应也就不足为奇了。

当然，知觉过程的各个基本步骤，在多数情况下几乎都是在一刹那间发生的，我们很少能看到在观察与反应之间分开的一个一个步骤。

2. 影响知觉准确性的因素分析

知觉的准确性往往受到主客观双重因素的影响。知觉是一种社会现象，即便在实验室的条件下，在真空或试管中遇到感知对象，也难以判定知觉的准确性。出现这种情况是因为知觉是一种主观的复杂的过程。一般来说，我们在客观世界中所能认识的对象往往要受下列因素影响。

（1）定型效应

定型效应就是仅仅根据这个人是属于那一个范畴就推断他有那些品质的倾向，并根据这种倾向，作为判断其个性的依据。在社会生活中，每个人的头脑里都存在着若干个定型印象，如对女人、男人、教授、工人、运动员等等。由于这些角色被人们普遍化，他们的思想及行为方式有其共同的特征，这样，凡是人们碰到一个人时，往往先是把他们划归到某一类，然后再加以认识和判断。例如，见到一个超过50岁的人，首先会被归为老年人的行列，而老年人被认为是墨守成规和缺乏进取心的，那么在见到这一类人时，脑中立刻就会有一个形象。又如，人们谈到教授，也总认为是文质彬彬、衣着整齐；工人总是与身体强壮、性情豪爽联系在一起；会计总是斤斤计较、精打细算，等等。

定型是以一般代替特殊，它往往导致知觉上的歪曲，个体差异和特征容易被忽视。这种运用有限经验对他人作出结论的结果，其积极意义在于可以把现实中的人加以归类，在某些条件下，有助于对他人的概括和了解。但是，如果这种归类不符合社会现实的特点，或者只是在对某类人的非本质特性基础上作出概括，则会形成偏见。

（2）晕轮效应

晕轮效应，也称光环效应，就是利用对某人在某个方面已有的好印象或是坏印象去评价这个人在其他方面的情况，从而使这个人的品质或特征产生了一种类似晕轮的作用。

一项经典研究证实了晕轮效应的存在。研究者给被试者出示的一张纸上列有六种品质，一些纸上写的是：聪明、灵巧、勤奋、实际、坚定和热情，让被试者对具有这些品质的人进行评估。在这些特质的基础上，人们判断此人精明、幽默、有人缘，并富有想像力。在另一些纸上，研究者仅仅把热情换为冷酷，其他品质保持同样，但人们所形成的知觉完全不同。很显然，被试者因为一种特质而影响了他对此人总体的判断。

“光环”使考察的人看不到其他应予评价的属性，因此不能得到对事物的完整、正确的看法。光环效应在评价员工工作表现时常起很大作用。一个管理人员可能选用一种品质作为基础来判断其他方面表现。如，某人出勤记录好，随之就会认为他的生产效率也高，工作质量好，做事勤勉。

（3）投射效应

投射效应，也叫假定相似性，它是指人们在缺少相反信息的情况下，把自己的特性和感觉强加给其他人的一种情况。这又被称之为投射作用，即一个人把他们自己的特性归属到了其他人身上。例如，自己好忌妒人就认为别人也如此，自己好“吃醋”，就以为别人都是“醋坛子”。又如，我是诚实可靠的，别人也是诚实可靠的；我喜欢富有挑战性的工作，员工也喜欢富有挑战性的工作。

投射效应一方面可以起积极作用，但另一方面，投射倾向也可能引起知觉困难。所以，对于个人来说应避免投射倾向的出现，对于运用投射效应的团队管理者来说，他们了解个体差异的能力必然降低了，因为，他们视所有的“异己”与己同质，将复杂的事情过分简单化了。

（4）第一印象和最近印象效应

这两种效应都与外部刺激的先后顺序有关。第一印象，也称之为首因效应，是指最先给人留下的印象具有最强烈的影响，它是社会知觉中最经常的一种偏见。这种偏见常在感知陌生人或事物时具有很大作用。了解第一印象效应有重要现实意义，作为个人应尽量塑造一个良好的印象，如在工作的第一天能使上级产生良好印象的工人处于一种有利的位置，一个管理人员或教师都应注意给人留下第一个良好印象，以利今后工作顺利进行。在群体活动中，比如在审理案件时，首先由检察官提出诉讼，原告通常提出最有利的证据和起诉词，以便左右或在陪审团成员中形成深刻的印象。相反，对于组织来说，应尽量避免第一印象的影响，防止对人产生先人为主的看法。

最近印象效应，也称为近因效应，是指最后给人留下的印象具有强烈的影响。这种偏见在感知熟悉的人时起更大作用。一个熟悉的人如果在行为上出现异常，就会给人留下深刻印象，从而产生强烈影响并对他形成新的看法。如在日常会议中最后一个发言者常常会给人留下较深刻的印象。简言之，近因效应就是按一个人的当前行为来进行判断的一个倾向，而不管这个行为是否确实反映了这个人的“真实”情况，或者这个人确实“像是什么样子”，或者这个人“确实觉得”如何。

（二）个性

每个人都具有自己的个性，世界上没有两个个性完全相同的人。在日常生活中，人们常用一种突出的心理特征来形容一个人的个性，如善良、温柔、坚强、懦弱、热情、冷淡等。心理学中，个性是指在先天生理素质基础上，在一定的社会历史条件下，在社会实践活动中，经常表现出来的比较稳固的、区别于他人的个性倾向性和个性心理特征的总和。它使一个人带上了不同于他人的独特的精神风貌和行为倾向。例如，在日常生活中，每个人的认识能力各不相同，有的人观察思考问题细致、深刻，有的人则粗糙、肤浅。每个人情绪产生的速度和强度也不尽相同，有的人脾气急躁，有的人则慢慢吞吞，有的人热情奔放，有的人态度冷淡。即使都是热情奔放的人，表现形式也各不相同，有的人外露，有的人含蓄。这些表现在人们身上的不同心理特征，就称为人的个性。

1. 气质

在我们的日常生活中，有些人的心理活动，特别是情感活动，来得迅速而强烈，表现在行为上灵活而急促；有些人的心理活动较微弱，但却灵活易变，情感发生的快，变化也快，这种人活泼好动；有些人的心理活动进行迟缓，情绪较稳定，不易外露，行为稳重缺乏灵活性；还有些人，心理活动缓慢，但情绪易触发且体验深刻，易伤感，表现在行为上缺乏勇气和果断性，但持久性强等等，人过千百，差异多多。现代心理学认为，造成这众多的差异性的一个重要原因就是人的气质。通俗地理解就是指人的脾气、秉性或性情。

人的气质与其生理基础有着密切的关系。气质的差异由人的高级神经类型所决定，受人的意识状态所制约。一般说来，有四种主要的气质类型：胆汁质、多血质、粘液质和抑郁质。

（1）胆汁质（急躁型）

胆汁质的人神经类型属于兴奋型，在行为上表现出不均衡性。在情绪活动中，一般表现为暴躁、热情、开朗、刚强、直率、果断，但往往自制能力差；在实际行为特点方面，胆汁质的人表现出精力旺盛，反应迅速、行动敏捷、动作有力、勇敢坚定，胆汁质的人接受能力强，对知识理解得快，但粗心大意，性急好动，考虑问题往往不够细致。他的工作特点常有明显的周期性。他能以极大的热情投身于事业上，也准备去克服并且确实正在克服通向目标道路上的重重困难和障碍。但是，当他精力消耗殆尽时，便失去信心，情绪顿时转为沮丧而一事无成。这种周期性正是由于他的神经活动不均衡性的结果。

（2）多血质（活泼型）

多血质的人神经类型属于活泼型。他们容易动感情，但情感体验不深刻、不稳定；他们一般都有很高的灵活性，容易适应环境的变迁，善与人交际。他们大多都机智、聪敏、兴趣广泛、接受新事物快，但其兴趣不够稳定，注意力容易转移，情绪两极性明显。巴甫洛夫把这种气质类型的代表描述为热忱和有显著工作效能的活动家，不过只有当他对某个事业感兴趣才这样。他们从事多变和多样化的工作时成绩卓著，要求反应敏捷并均衡的工作对他们最为合适。

（3）粘液质（稳重型）

粘液质的人神经属于安静型。他们情绪不易激动，不喜欢交际，经常表现为心平气和，行动迟缓，但冷静、稳重、踏实，不论环境如何变化，都能保持平衡、他善于自我克制，能严格遵守纪律；他们态度持重、耐心、坚毅，情绪和兴趣很稳定。其不足之处是不够灵活、惰性较大、容易保守。那些要求有条理的、冷静的和持久工作能力的工作，对于粘液质的人最为合适。

（4）抑郁质（易抑制型）

抑郁质的人神经属于弱型，他们具有高度的情绪易感性，对情感的体验深刻、有力、持久，但是他们稳定的情感形成也很慢。他们常常为一些微不足道的小事而动感情，在情绪上产生波动，但却很少外露；他们一般外表温柔、恬静，在行动上表现得非常迟缓，常常显得忸怩、腼腆、优柔寡断；他们不愿出头露面，遇到困难或危险，则常常惊慌失措、紧张恐惧。但是，抑郁质的人对事物有较高的敏感性，思想敏锐、观察精细、谨慎小心，常常能观察到别人观察不到的东西，体验出别人难于体验的情感，故有些心理学家把抑郁质的人的这一特点称为艺术气质。

在现实社会或文学作品中，我们常常碰到这些气质类型的典型代表人物。如《水浒》中的李逵就是胆汁质，《红楼梦》中的薛宝钗是粘液质的代表，王熙凤则是多血质，而林黛玉则是典型的抑郁质。另据研究，俄国四位著名作家中，普希金具有明显的胆汁质特征，赫尔岑具有多血质的特征，克雷洛夫属于粘液质，而果戈里属于抑郁质。在现实生活中，典型气质类型的人很少，多数人介于各种类型之间，以一种气质为主，兼有其他类型气质的表现。

气质类型自测题（4）

下列各题中，请按照你的实际情况，选择一个最适合你的答案。这种选择应符合下列要求。

A	B	C	D	E
非常符合	比较符合	中间	不符合	根本不符合

（1）做事力求稳妥，不做无把握的事；

（2）遇到可气的事就怒不可遏，想把心里话全说出来才痛快；

（3）宁可一人干事，不愿很多人在一起；

（4）到一个新环境很快就能适应；

（5）厌恶那些强烈的刺激，如尖叫、噪声、危险镜头等；

（6）和人争吵时，总是先发制人，喜欢挑衅；

（7）喜欢安静的环境；

（8）善于与人交往；

（9）羡慕那种善于克制自己感情的人；

（10）生活有规律，很少违反作息制度；

（11）在多数情况下情绪是乐观的；

（12）碰到陌生人觉得很拘束；

(13) 遇到令人气愤的事，能很好地自我克制；

(14) 做事总是有旺盛的精力；

(15) 遇到问题常常举棋不定、优柔寡断；

(16) 在人群中从不觉得过分拘束；

(17) 情绪高昂时，觉得干什么都有趣，情绪低落时，又觉得干什么都没有意思；

(18) 当注意力集中于某一事物时，别的事物很难使我分心；

(19) 理解问题总比别人快；

(20) 碰到危险情景，常有一种极度恐怖感；

(21) 对学习、工作、事抱有很高热情；

(22) 能够长时间做枯燥、单调的工作；

(23) 符合兴趣的事情，干起来劲头十足，否则就不想干；

(24) 一点小事就会引起情绪波动；

(25) 讨厌做那种需要耐心、细致的工作；

(26) 与人交往不卑不亢；

(27) 喜欢热烈的活动；

(28) 爱看感情细腻、描写人物内心活动的文学作品；

(29) 工作学习时间长，常感到厌倦；

(30) 不喜欢长时间谈论一个问题，愿意实际动手干；

(31) 宁愿侃侃而谈，不愿窃窃私语；

(32) 别人说我总是闷闷不乐；

(33) 理解问题常比别人慢些；

(34) 疲倦时只要短暂的休息就能精神抖擞，重新投入工作；

(35) 心里有话，宁愿自己想，不愿说出来；

(36) 认准一个目标就希望尽快实现，不达目的誓不罢休；

(37) 同样和别人一起学习、工作一段时间后，常比别人更疲倦；

(38) 做事有些莽撞，常常不考虑后果；

(39) 老师或师傅讲授新知识、新技术时，总希望他讲慢些，多重复几遍；

(40) 能够很快地忘记那些不愉快的事情；

(41) 做作业或完成一件工作总比别人花的时间多；

(42) 喜欢运动量大的体育活动，或参加各种文艺活动；

(43) 不能很快地把注意力从一件事转移到另一件事上去；
(44) 接受一个任务后，就希望迅速完成；
(45) 认为墨守成规比冒风险强些；
(46) 能够同时注意几件事；
(47) 当我烦闷的时候，别人很难使我高兴；
(48) 爱看情节起伏跌宕、激动人心的小说；
(49) 对工作（学习）认真严谨，具有始终一贯的态度；
(50) 和周围人的关系总是相处不好；
(51) 喜欢复习学过的知识，重复做已经掌握的工作；
(52) 希望做变化大、花样多的工作；
(53) 小时候会背 20 首诗歌，我似乎比别人记得清楚；
(54) 别人说我“出语伤人”，可我并不觉得这样；
(55) 在体育活动中，常因反应慢而落后；
(56) 反应敏捷，头脑灵活；
(57) 喜欢有条理而不麻烦的工作；
(58) 兴奋的事常使我失眠；
(59) 老师讲解新的概念时，常常听不懂，但是弄懂以后就很难忘记；
(60) 假定工作枯燥无味，马上情绪低落；

评分规则的说明：按下列要求记分：

A	B	C	D	E
非常符合	比较符合	中间	不符合	根本不符合
+2	+1	0	−1	−2

X1＝2＋6＋9＋14＋17＋27＋31＋36＋38＋42＋48＋50＋54＋58＝？

X2＝4＋8＋11＋16＋19＋23＋25＋29＋34＋40＋44＋46＋52＋60＝？

X3＝1＋7＋10＋13＋18＋22＋26＋30＋33＋39＋43＋45＋49＋55＋57＝？

X4＝3＋5＋12＋15＋20＋24＋28＋32＋35＋37＋41＋47＋51＋53＋59＝？

X1 代表胆汁质，X2 代表多血质，X3 代表粘液质，X4 代表抑郁质。如果一种气质得分高于其他三种气质得分，且高出 4 分以上，则可定为该气质类型。某种气质类型得分超过20分，则为典型型，得分在10～20分之间，为一般型。

如果两种气质得分相差三分以下，又明显高于其他两种气质得分，且在四分以上，则定为两种气质的混合型，如：胆汁质—多血质。

如果三种气质均高于第四种，而且接近，则为三种气质混合型，如：多血—胆汁—抑郁混合型。

气质差异与管理

在团队管理工作中，根据气质安排工作具有重要意义。一方面可以提高员工的劳动和工作效率，另一方面也可以使员工自已心情愉快，培养良好的气质和职业道德。

胆汁质的人精力旺盛、态度直率、动作迅速、性情急躁、富于热忱，宜于从事革新、攻关或突击性的工作。其缺点是行为上往往表现出不平衡性。

多血质的人神经活动具有高度灵活性，往往表现为智慧和灵敏，对新生事物敏感，性情十分活跃，宜于从事研究性、创造性的工作；从事反应迅速而敏捷的工作；从事内容多样化和多变的工作。其缺点是行为受兴趣的影响过大，易表现出冷热病。

粘液质的人被巴甫洛夫称为安祥的、沉着、坚定和顽强的实际劳动者。他们因神经过程的稳定性和一定的惰性，具有较强的自我克制的能力，埋头苦干，注意力集中，态度持重，交际适度，宜于从事有条有理、重复性较强和持久性的工作。其缺点是动作迟缓、不够灵活，缺乏创造性，倾向于保守。

抑郁质的人孤僻、多愁善感、犹豫不快、优柔寡断，但他们办事细心、谨慎、感受力强，宜于从事上下工序连续性不强的具有独立性的工作，要求操作细心谨慎的工作，对速度要求不高的工作。在友好团结的集体中，抑郁质的人也可以与别人融洽相处。

此外，员工不同气质类型特征的互补，以产生新的适应性。有不少的工作，既要求灵活、迅速，又需要较长时间的坚持性。这时，应委派相应的不同气质的员工共同协作完成任务，方能收到好的效果。

2. 性格

人是有性格的，性格反映了一个人的个性特征。心理学家一般把性格定义为：是人对客观现实的态度和行为方式中较稳定的独特的心理特征。

如：从一个人的发笑中，可以看出他的性格，是豪爽还是拘谨；又如：一个小气的人与一个勤俭的人，在行为方式上可能很接近，但在动机和态度上绝不相同。与气质、能力相比，人们的性格差异更是多样而复杂的。文学家们正是捕捉住这一特点来对人物进行形象化描绘，将一个个栩栩如生的人物展现在读者的面前。如：莎士比亚笔下的哈姆雷特、鲁迅小说中的阿Q等，令人过目不忘。为了便于掌握人的性格，心理学家们试图从形形色色的性格中，概括出共同的特征，现将几种主要的分类方法作一简介：

（1）机能类型

英国心理学家A. 培因和法国心理学家T. 李波提出了按何种心理机能占优势来划分性格类型。他们依照理智、情绪、意志三种心理机能分别在性格结构中占优势的情况，把性格划分为理智型、情绪型和意志型。

理智型的人，善于思考问题，常以理智衡量一切，以理智支配自己的行动，三思而后行。

情绪型的人，情绪体验深刻，情绪易波动，处理问题易感情用事。

意志型的人，有较明确的活动目标，行为具有主动性、积极性和持续性。

中间型的人，没有某种心理机能占优势，而以某两种心理机能相结合为主。

（2）向性说

向性说是瑞士心理学家荣格最早以精神分析的观点来划分的性格类型学说，它是按照人的心理活动的倾向性来划分性格类型的。主要有内向性格和外向性格两类。

内向型的人，心理活动倾向于内部，不善于表露情感、表现行为，与人交往显得沉静而孤僻。待人接物小心谨慎，有锲而不舍的精神，长处是内在体验深刻，具有自我分析和自我批评精神，但缺乏果断性，不善交际。

外向型的人，心理活动倾向外部，活泼、开朗，善于表露情感，表现行为，待人接物直率、果断、独立性强，善于交际，对外部事物比较关心，但较轻率，缺乏自我分析和自我批评精神。

性向自测题（5）

对下列题目作出最适合你的选择。

	是	不定	否
1. 我与观点不同的人也能友好往来。	□	□	□
2. 我读书较慢，力求完全看懂。	□	□	□
3. 我做事较快，但较粗糙。	□	□	□
4. 我经常分析自己、研究自己。	□	□	□
5. 生气时，我总不加抑制地把怒气发泄出来。	□	□	□
6. 在人多的场合我总是力求不引人注意。	□	□	□
7. 我不喜欢写日记。	□	□	□
8. 我待人总是很小心。	□	□	□
9. 我是个不拘小节的人。	□	□	□
10. 我不敢在众人面前发表演说。	□	□	□
11. 我能够做好领导团队的工作。	□	□	□
12. 我常会猜疑别人。	□	□	□
13. 受到表扬后我会更加努力地学习。	□	□	□
14. 我希望过平静、轻松的生活。	□	□	□
15. 我从不考虑自己几年后的事情。	□	□	□
16. 我常会一个人想入非非。	□	□	□
17. 我喜欢经常变换的生活。	□	□	□
18. 我常常回忆自己过去的生活。	□	□	□
19. 我很喜欢参加集体娱乐活动。	□	□	□
20. 我总是三思而后行。	□	□	□
21. 用钱时我从不精打细算。	□	□	□
22. 我讨厌在我学习时，别人在旁边观看。	□	□	□
23. 我始终以乐观的态度对待人生。	□	□	□
24. 我总是独立思考回答问题。	□	□	□
25. 我不怕应付麻烦的事情。	□	□	□
26. 对陌生人我从不轻易相信。	□	□	□
27. 我几乎从不主动订学习或工作计划。	□	□	□
28. 我不善于结交朋友。	□	□	□

29. 我的意见和观点常会发生变化。 □□□
30. 我很注意交通安全。 □□□
31. 我肚里有话藏不住，总想对人说。 □□□
32. 我常有自卑感。 □□□
33. 我不大注意自己的服装是否整洁。 □□□
34. 我很关心别人会对我有什么看法。 □□□
35. 和别人在一起时，我的话总比别人多。 □□□
36. 我喜欢独自一个人在房内休息。 □□□
37. 我的情绪很容易波动。 □□□
38. 看到房间里杂乱无章，我就静不下心来。 □□□
39. 遇到不懂的问题我就去问别人。 □□□
40. 旁边若有说话声或广播声，我就无法静下心来学习。 □□□
41. 我的口头表达能力还不错。 □□□
42. 我是个沉默寡言的人。 □□□
43. 在一个新的环境里我很快就能熟悉。 □□□
44. 要我同陌生人打交道，常感到为难。 □□□
45. 我常会过高地估计自己的能力。 □□□
46. 遭到失败后我总是忘却不了。 □□□
47. 我感到脚踏实地地干比探索理论原理更重要。 □□□
48. 我很注意同伴们的工作或学习成绩。 □□□
49. 比起读小说和看电影来，我更喜欢郊游和跳舞。 □□□
50. 买东西时，我常常犹豫不决。 □□□

题号为奇数的题目，每选择一个“是”记2分，每选择一个“不定”记1分，选择“否”记0分；题号为偶数的题目每选择一个“否”记2分，每选择一个“不定”记1分，选择“是”记0分。最后将各道题的分数相加，其和即为你的性向指数。

你的总分——

性向指数在0～100之间。由性向指数的数值就可以了解一个人内倾或外倾的程度。

0～19分：内向。

20～39分：偏内向。

40～59 分：中间型（混合型）。

60～79 分：偏外向。

80～100 分：外向。

资料来源：刘郁、毛建华：《自我认知自测与咨询》，浙江人民出版社，1999 年版。

(3) 独立—顺从说

以个体独立性程度的不同进行性格分类把人的性格分为两类：独立型和顺从型。它是奥地利心理学家 A. 阿德勒根据精神分析的观点来划分性格类型的学说。

独立型的人，独立性强，有主见，善于独立地发现和解决问题，不为次要因素所干扰，在危急和困难情况下，镇静自如，易发挥自己的力量，但喜欢把自己的意志强加于别人。

顺从型的人，独立性差，易受暗示，不加批判地按照别人的意旨办事，随波逐流，屈从权势，在紧急和困难的情况下表现出不知所措。

(4) A 型和 B 型

按人的行为模式分类，美国医生弗雷德曼等学者把人的行为模式分为 A 型和 B 型两类。

A 型：有不可抑制的雄心壮志，争强好胜的内驱力特别强，醉心于事业，整天忙忙碌碌，有时间的紧迫感。A 型人总是不断驱动自己要在最短的时间里干最多的事，并对阻碍自己努力的其他人或事进行攻击。当面临许多困难时，他们总是努力排除障碍前进，从不退却；他们能充分估计自己的实力，即使是超负荷运行，也从不推辞自己的工作；他们讨厌游手好闲，经常忘我地工作，从不耽误即使是自我确定的期限。

心脏病学家弗雷德曼和罗斯曼，根据他们看到的早期心脏病病人中普遍存在的个性，首先对 A 型性格的品行特点做了概括：

· 性格暴躁、说话很快；

· 生活节奏快；

· 对慢慢吞吞的行为没有耐心；

· 经常每次专心致力于一件事；

· 全神贯注；

· 对生活不满足；

· 以大量术语来评价某人活动的价值；

· 倾向于与别人挑战和竞争，甚至在非竞争性的环境中也如此；

· 愿意自由流动

B型：与A型人相对照的是B型人。B型人表现为：不喜欢竞争或攻击性行为，不愿承担太繁重的任务；愿意从容不迫地工作，从来不曾有时间上的紧迫感以及其他类似的不适感，认为没有必要表现或讨论自己的成就和业绩，除非环境要求如此，充分享受娱乐和休闲，而不是不惜一切代价实现自己的最佳水平，充分放松而不感内疚。

实际上，大多数人的性格并不是非A即B，A型个性和B型个性只是人的个性连续统一体上的两个极端，绝大多数人都兼有这两种个性的特征。只不过以哪种个性为主罢了。随着研究的深入，目前又把人的行为模式细分为五类：

A+型。是A型的极端型，他们充满着成功的理想和进取心。为了获取成功，坚持不懈地奋争，克服重重困难，经常超负荷地工作，干什么工作总想超过他人，甚至连下棋等娱乐活动也是如此。时间的紧迫感极强，急躁。在他想到一个目标后，总想尽快工作，相信自己能获得成功，很少寻求别人的帮助和接受别人的劝导。

A型。这类人不是极端的A型的人，他们所表现的很多A型行为是环境要求的结果。有些人最初可能不是A型人，但由于环境要求他抓紧时间，加速工作，从而逐渐成为A型人。是不很明朗的A型人。

B+型。这是B型行为的极端型，具有以下特征：非竞争性，没有进取的主动性，对受到挫折反应平静；喜欢不紧张的工作，乐于松散地生活；时间的紧迫感不强，偶尔为工作所逼稍为紧些；有耐心，能容忍；不争强好胜，知足常乐。

B型。不像B+型那样明朗极端，有时也会表现出一些A型的特征。

X型。是介于A型与B型之间的一种混合型。

从团队管理的角度来看，A型人表现为愿意长时间从事工作，但他们的决策欠佳，因为他们要求的是速度型的，他们对数量的要求高于对质量的要求。A型人很少有创造性，常常依赖过去经验解决自己当前面对的问题。但对于一项新工作，无疑需要专门时间来寻找解决它的具体办法，但A型人却很少分配出这种时间。他们很少根据环境的各种挑战改变自己的反应方式，因而他们的行为比B型人更易于预测。

你是A型性格还是B型性格？请做练习。

练习说明：在下面各项选择中，你认为哪个数字最符合你的行为特点？

（1）不在意约会时间 12345678 从不迟到

（2）无争强好胜心 12345678 争强好胜

（3）从不感觉仓促 12345678 总是匆匆忙忙

（4）一时只做一事 12345678 同时要做好多事

（5）做事节奏平缓 12345678 节奏极快（吃饭，走路等）

（6）表达情感 12345678 压抑情感

（7）有许多爱好 12345678 除工作之外没有其他爱好

记分：累加 7 个问题的总分，然后乘以 3。

分 数	人格类型
120 以上	A+
106—119	A
100—105	X
90—99	B
90 以下	B+

（5）思维、感情、感觉、直觉型

从个人解决问题的格调划分性格类型：感觉——感情型，直觉——感情型，感觉——思考型，直觉——思考型。

感觉——感情型

这种人主要感兴趣的是感官所能直接搜集和验证的详细事实。他们对人的事实比对事的事实更感兴趣。感觉——感情型的人是友好的、机智的、有同情心的，总是十分欢迎别人的赞助。

他们心目中的理想组织：有职责分明的职权层系制度，有一整套能最大限度地调动起本组织成员的积极性的规章制度。并且组织能满足各个成员的需求，使员工之间可以进行公开的交往。

感觉——感情型的人喜欢人际接触交往的职务，对他们来说，团队的工作效率，主要在于员工的忠诚、态度、缺勤率，人际关系的好坏等变量。

直觉——感情型

这类人倾向于变革，如新项目、新方法等，他们注意可能发生的事。

他们心目中的理想组织：分散、职权范围灵活而规定得又不甚明确，没有强有力的或核心的领导人，只有极少几个规章制度和标准操作规程。也就是说，这种团队是以适应性和相对民主的方式来运营的。

感觉——感情型

感觉——感情型的人对处理人际关系一类的工作感兴趣。但这种人际关系不是指过多的烦琐的个人接触，而是跟成批的人打交道，如公共关系、政治、广告、人事、某些类型的销售工作、教学等。

感觉——思考型

这种人注重的是外界事实的细节，是问题的某些特定方面。解决问题的格调倾向于讲求实际，实事求是。这类人在跟事物或数目字打交道时，要比处理人的问题更显得得心应手一些。乐于处理比较有章可循的问题。

他们心目中的理想组织：极端的多层等级的组织形式。这种组织强调广泛地采用规章制度，有明确的岗位责任制。在对人作判断时，以其技术能力为主要根据，有高度的控制力、专一性和确定性，有现存的有限的短期目标。

感觉——思考型的人所感兴趣的职业：团队中与物质方面和非个人方面细节打交道的职业。如办公室工作、文稿编辑、起草、设计、统计、人事分析、计算机程序编制、市场调查、会计、统计等等。

直觉——思考型

这类人注重变化和新的可能性，它们对形势的分析往往是理论的或技术的分析，在分析时尽量摆脱人为的因素。

这类人常常把复杂的、新奇的和变化着的问题看作为积极的挑战与机会，而不是负担或威胁。他们喜欢创造性的过程，喜欢设计，但也就仅此而已，一旦“城堡”设计好了或者修改完毕，便移情它物，让他人将方案付诸实施。这类人在比较稳定的环境中，常有坐立不安的感觉。

心目中的理想组织：概念性的，非个人性的。所关心的是组织和外界环境之间的关系。

直觉——思考型的人所感兴趣的职业：所从事的职业最好不要涉及到人的方面的有关问题。他们乐于从事设计师、分析师、理论科学家，如经济、哲学、数学等等职业。在他们看来，一个组织的工作效率主要应反映在诸如新产品开发，市场占有率，资金成本、收益及长期利润的增长等变量。

个性与解决问题格调的测试

在下面各题中，请选择最适合你个人感觉的答案，每个答案都无所谓对或错。

第一部分：把最接近于你平常感觉到的或所做的回答圈出来。

(1) 你更重视

A. 人们的感情；B. 人们的权利

(2) 当你不得不去会见陌生人时，你觉得这事

A. 很费劲；B. 挺愉快或者至少挺容易。

(3) 你一般跟哪种人能相处得更好些

A. 富于想像力的人；B. 现实主义的人。

(4) 你天生是

A. 安静的，在交际中自我克制；B. 擅于交际

(5) 这两种说法里，你认为哪一种是更高一点的表扬

A. 他是一个有真实感情的人；B. 他一贯是很理智的。

(6) 据你判断，你自己是

A. 比一般人要热情些；B. 没一般人那么容易冲动。

(7) 在跟许多其他人一块干什么事情的时候，下面两种办法里哪一种更合你的口味

A. 公认的办法干；B. 别出心裁地干。

(8) 你对哪一种更为恼火

A. 奇特的理论；B. 讨厌理论的人。

(9) 哪一种是对人的更大赞扬

A. 一位有眼光的人；B. 一位有常识的人。

(10) 你经常

A. 感情用事；B. 用理智克制感情。

(11) 你能够

A. 轻松地跟几乎任何人进行谈话，有必要谈多久，就谈多久；B. 只对某些人，或者只在某种情况下，才有好多话可说。

(12) 你认为哪一种是更糟糕的缺点

A. 显示过分的热情；B. 冷漠无情。

（13）你要是一位教师，你宁可教

A. 带理论性的课程；B. 讲事实的课程。

（14）你新结识的朋友能讲你所感兴趣的事，是

A. 立即；B. 只在他们真正了解了你以后。

（15）在一个大型群体里，你更经常做的是

A. 介绍别人；B. 被别人介绍。

第二部分：下面各个配对的词组里，请选择哪一个你更喜爱？

（16）A. 同情；B. 深谋远虑。

（17）A. 公正；B. 仁慈。

（18）A. 生产；B. 设计。

（19）A. 温和；B. 坚定。

（20）A. 不加批判；B. 带批判性。

（21）A. 娴静；B. 活泼。

（22）A. 朴实的；B. 多文采的。

（23）A. 富于想象力的；B. 讲究实际的。

分数：对应下表，计算每一纵栏的总分，每一小题一分。

表 3—4　　结果统计表

外　倾	内　倾	感　觉	直　觉	思　考	感　情
2B	2A	3B	3A	1B	1A
4B	2A	7A	7B	5B	5A
6A	6B	8A	8B	10B	10A
11A	11B	9B	9A	12A	12B
14A	14B	13B	13A	16B	16A
15A	15B	18A	18B	17A	17B
21B	21A	22A	22B	19B	19A
		23B	23A	20B	20A

说明：

（1）如果“内倾”总分大于“外倾”总分，写“内倾”；如果“外倾”总分大于“内倾”总分，写“外倾”。

（2）如果“直觉”总分大于或等于“感觉”总分，写“直觉”；如果“直觉”总分小于“感觉”总分，写“感觉”。

（3）如果“感情”总分大于“思考”总分，写“感情”；如果“感情”总分小于“思考”总分，写“思考”。如果“思考”总分正好等于“感情”总分，对男的写“感情”，对女的则写“思考”。

事实上，这是荣格向性心理的进一步发展。在他看来，内外向为态度类型，思考、情感、感觉、直觉等这机能类型，为此，二者可组合为八种类型。见表3—5。

表3—5　八种性格类型表

性格类型	性格特征
思维外倾型	按固定规则行事，客观而冷静，积极思考、武断、感情压抑
情感外倾型	易动感情、尊重权威与传统，寻求与外界和谐、善交际、思想压抑
感觉外倾型	寻求享乐、无忧无虑、适应性强，不断追求新异感觉经验，对艺术品感兴趣，直觉压抑
直觉外倾型	做决定凭预感，好改变主意，富于创造性、感觉压抑
思维内向型	缺乏判断力、社会适应性差、智商高、忽视日常实际生活、情感压抑
情感内向型	安静、有思想、感觉敏锐、对别人的意见和感情不关心，无情绪流露，思想压抑
感觉内向型	被动、安静、艺术性强，不关心人类事业，只顾身边刚发生的事情，直觉压抑
直觉内向型	偏执、喜欢做白日梦，观点新颖，但稀奇古怪，好冥思苦想，靠内部经验指导生活

以上性格分类简明并各具特点，但是都很难包括全部复杂多样的性格特征，而且多数人的性格并非属一种典型性格，因此，性格分类只能是相对的。

(6) 性格差异与管理

性格是具有核心意义的个性心理特征，它是一个人社会本质的集中体现。它直接或间接地影响着人际关系、人的能力与创造性、领导素质与作风、工作效率与成就。

首先，团队在选人时不可在性格上求全责备，任何人都不是完美无缺的，同时要尊重员工的个性，不可在性格上强求一致，以自己的好恶来衡量他人性格的好坏。在工作分配时，要注意性格的合理搭配和互补，发挥各自的性格特长，互相弥补性格中的消极方面，推动团队中的管理工作。

其次，在团队中，要注重培养良好的性格，尤其是职业性格和道德性格。如：工作认真、严谨，有开拓创新的精神；做人正直、诚实；待人热情、大方；生活勤俭、朴素等。最后，针对不同性格的人，采取不同的思想工作方法。

3. 能力

一个人的能力显然是影响团队员工行为绩效的关键因素。无论此人有多大的动力去有效地工作，如果缺乏必要的能力，要想达到足够的绩效水平是不可能的。在现实生活中，每个人的能力是不一样的。有人过目成诵，记忆力惊人；有人下笔千言，洋洋洒洒；有人想像丰富，创意独特；有人能歌善舞，艺术才华出类拔萃……

能力有两种含义：一是指外部的实际活动能力，如书写、打字、驾驶等；二是指内部的心理活动潜能，如记忆、思考、抽象、概括、判断、推理、想像等，亦即心智能力或智力。一个人单靠一种能力是不能保证完成某种活动的，要完成某一种活动必须有多种能力的结合。心理学中把人们在活动中多种能力的有机结合称为才能。例如，一个优秀的管理者，就应该具备各种能力：深刻的洞察力、敏锐的思考力、果敢的判断力以及与此相应的语言表达能力、组织活动能力、情感体验能力、宣传鼓动能力，再加上必要的专业管理知识等，有了这些能力的有机结合，才能引导他人“快快乐乐”地去做他“应该”做的事，甚至是他不“喜欢”做的事。

在团队活动中，要成功地完成一项任务，仅靠某个人某一方面的能力是十分不够的，必须是众人的多种能力的综合运用，才能使员工迅速地、创造性地完成任务。所以，让别人发挥能力，便是展现个人“领导能力”的魅力。身为团队领导，就是要认识员工的能力，并懂得如何让员工发挥其特殊能力，进而带动整个团队的士气。常有团队领导说：请这些人来组建团队，真没有用，也不知上司怎么想的。管理专家提醒他们：幸亏员工“笨”，否则你哪有机会当团队领导。但是，新管理学更直接指出：“没有不好的员工，只有不好的领导。”

（1）能力差异

能力差异主要是指以下几个方面的差异：

智商差异

在现实生活中，人的智力方面的个别差异是十分显著的。有人智力超常，有人智力低弱，多数人处于中间状态。

人的智力水平常常用智商（IQ）表示。即智力年龄与实足年龄的比，智力年龄是指心理年龄，用 MA 表示，代表智力达到的年龄水平；实足年龄是指生理年龄，用 CA 表示。

智商 IQ＝（MA÷CA）×100

心理学家经过大量测验研究，基本上得到一个共同的结论：人的智力的个别差异呈常态曲线分布：即两头小中间大，智力超群者和智力低下者极少，绝大多数人是一般能力。表 3—6 是法国心理学家特曼和美国心理学家韦克斯勒等人通过智商研究，所描绘的智力差异常态曲线分布图。

能力类型差异

能力类型差异主要表现在知觉、表象、记忆、想像、思维等方面。如：在知觉方面，在同等智商的情况下，有人擅长分析，有人擅长综合，有人兼而有之。在记忆方面，有人偏重于形象记忆，有人偏重于动作记忆，有人偏重于情绪记忆，有人偏重于抽象逻辑记忆。

社会上各工种的特殊要求，其实就是对特殊能力的要求。在心理学上，可以通过各种测验来定量反映，来作为选拔人员的参考。

表 3—6　　韦克斯勒智力分布表

智商 IQ	类　别	%
130 以上	超　常	2.2
120～129	优　秀	6.7
110～119	中上（聪明）	16.1
90～109	中　等	50.0
80～89	中下（迟钝）	16.1
70～79	低能边缘	6.2
69 以下	智力缺陷	2.2

能力表现的年龄差异

能力表现的年龄差异也是非常明显的。有的人在儿童或少年时期就显露出非凡的智力或特殊才能，即所谓的“少年早慧”。如唐初四杰之一的王勃 6 岁善文辞，10 岁能赋，13 岁写就千古名作《滕王阁序》。普希金 8 岁就能用德文写诗。莫扎特 3 岁发现三度音程，5 岁开始作曲，6 岁登台演奏，8 岁试作交响乐曲，12 岁创作大型歌剧。控制论创始人维纳 4 岁开始学习，7 岁开始阅读但丁和达尔文的著作，9 岁入高级中学，14 岁大学毕业，18 岁哈佛大学哲学博士。相反，人的能力也有表现较晚的，俗称“大器晚成”。如我国著名画家齐白石 40 岁才表现出绘画才能；达尔文青年时被认为智力低下，到 50 岁才写出名著《物种起源》。

虽然人的能力发展有早有晚，但科学计量学的研究结果表明，大多数人成才的最佳年龄或出成就的最佳年龄在青、壮年时期。美国学者莱曼曾研究了几千名科学家、艺术家、文学家的成就与年龄的关系，发现 25～40 岁是创造的峰值年龄区间。他还进一步研究了不同学科最佳创造年龄，见表 3—7。

表 3—7　　各学科成才的最佳年龄表

学　科	成才的最佳年龄	学　科	成才的最佳年龄
化　学	26～36	声　乐	30～34
数　学	30～34	歌　剧	35～39
物理学	30～34	诗　歌	25～29
实用发明	30～34	小　说	30～34
医　学	30～39	哲　学	35～39
植物学	30～34	绘　画	32～36
心理学	30～39	雕　刻	35～39
生理学	35～39		

(3) 影响能力发展的因素

影响能力的因素是很多的，归结起来可用图 3—4 加以表示。

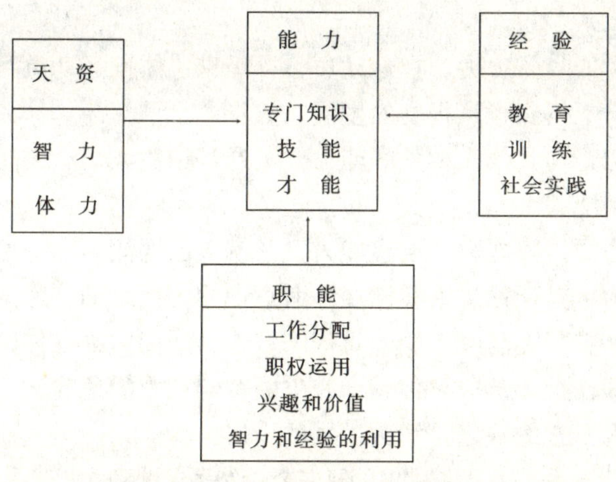

图 3—4　影响能力的因素

在影响能力的众多因素中，天资是天赋，其他的因素是在后天中发展起来的。其中以天资、知识和技能、教育、社会实践对能力的影响最显著。

天资

天资是一种天生的潜能。是有机体天生具有的某些解剖和生理的特性；主要是神经系统大脑的特性以及感官和运动器官的特性。如人们在体育、音乐、数学方面的潜能是不相同的。一个具有较高体育潜能的人，很有可能是一个音盲。可见，天资是能力发展的自然前提，离开这个物质基础就谈不到能力的发展。生来或早期聋哑的人难以发展音乐能力，双目失明者无从发展绘画才能。

哈佛大学心理学教授霍华德·加德纳（Howard Gardener）认为，在我们的大脑中有七个不同的“智力中心”。这七个智力中心在大脑中所占有的比重是不同的。这种大脑天生的偏向就是个人所拥有的天资。

语言智力，即我们读、写和用词语进行交流的能力。显然，这一能力在作家、诗人和演说家身上得到了高度的发展。

逻辑或数学智力，即我们推理和计算的能力。这在科学家、数学家、律师和法官身上得到了极大的发展。

音乐智力，在作曲家、指挥家和一流的音乐家身上有着明显的高度发展。

空间或视觉智力，建筑师、雕塑家、画家、航海家和飞行员所使用的那种能力。

运动智力或身体智力，在运动员、舞蹈家、体操运动员身上，也许还在外科医生身上得到很高程度的发展。

人际智力，与其他人相处的能力——这是销售人员、鼓动家和谈判人员应有的那种能力。

内在智力或内省能力，洞察能力，了解自己的能力——给人以伟大直觉的那种能力，是让你进入存储在你潜意识中的巨大信息库的那种能力。

脑外科和脑研究已经表明，每一“智力”或能力都在你脑中有相应的位置。严重损伤某个部位，你就会有失去特定能力的危险。所以，严重的损伤或脑发育不全的缺陷是智力发展的障碍。

如果我们再看一看大脑的电子扫描，你就会看到大脑不同部位是如何处理不同类型信息的。大体来说，大脑左半部分主要起处理语言、逻辑、数学和次序的作用，即所谓的学术学习部分。大脑右半部分处理节奏、旋律、音乐、图像和幻想，即所谓的创造性活动。

我们常说，左撇子的人与右撇子的人在思维方式上有很大的不同，其主要原因就在于此。这就是天资的差异。

在工作中，拥有天资是一件好事，但拥有了天资，并不等于有了能力，在它未开发之前，这种天资只不过是一种潜能。

培训

培训是开发员工潜力的一种重要形式，因为对于在职员工来说，当他们走上工作岗位以后，原来已经掌握的知识和技能，就显得不够用，有些甚至是已经过时的。尤其是技能能力更是如此。通过培训，不但可以使团队员工掌握新的知识和技能，还能促进心理能力的发展。例如：教师运用分析概括的方法去讲授课程的内容，并且引导学员把这样的方法作为遇到问题进行思维的手段；把外部的教学方法逐渐转化为内部概括化的思维操作。特别是对现代企业的职工来说，更是如此，因为他们必须掌握多种知识、多种技能，并能进行综合的运用来分析形势，执行任务，参与决策。

当然，团队培训可采取多种多样的方式，如在职培训，脱产培训，情景模拟，案例分析等等。但无论采取哪一种形式，都必须以满足团队目标和员工的个人发展为目的，并最终使团队的绩效得以提高。

社会实践

一个团队如果期望他们的员工发展某种能力，那么团队就必须给他的员工提供发展这种能力的机会，并且能够容忍在获得这种能力的过程中有局部性的失败。在这种过程中，员工获得经验的同时，也是在提高能力。不同的实践向人们提出不同的要求，人们在实践和完成任务的活动中，不断地克服薄弱环节，从而使能力得到相应的发展和提高。

勤奋

勤奋是获得成功的必由之路。要使能力获得较快和较大的增长，没有主观的勤奋努力是根本不可能的。世界上许多政治家、科学家和发明家，无论他们从事的领域有多么大的不同，他们的共同点是长期坚持不懈、刻苦努力、顽强地与困难作斗争；没有刚毅、顽强、百折不挠的意志力，任何成就都不可能取得，也无从谈起能力的发展。

（4）能力测试

能力测试包括个人能力测试和个人在团队中的能力测试两种，这里着重谈谈后者。

专业知识转化的能力：

·他在技术上对目前职位完全适合吗？

·他是否研究过其他领域中已经作出或正在作出优异成绩者的方法和计划？

·他是否能跟上其他地方的发展潮流？

·他是否经常试行由调查研究得出新的方法？

对团队政策的理解能力：

·他是否彻底理解当前团队的全部政策？

·他是否能辨别重要政策与例行政策？

·他是否勤恳地用恰当的方式向有关人员解释所有的政策？

·他是否预计到新政策的需要并提出建议？

工作计划与协调能力：

·他在与其他员工共同完成某一任务时，是否协调一致，使每个人的积极性都得以最大限度的发挥？

·他在计划方面是否显示出首创精神和才能？

·他是否预见到工作中的困难并早作安排？

·他是否喜欢别人参与他自己的工作？

人际关系方面的能力：

·他是否有稳定的情绪和鼓舞团队的士气的信心？

·他是否总是关心同事？

·他是否能明智而有效地维持纪律？

·他在处理困难的问题时，是否有出色的表现？

公共关系方面的能力：

·他是否在思想和行动上和同事们合作？

·他是否建设性地处理困难的公共关系问题？

·他是否促使人们忠于团队而不是个人？

·他是否力图改进他自己和他人的关系？

对上面的问题，可按照团队人数对每个人给出相应的等级，如 10 人的团队，对每一项内容都给出 10 个等级，然后，运用排序法确定每个人的序号，1 是最高，10 为最低。从而确认员工在团队中某一方面的能力水平，然后采取相应的管理措施。如能力的合理搭配，培训等。

（5）能力差异与团队管理

研究能力的个别差异，有助于管理者掌握团队员工特点，做到量才用人，人尽其才。

汉高祖刘邦在打败楚霸王项羽之后，就总结出，他的谋略不如张良，安内不如萧何，带军逊于韩信。然而他分别委任他们恰当的职责，这就是他得天下的原因。管理者在用人和分配工作时，力求做到人的能力与工作难度和性质相适应。超过或不及都不会取得好的效果。前者会觉得乏味无兴趣，后者会感到力不从心，情绪紧张。再者，尽量做到量才用人，人尽其才。对人的使用，不能机械地凭学历、资历，而应对每个员工的能力发展水平、类型等进行考察了解，从而安排与之能力相适应的工作。这样，不仅可以使每个员工充分发挥出自己的才能，提高工作效率，而且能提高员工对工作的满意感，增加员工的工作热情。

依照员工的能力差异实施教育与培训

根据人的能力水平差异，对员工施以不同的教育与训练。如少数智能较高的人，予以深造机会，把他们培养成业务、技术的骨干；对于中等智能的员工，进行普遍管理或技术性工作的培训。同时对团队工作的设置在扩大化的同时，还要尽可能的丰富化，给每个人以实际锻炼的机会。作为团队的管理者还应该努力诱发、培养广大员工的创造意识，最大限度地挖掘员工的创造能力。

第四章

个体压力

在讲压力管理的课堂，一位老师拿起一杯水，然后问听众说："各位认为这杯水有多重?"听众有的说200克，有的说500克，老师说："这杯水的重量并不重要，重要的是你能拿多久？拿一分钟，各位一定觉得没问题，拿一个小时，可能觉得手酸，拿一天，可能得叫救护车了。其实这杯水的重量是一样的，但是你若拿越久，就觉得越沉重。这就像我们承担的压力一样，如果我们一直把压力放在身上，不管时间长短，到最后就觉得压力越来越沉重而无法承受。我们必须做的是放下这杯水，休息一下后再拿起这杯水，如此我们才能拿得更久，所以，各位应该将承担的压力在一段时间后适时地放下，并好好地休息一下，然后再重新拿起来，如此才可承担很久。"

你每天狂奔，为了工作，你每天疲惫不堪，为了工作，渐渐地，你对工作开始厌倦，每天的工作对于你来讲已成为一种负担。这就是压力。

记得一位哲人说过："生命中不能承受之轻。"没有压力的生活是不可想像的。人毕竟不是生活在真空里，婴儿一出生便生活在地球的大气压力下，因此，压力可以说是我们生活中必不可少的一部分。我们所有的人都会时不时地感到有压力。适当的压力能帮助团队中的人成为排头兵、革新能手，但过度的压力却可能将另一些人逼上绝路。在美国，有一半未成年人的死因与压力有关；在欧洲，每年平均有1000万人患有职业病。在挪威，每年由于职业病治疗的费用达国民生产总值的10%；在香港，一些精神科的医生指出，香港每四个人中便有一个是因为工作紧张而患有轻微的神经衰弱，可见压力问题的严重。

所以，当我们一谈到压力时，似乎心情很沉重。其实，压力的存在，对我们大多数人来说，既有消极的一面，更有积极的一面。例如，当我们面对棘手的工作时，会感到某种程度的威胁和不安，同时也感到有一种兴奋感，觉得干劲倍增。再如，职位的提升，一方面有一种自我价值实现的满足感，另一方面新职位的获得又带来了更大的挑战，担心不了解情况，担心新的工作环境中人际关系不和谐，担心自己能否胜任此职等等。

一、个体与压力

（一）压力对个体的影响

压力对个体的影响主要表现在生理、情绪和行为这三个方面：

1. 压力对生理的影响：包括血压升高、大量出汗、呼吸加快，肌肉紧张、肠胃功能紊乱等，长期积累，一旦爆发，压力就会倾泻而出，损害健康，即“压力会杀人”。这是一种“无形的疾病”。从人口统计数字可以看出，女性平均比男性寿命长，原因之一可能是女性所承受的工作压力较少。另据一项对美国女性行政人员的研究发现，如果她们在工作上非要与男性一争高低，那么，这些女性的平均寿命会降低到与男性同等的水平。

2. 压力对情绪的影响：包括容易激动、发怒，意志消沉，严重的可能会患上神经衰弱，智力功能降低，甚至有自杀行为等等。

3. 压力对行为的影响：在工作中粗心大意，工伤事故率高，对批评过敏，难以集中精力，缺勤率高，工作态度恶劣，人际关系变坏，吸烟量增加，酗酒不断，甚至有冲动性行为等。

（二）个体对压力的反应

1. 升华。心理学家弗洛伊德提出的概念，原意为当人的性欲本能受到社会禁忌时，他会转到文学艺术等活动的创造上去。组织行为原则把“升华”定义为理解人们受到挫折后的一种行为表现，即进行另一种活动的发奋创造。例如，一个生活上遇到不幸的人，往往会在事业上去努力取得突出的成就。

2. 文饰。人们在遇到压力和挫折后会想出各种理由原谅自己或者为自己的失败辩解。文饰起着自我安慰的作用，使他们求得某种心理上的平衡，减轻压力。这也就是常说的“阿Q精神”，即精神胜利法。一个人因工作不好而得不到奖金，他会用“我根本不要这几块钱的奖励”来为自己辩解。

3. 补偿。它是指在某一领域内运用自己的技能去弥补在另一领域中的失败，来取得补偿。或者当一个人确定的目标与社会要求相矛盾时，或者受到条件限制而无法达标时，他会选择另一个目标来取代原来的目标。例如，某人在科学研究工作中没有取得成就，他就可能把自己的精力投向体育运动而取得成就。而一名不善管理的领导，可能会成为技术领域中的革新能手。

4. 投射。一个人把自己身上的不良品质强加在别人身上，或为别人投射一种不良品质，以减轻自己因遭挫折后产生的内疚、不安和焦虑，这称之投射作用。例如，有的人自己作风不正派，遭到指责，就宣扬别人的作风也如何不正派等。

5. 压抑。将痛苦的记忆和经验从意识中排除出去，压抑到下意识之中，以减轻压力所带来的痛苦。这是一种靠意志力量压抑住愤怒、焦虑的情绪反应，而表现出正常情绪状态，虽可暂时得到安静，但并不能解决问题。例如，失恋的人会强制自己将对方印象从记忆中抹去，以减少痛苦。

6. 反向。它指人们努力压制自己的意志和感情，勉强去做与其内心感受完全相反的事情称反向作用。例如，一名中层干部在投票表决一项议案时，他很可能按多数人的意志投票，而不敢表明自己的真正立场，害怕自己处于少数人地位而受到攻击。一个不想抚养子女的后妈可能表现出对孩子的过分关心和照顾，以此来掩盖自己的真实感情等等。

7. 退缩。通常表现为缺勤和离职。缺勤反应不是对抗压力或减弱压力因素的困扰，而只是暂时的逃避，当他返回工作岗位时，压力仍然存在。从这方面来看，缺勤的反应后果不论是对团队还是对个人都无益处。

8. 转移。面对压力人们容易产生的反应是转移压力中心，而寻求其他的解脱途径，诸如喝酒、服药或借酒滋事等。这种压力的反应对个人和团队来说都是不利的。这种行为方式不但不能消除压力，反而会严重地影响和损害职员的身心健康，使正常工作被耽搁。

二、压力产生的根源

紧张压力的产生有诸多原因，几乎周围环境中的任何事情都有可能成为某人的压力源。这里主要讨论以下三个方面的因素：

（一）生活压力源

在人们所感受到的各种压力当中，有很多是起源于个人的生活。生活中的各种事件，诸如结婚、离婚、家庭成员的死亡以及假期、节日等等都会产生压力。华盛顿大学的教授霍姆斯和拉赫为定量测量人们一年中生活变化情况编制了一个量表。见表 4—1。

表 4—1　　生活压力量表

顺序	得分	生活事件	发生次数	LCU	顺序	得分	生活事件	发生次数	LCU
1		配偶死亡		100	23		子女离家		29
2		离　婚		73	24		司法纠纷		29
3		夫妻分居		65	25		突出成就		28
4		坐　牢		63	26		妻子开始停职		26
5		亲近家人死亡		63	27		升学或辍学		26
6		受伤或疾病		53	28		生活环境改变		25
7		结　婚		50	29		个人习惯改变		24

续表

顺序	得分	生活事件	发生次数	LCU	顺序	得分	生活事件	发生次数	LCU
8		解　雇		47	30		与上级有矛盾		23
9		复　婚		45	31		工作时间与条件改变		20
10		退　休		45	32		迁　居		20
11		家人患病		44	33		转　学		20
12		怀　孕		40	34		娱乐改变		19
13		性生活问题		39	35		宗教活动改变		19
14		家庭增加新成员		39	36		社交活动改变	18	
15		调换新工作		39	37		小量借贷		17
16		经济状况改变		38	38		睡眠习惯改变		16
17		好友亡故		37	39		家庭聚会次数改变		15
18		职业性质改变		36	40		饮食习惯改变		15
19		夫妻不和睦		35	41		度　假		13
20		大量借贷		31	42		度圣诞节		12
21		抵押或借贷到期		30	43		轻度犯法		11
22		识别的变化		29					

表中所列的生活事件反映的是美国社会结构中的和社会生活方式中起作用的事情。每项事件均有计分，这一计分是根据所列事件的程度级别和比例，并经过广泛试点定下来的。填写每一个生活事件近两年发生的次数，算出每一生活事件的得分及总得分。总得分高低表明人们的在这两年内的压力变化及可能导致身心疾病的可能性。研究表明，总得分在150—199分之间，则只是遭受到轻微的压力，因压力导致疾病的机率小，健康

方面出现问题的机会是33%；如果得分在200－299之间，则处于中度的危险，患病机率上升到中等程度，健康出现问题的机会是50%；如果总分在300以上，受压力的程度非常严重，甚至到了危险的地步，染上疾病的机会将增至80%。

（二）工作压力源

1. 工作太多。当员工在一定期限内必须完成许多事情，而又感觉到时间不够用或力所不能及时，就会感到内心的焦虑，产生压力。据《中国对外服务》报道：外企员工高收入的同时要承受高度的工作压力。多数员工（77.3%）每周的工作时间超过40小时，有的（19.6%）甚至每周工作时间超过48小时。每天工作忙碌而紧张，下班后疲惫不堪是他们对自己一天工作的感受。

2. 工作太少。工作太少，无所事事或单调无聊也会使员工承受心理上的压力。生命中不能承受之轻指的就是这个意思。如果日复一日地循环下去，将会使员工的自尊心受到打击，抱怨不断、健康状况受到影响等。

3. 工作本身的矛盾。任务含糊不清，工作职责不清，任务不明确，体制不健全，多头命令等使职员无所适从，不能保证工作所需要的基本条件却又要求部下承担责任等等。这些方面的含糊不清就会给员工带来很大的精神压力。由此，也造成了员工的任务冲突，在工作中左右为难，不知如何下手才好，情绪上出现烦燥不安是必定无疑的了。下表是一简要的情况调查表：

请根据自己的第一感受按下列要求回答下面四个问题。

完全正确	基本正确	说不清	基本不正确	完全不正确
5	4	3	2	1

（1）我经常做按理不应该这样做的事情。

（2）我现在没有足够的精力来完成企业组织交给的任务。

（3）我经常接到相互矛盾、相互冲突的命令。

(4) 我必须冲破现行规章制度后才能完成任务。

说明：四个问题的总分是满分（20 分），说明问题十分严重。总分达 15 分以上时，就要深入调查，研究问题所在，必须采取措施，消除压力的根源。

4. 工作环境。硬环境：恶劣的工作条件，诸如严寒和酷暑、噪音、光线太强或太暗、放射线和空气稀薄等等都可能使员工产生压力。此外，像办公室及政治活动等对某些人来说也是一种压力的潜在来源。

软环境：良好的人际关系可以促进很多个人和团队目标的实现，而不好的人际关系会产生压力和其他不愉快的后果。当一个团队在到处充满着敌对、疏远和不友好的氛围时，员工之间就很难进行有效的磋商，就会感到终日惴惴不安，相互之间互不信任，不能真正交流感情。这样，员工之间就会缺乏共同解决问题的协作精神。

（三）个人认知源

压力和紧张有时来自个人对上述诸因素的理解和认识。当然，组织成员个人如果不清楚自身的工作动机，不知道自己为何努力以及努力是否得到相应的报酬和奖励等等诸如此类的问题时，都会产生压力和紧张。此外，个人的个性也与压力有密切的关系。如我们前面所分析的 A 型人格和 B 型人格：A 型人喜欢竞争和挑战；有抱负，生活节奏快，有很强的时间紧迫感；B 型人不喜欢竞争或攻击性行为，不愿承担太繁重的任务；愿意从容不迫地工作，在确定目标时趋向于考察可供选择的各种方案。》

医学研究发现，A 型人容易得冠心病，患病的可能性要比 B 型人多三倍，患心脏病的机会是 B 型性格人的两倍。很显然，这是由于他们经常使自己处于高压力状态或使自己处于最艰难境地，因而也最容易遭受这种高压力后果的损害。当然，A 型人拥有许多与成功相联系的素质，诸如时间观念、高激励、导向性目标等等。

三、压力作用的后果

（一）生理上的后果

工作压力对人们的身体健康有很大的危害作用，这种压力直接体现在个人的生理反应上。它可经常使人感到身体不适，有些人受到压力后表现出来的某些生理反应有可能是致命的，像高血压和心脏病；轻些的包括失眠、持续性的疲劳感、头痛、皮疹、肠胃不适、溃疡、结肠炎、食欲下降、暴饮暴食或痛性痉挛，这些反应常会在受到某种压力后一段时间才表现出来。另外一些会立刻表现出来——诸如恶心、呼吸困难或是口干舌燥。

一些研究结果表明，承受较高压力的管理人员患心脏病的可能性是正常人的两倍；遭受心脏病第二次打击的可能性是常人的五倍；得致命心脏病的可能性是承受较低压力的管理人员的两倍。还有确凿的证据说明，工作压力不但能使人易染重病，还能直接引起致命的疾病，缩短人的寿命。医学研究人员最近证实，压力与癌症有很大关系。

疾病的产生降低了劳动者的素质，不仅给个人和家庭带来痛苦和不幸，也给组织带来了巨大损失。表4—2中计算了一个雇用了4000人的组织，由于心脏病患者退出工作而重新安置人员所造成的损失费用。

表4—2　心脏病所造成的损失

顺序号	项目内容	损失的计算步骤
1	职工的总人数	4000人
2	其中45岁—65岁年龄段的人数	1000人
3	估计每年死于心脏病的患者	6人

续表

顺序号	项目内容	损失的计算步骤
4	估计由于心脏病而每年退职的人数	3人
5	由于出现心脏病患者，企业年度损失人数	9人
6	每年度替代费：雇用和培训替代人员所需要的平均费用	38700元
7	如果按这百分比继续下去，那么死于心脏病的人数甚至会达到	2000人

（二）心理上的后果

受压后最常见的反应包括在矛盾的情形下，情绪变得异常激动或者具有攻击性；对个人仪表、其他人或从前感兴趣的活动失去兴趣；注意力不集中，记忆力下降，无法作出决断；悲哀、内疚、疲乏、冷漠、强烈的不快和失落感；对自己失去信心，通常伴随缺乏自我认同。

几种常见的心理反应：

1. 消极情绪。第一种反应，积极性大大降低。当人们几经努力却屡遭失败以后，人们对某种行为活动的积极性就会大大降低，甚至放弃这种行为，冷眼观世界。

第二种反应，敌视态度。当人们在经受较大的挫折或遭受不公正的待遇后，就会产生敌视态度，变得孤癖、不善与人交往，无论对什么人或什么事都吹毛求疵，并伴有攻击性行为。

2. 悲观情绪。当人们付出了很大努力，却由于种种原因没能实现自己的目标时，就会变得悲观失望、缺乏自信心和自尊心。

3. 厌世。当人们觉得工作和生活中的困难和挫折太多，自己实在无力应付这种不利环境时，就很容易出现厌世情绪，产生轻生的念头。

（三）个人行为方式的变化

一般来说，由于压力太大，行为方式有可能发生下列变化：

1. 工作比通常晚得多、少得多；
2. 增加了拖拉性；
3. 缺勤增加；
4. 很难作出决策；
5. 粗心出错的次数增加；
6. 逃避不可逾越的界限；
7. 遗忘职位的要求；
8. 难以与别人相处。

（四）团队的后果

压力可以产生两种后果，积极和消极的后果。从团队层次上看，团队成员的消极因素表现为对工作的不满意以及忠诚感和责任感下降等等。这些因素都与工作压力有密切关系。研究表明，压力是许多问题产生的根源，尤其表现在不良绩效及较高的人员流动率方面。

团队方面出现的后果主要表现在对绩效的影响，如图4—1所示，从中不难看出，工作压力与工作绩效的关系像一个正态分布的曲线：中间高、两头低。刚开始时，个人感受到的压力很低，工作绩效也处于很低的水平上。随着工作压力的增大，他们的绩效会逐渐升高，这时由于工作具有挑战性，他们会比很少或没有压力时干得更多更好，他们会成功地抓住机会，有效地处理潜在的问题。随着压力进一步增加，工作压力达到一个最优的压力水平，在这个水平上，人们的劳动生产率最高、工作绩效最大。这时，如果压力进一步增大，绩效将会下降。

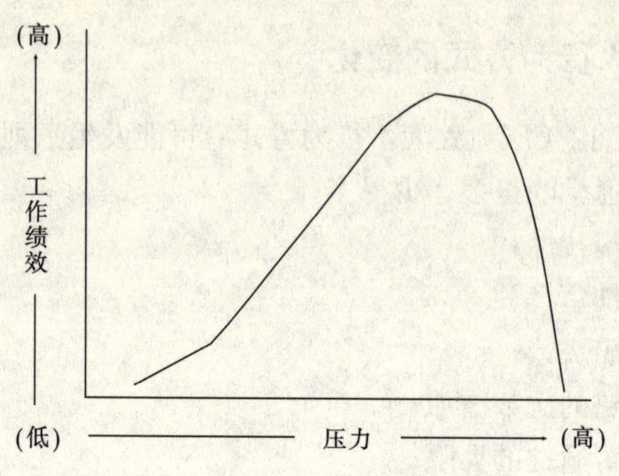

图 4—1　工作压力与工作绩效图

由此可以看出，工作中人们的绩效并不是单纯地随着压力的增大而增大，过大的压力反而会使绩效下降。这是因为当压力过大时，人们便无法正常工作，其精力大部分用于缓解压力上。而且，当这种高度压力或紧张持续出现时，人们就会采取措施从行为上加以改变，或者脱离岗位，或者产生故意破坏、愤怒、酗酒和其他消极行为。在美国，企业每年因压力遭受的损失达 1500 亿美元，这些损失是由于员工缺勤及工作时心不在焉而导致的效率低下。在英国，每年由于压力会造成 1.8 亿个劳动日的损失。企业中 60％的缺勤是与压力相关的不适引起的。不过作为管理人员应当明确，团队问题或成员消极行为的出现并不一定是单一压力下的结果，还可能有其他许多因素影响着这一结果。

四、正确处理工作压力

在我们的日常工作和生活中，压力的存在是不可避免的，实际上有确凿证据表明，在中等压力下员工更能激发出能量和热情。事实上，生活中根本就没有固定的模式可保证免受压力，但有许多方法可以减轻压力。大部分人要求的是压力最大不超过一个度，即他们觉得对周围的事物有一定控制能力。虽然事情的发展不一定都能控制住，但你对他们的反应应该是可以控制的，以便使我们能够培养一种平衡而适宜的心态。

（一）个人策略

1. 明确任务，不要让自己“吃”得太多而产生压力。

（1）向上司说明你的苦衷：若是帮他做一件打字员应做的事情，那么你份内的工作就难以按时完成。上司自然会明白你的苦衷。

（2）委婉拒绝同事帮他完成工作的请求：因为他自己就能办到，不能让别人浪费时间。

（3）如果有特殊情况你会帮别人完成好工作，而同时自己工作也不能放弃，那么你最好列一个表格，把要完成的工作分类并合理安排时间。这样你的压力就减少了许多。

（4）“没有金刚钻，别揽瓷器活”。除非你已高质量完成自己的工作任务，否则别盲目地答应帮别人做事，以至于最后导致自己的工作没做好，别人的忙也没帮上，甚至是帮了倒忙。

（5）不要盲目急躁。要学会合理安排时间，这样就不至于把应该一周内做完的事情都堆到一天而粗糙地完成，自己很累不说，工作质量还会明显下降。

2. 寻求帮助。如果员工在完成任务的过程中遇到了困难或感到缺乏信心时，最有效的办法就是寻求别人的协助。这样做可以明显地减少个人的焦虑，降低工作压力。

3. 消除完美无缺的思想。产生压力的一个重要原因是，管理者幻想着完美无缺的员工；员工们幻想着完美无缺的工作，幻想着品德高尚、慈悲无限的管理者。如果在现实生活中找不到这样的工作、这样的人，他们便觉得苦恼极了，甚至为此焦虑不安。事实是，世界上没有十全十美的领导者和员工，也没有十全十美的工作，每件事都能发挥出自己的最高水平，都能做得完美无缺是不可能的。正确地对待现实才是科学的态度。

4. 提高承受压力的忍耐力。人们对压力的反应各不相同，有人能泰然处之；有人则遇压力后一蹶不振，甚至精神崩溃。这种对压力的适应能力，即遇到压力或挫折时勇于接受挑战、免于行为失常的能力称为压力忍受力。一个人的忍受力同个人的生理条件（健康状况、生理缺陷等）、个性、以往的经历（忍受挫折的经验和教训等）以及对挫折的知觉判断等密切相关。既然行为压力或受挫不可避免，提高个人的忍受力就非常必要。在这方面，关键是提高职工个人对付压力的自信心。一个自信心不强的人，往往会觉得自己总是遭到失败，这时管理人员提高他们自信心的方法包括倾听意见，了解他们的情绪和需要，消除人际间的隔阂等。同时对个体成员还要适当分配任务，给以信任和鼓励，帮助他们克服困难，施展才能，完成工作任务。

5. 松弛技巧。在工作的间隙，借助一些方法松弛一下过度紧张的神经，可以减少肌肉紧张，降低心率、血压及呼吸的速度；使自己能够保持冷静的头脑，更有效地处理工作压力。例如，闭上双眼休息一会，找一个安静的环境，到花园里散散步，打打太极拳等。

6. 工作调动。如果某项工作的压力太大，自己感到实在难以应付，这时最好的办法就是在生理和心理上受到损害之前放弃这项工作，再谋求一个比较合适的职位。

（二）团队策略

1. 培训。培训一方面可以提高员工的专业知识和技能，另一方面让他们学会如何减少和对付工作压力。例如，对领导者进行培训以使他们掌握更好的决策技术；对管理人员进行培训以使他们作出更好的绩效评价，更有效地听取员工的意见，更准确地安排工作及发号施令等；对工作人员培训，使他们熟练掌握业务知识和工作技能，学会如何处理同事之间、上下级之间的关系，尤其是上下级之间，有时经理的一句话或一个行动，都可能给下级带来深刻的心理影响，造成长期压力感，而这位经理却可能一无所知等。

2. 工作再设计。为了改变工作和人员的不适应状况，除了进行人员调整外，还可以重新设计工作，使工作变得富有挑战性和刺激性。当然，这种工作设计内容是否能起到减少工作压力的目的是因人而异的。可以说通过工作再设计只能减轻而不会消除工作中固有的压力因素。通常，许多工作在设计之初就应考虑到可能存在的压力，尽量使职员能够控制他们自己的工作进度，允许他们更多地运用自己的技术和能力。通过这种方式，将会提高职工的工作满意度，减少压力反应。

3. 精神发泄法。这是一种心理治疗方法。它是指把愤怒的情绪发泄到一个“安全”对象上，而不在可能受到不利影响的地方表现出来。这种方法实际上就是团队刻意创造一种情境，使员工紧张的情绪发泄出来，取得一种心理上的平衡。精神发泄的方法可以有多种形式。例如，霍桑试验中的个别访谈和倾听抱怨。日本有些企业专门设置的“情绪发泄控制室”，使有压力的工人随时可以去室内治疗，痛打模拟人形等，发泄自己的怨气和不满。美国著名的威尔逊培训中心也有类似的精神发泄室。此外，在不具备上述条件时，人们可能把自己工作中的压力情绪带回家里，以拍桌子，踢狗的方式发泄自己的不满情绪。

第三部分

团队中的领导分析

第　五　章

领导的一般理论

日本松下电器公司总裁松下幸之助有一次在一家餐厅招待客人，一行六人都点了牛排。等六个人都吃完主餐，松下让助理将烹调牛排的主厨叫过来，并特别强调："不要找经理，直接找主厨。"助理注意到，松下的牛排只吃了一半，心想一会儿的场面可能会很难堪。主厨到来后，紧张地问："是不是牛排有什么问题?"。松下说，"烹调牛排，对你已不成问题，但是我只能吃一半。原因不在于厨艺，牛排真的很好吃，你是位非常出色的厨师，但我已 80 岁了，胃口大不如以前。"

主厨与其他的五位用餐者困惑得面面相觑，大家过了好一会儿才明白是怎么一回事。"我想当面和你谈，是因为我担心，当你看到只吃了一半的牛排被送回厨房时，心里会难过。"

如果你是那位主厨，听到松下先生的如此说明，会有什么感受?

作为一个团队的领导，具备什么样的素质才算合格？采取什么样的领导行为才算有效？在各不相同的环境里所应实施的灵活机动的策略是什么？这些问题不由自主地将我们带入了有关领导理论的王国。

一、领导行为理论

20 世纪 50 年代起，行为科学家从领导特性理论的研究，转向研究领导者的行为。在领导行为的研究中，主要的途径是按照领导行为的基本倾向加以划分，从而提出了不同的理论模式。这里介绍的主要是四分图理论，管理方格理论，四种领导方式理论和领导的连续统一体理论。

（一）斯托拉第和沙特尔等人的四分图理论

该理论是美国俄亥俄州立大学领导行为研究组提出来的。该项研究是以斯托拉第和沙特尔两位教授为核心进行的。他们认为，领导行为就是领导者领导群体去实现目标的行为。影响领导行为的有多种因素。经逐步概括，最后归纳为“抓组织”和“关心人”这两大类因素。前者以工作为中心，强调的是组织的需要，包括组织设计，明确职责和关系，确定工作目标等。后者以人际关系为中心，强调的是职工的个人需要，包括建立相互信任的气氛，尊重下级意见，注意下级的感情和问题等。他们认为，这两种因素不是互相排斥的，可以而且应该把它们结合起来。一个领导者必须在组织的要求和职工的个人需要之间加以调节，找出最恰当的方式。他们首创用两根轴线的图文法来表示领导行为，画出了两个因素多种结合情况的四分图（见图 5—1）。

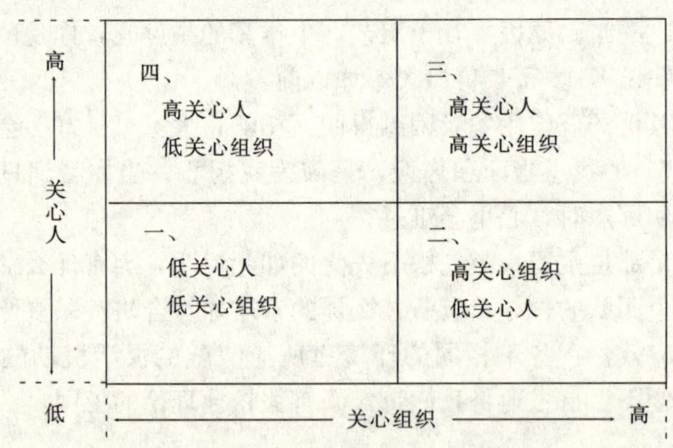

图 5—1　领导行为四分图

低关心人而高组织的领导人，最关心的是工作任务；高关心人而低组织的领导人，大多较为关心领导人与下级之间的合作，重视互相信任和相互尊重的气氛；低组织低关心人的领导者，对组织对人都不关心，这种领导方式效果最差；高关心组织又高度关心人的领导人，对工作和人都比较关心，这种领导方式效果最好。

四分图从两个方面来考察领导行为，为鉴别领导，评定领导类型指出了一条途径。这项研究为以后的许多类似研究奠定了基础，如“管理方格法”就是以此为基础而发展起来的。

自测题:你是工作取向还是人情取向? 对下列各题请按“经常”为5分,“较多”为4分,“有时”为3分,“很少”为2分,“从未”为1分来进行测评。(6)

1. 工作取向的15个题目：

(1) 对下级清楚地表述自己的态度；

(2) 在本单位中能实施自己的新方案；

(3) 以极严的手段抓管理工作；

(4) 批评那些工作表现不好的下级；

(5) 以不容他人质问的口气讲话；

(6) 分配下级做规定的工作；

(7) 坚持一定作业标准；

(8) 做事有一定计划性；

(9) 强调一定要在限期内完成工作；

(10) 规定工作程序；

(11) 要弄清楚是否所有的下级都了解其在团队中的地位；

(12) 要求下级遵照标准化的规则和法令；

(13) 让下级知道领导人对他们的要求是什么；

(14) 关心和注意下级是否充分发挥其能力；

(15) 注意下级工作是否协调。

2. 人情取向的15个题目：

(1) 给下级以私人帮助；

(2) 做一些使下级感到愉快的小事情；

(3) 容易使下级了解自己；

(4) 抽空听取下级的意见；

(5) 信守诺言；

(6) 关心下级个别人的福利；

(7) 拒绝解释自己行为的原因；

(8) 从来不是没有和下级商量而自行行动；

(9) 缓慢地接受新的方案；

(10) 以平等态度对待每一个下级人员；

(11) 对现状愿意有所改变；

(12) 平易近人；

(13) 与下级谈话时，能使他们觉得轻松自然；

(14) 对下级提的意见付诸实施；

(15) 在推行重要事项之前，先取得下级的赞同。

经过综合评分比较，就能知道自己作为领导在团队成员的心目中是工作取向还是人情取向。

(二) 布莱克和穆顿的管理方格法

这是美国管理家罗伯特·布莱克和简·穆顿在研究四分图理论的基础上于1964年提出来的。此图是一个九等分的方格（见图5—2)。

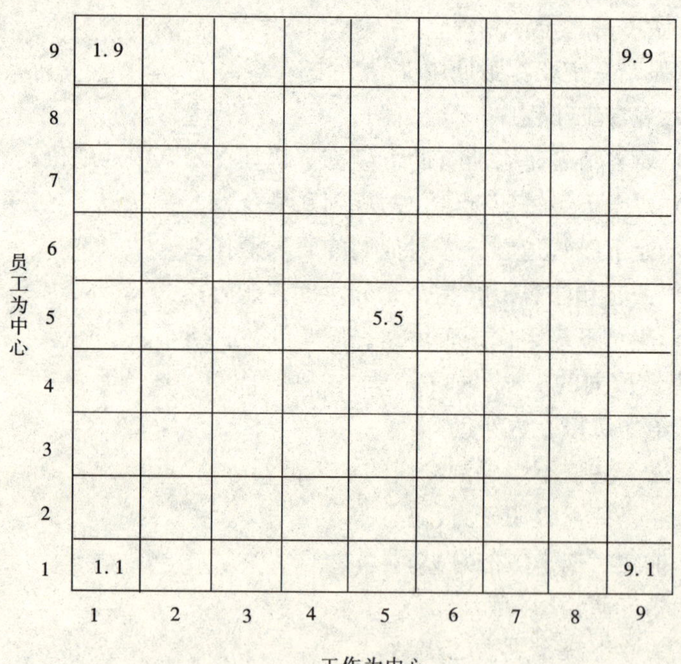

图5—2　管理方格理论

在这里，“关心生产”指的是领导者对下列因素的态度：决策的质量、程序和过程、研究工作的创造性、职能人员的服务质量、工作效率以及产量等。

“关心人”则包括：个人对实现目标所承担的责任，保持职工的自尊，基于信任而基于服从的职责，保持良好的工作环境以及满意的人际关系，关心下层的疾苦等。

评价领导人时，就按这两个方面的行为寻找交叉点。这个交叉点便是他的领导行为（方式）的类型。有五种较为典型的领导人类型。

1.1 型（贫乏管理方式）。又称“疲沓的管理”。这是一个软弱低能的领导者，他既不关心生产又不关心人，这种领导者，实际是一种饱食终日，无所用心的人。他已经“玩忽职守”，只是在虚假对付或只干一些将上级信息转达给下级的信使工作。

9.9 型（团队集体型管理方式）。这是一个有战斗性的领导者，抓工作和关心人的工作做得都好，使团队的整体需要和个人的需要完美地结合起来，因而员工的关系协调，士气旺盛，生产（工作）任务完成得很出色。毫无疑问，对团队来说，这种类型是最恰当不过了。

9.1 型（任务型管理方式）。又称“专制独裁式”。这是一个任务第一的领导者，只抓工作，不关心职工。领导方法常常是专制式的。

1.9 型（乡村俱乐部型管理方式）。这是一个俱乐部式的领导者，只关心人，注意搞好人际关系，使人感到满意；不抓工作。在这种模式的支持下，领导者或许整日忙忙碌碌，然而却常常感到没有多少收获。

5.5 型（中间型管理方式）。这是一个一般化的领导者，对职工的关心一般化，工作任务过得去。这种类型的领导得到的士气和生产都能合乎要求，但绝非出类拔萃。

一般来讲，9.9 型领导人最好，其次是 5.5 型领导人。但也不能一概而论，而应根据环境的变化而定，以最能获得工作效果的类型为最好。

（三）利克特的四种领导方式理论

美国密执安大学教授伦西斯·利克特在 1961 年出版了《管理的新模式》一书，他认为管理的领导方式有四种类型：

1. 压制和权威式。领导人非常专断，对下级极少信任，主要用恐吓和惩罚；有时也偶尔用奖赏去激励人们，惯于只采用上情下达的方式，决策者也只限于最上层。下级根本没有同上级讨论工作事项的自由；上级为解决工作问题，征询下级的想法和意见是罕见的。

2. 开明和权威式。领导人员也是专制的，但采取了家长制的恩赐式的统治方式。主要用奖赏，也兼用恐吓和惩罚来鼓励下属，一定程度上能够向下级征求看法和意见，也下放一定的决策权，但对政策性的控制则绝不放松。下级与领导讨论工作不很自由。

3. 协商式。领导人对下属抱有相当大的但并非十足的信心和信赖，他们通常设法积极采用下级的看法和意见。大政方针由上层作出，但下层可以作出具体问题上的决定，对其他问题则采取协商的态度，下级与领导讨论工作比较自由。

4. 集体参与式。领导人对下属在一切事务上都抱有充分的信心和信赖，他们总是征求下级的看法和意见，并设法采用。他们使上下级之间信息畅通，鼓励各级组织作出决策，或者以团队一员的身份与其下属一起进行工作，下级有充分的自由与领导讨论工作。

利克特认为，第四种领导方式最有成效，在他看来，管理活动的成败取决于员工参与管理的程度及其在实践中坚持贯彻的程度。为达到此目标，利克特建议，领导方式应朝着“支持关系模式”的方向努力。

所谓“支持关系模式”强调的是这样的领导原则：领导者考虑下属职工的处境、想法和希望，支持职工实现其目标的行动，让职工认识到自己的价值和重要性，认识到他们在工作中的经验及接触是有助于他们个人价值和重要性的感觉的。由于领导者支持职工，就能激发起职工对领导者采取合作态度和抱有信任感，支持领导者。因而这也叫作相互支持的原则。

受这种“支持关系模式”影响的组织，应该具有这样一些特征：组织中的每个人都是组织中名副其实的成员，因此，管理者能够充分利用人力资源的全部潜力。它应是高效发挥作用的小组，有高度的群体意识、有效的影响技能以及高绩效的目标。

为了应用“支持关系模式”，领导者必须认识到每一位他的下级的经验和期望。但确定这些期望的内容，他不能只靠自己的观察和印象。他需要试着把自己放在下级的地位上，并努力像下级那样看待事情。除此之外，他还需要直接的根据，以便确知下级看待事情的方式，估计被下级认为是支持性的相互影响及行为的种类。获得这种根据的方法在于：其一，在一个复杂的组织中，通过测定相关变量来发现这种根据；其二，依靠工作群体关系的开发来得到它。

可以看出，当利克特揭示四种领导方式，并且力图肯定“参与式”，进而提出他的“支持关系模式”的时候，他实际上是在说明这样一个道理：领导者对于下级和职工的重视程度与其管理效率是密切相关的。下级和职工处于被领导的地位，决不意味着他们的人格和价值也降到了被迫服从的境地，决不意味着其主动权的被剥夺。可以说，利克特对那种不重视人的尊严的专制式管理的贬斥，是符合人道主义精神的。但他把管理效率简单的等同于积极参与的程度，也是不恰当的。事实上，在某些情况下，如群体素质欠佳，或者企业面临危机时，采取果断甚至专断式领导行为还是有其合理性的，参与式并非每时每刻都最有效。选择何种领导方式，应根据具体情况而定。

自测题：请根据自己的实际情况对下面各题进行认真选择。(7)

(1) 上级对下级的信任

a. 几乎无　b. 有一点　c. 比较高　d. 很高

(2) 下级能否随便找上级讨论工作问题

a. 不可能　b. 较少可能　c. 较多可能　d. 经常

(3) 上级是否经常征求和采纳下级意见

a. 极少数　b. 有时　c. 可能　d. 经常

(4) 奖惩状况

a. 惩罚为主，偶尔奖赏　b. 奖赏与处罚

c. 奖赏为主，偶然处罚　d. 优厚奖赏，启发自觉

(5) 完成组织目标是谁的责任

a. 上级　b. 上级与中级　c. 多级　d. 各级

(6) 协作状况

a. 很弱　b. 较弱　c. 较强　d. 很强

(7) 信息交流状况

a. 下向　b. 一般下向

c. 下向与上向　d. 下向、上向与横向

(8) 下级对上传下达信息的态度反应

a. 怀疑　b. 可能怀疑　c. 小心谨慎　d. 接受

(9) 往上传递信息是否准确

a. 一般不准　b. 常不准　c. 较准确　d. 准确

(10) 上级的工作问题下级了解吗?

a. 不清楚　b. 还算清楚　c. 较清楚　d. 很清楚

(11) 作决定是哪一个级别的责任?

a. 最高一级　b. 高级与委托

c. 高级决策委托较多　d. 每个级别

(12) 下级有没有参与决策(工作问题)的权力?

a. 几乎无　b. 偶有　c. 一般有　d. 充分参与

(13) 决策的过程对情节有多少影响

a. 很少　b. 较少　c. 有些影响　d. 有较大影响

(14) 组织目标是怎样制定的

a. 命令、指示　b. 命令、征求意见

c. 讨论、然后命令　d. 团体决策

(15) 下级对组织目标顺从吗?

a. 不顺从　b. 较不顺从　c. 较顺从　d. 很顺从

(16) 考核和控制的权限是否集中

a. 集中在上级　b. 较集中在上级

c. 不大集中,有委托　d. 充分分担

(17) 有没有非正式组织采取消极抵抗

a. 很强　b. 常有　c. 有时有　d. 没有

(18) 企业的成本、生产率和其他控制数据的应用目标

a. 管辖处罚　b. 奖赏和处罚

c. 奖赏和自我指导　d. 自我指导和解决

说明:对上述自己的选择进行统计,如果选择 a 的数量明显多于 b、c 和 d,那么你的领导方式属于压制和权威式;如果选择 b 的数量明显多于 a、c 和 d,那么你的领导方式属于开明和权威式;如果选择 c 的数量明显多于 a、b 和 d,那么你的领导方式属于协商式;如果选择 d 的数量明显多于 a、b 和 c,那么你的领导方式属于集体参与式。

（四）坦纳鲍姆和施米特的连续统一体理论

该理论是加利福尼亚大学企业管理研究院教授罗伯特·坦纳鲍姆和行为科学高级讲师沃伦·H. 施米特在合著的《怎样选择领导的方式》(1958) 一文中提出来的。1973年该文重新发表时，作者又作了一些重大修改。

该理论认为，从集权式的以上司为中心的领导方式到极为民主的以职工为中心的领导方式之间存在着多种多样的领导方式，呈现为一个连续的统一体。每一个具体的领导行为方式都是这个过程上的点，这些不同点显示着不同等级的领导行为过程。从左至右，下属的权力逐渐增加。如图5—3 所示。

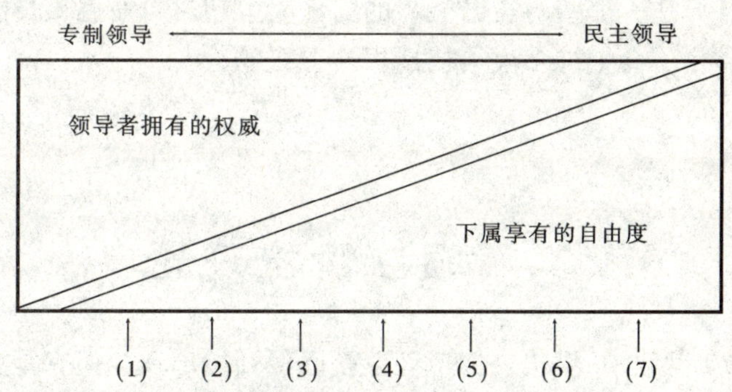

说明：(1)领导作决策，宣布行之；
(2)领导者说服下级，执行决定；
(3)领导者提出观点，征求意见；
(4)领导者提出可作修改的决策草案；
(5)领导者提出问题，征求意见作决策；
(6)领导者明确范围，请集体作决策；
(7)领导者允许下级在上级规定的范围内发挥作用。

图 5—3　领导的连续统一体

一个领导人要选择最有效的领导方式，必须考虑三个方面的因素：管理者、下属和环境（包括外部的社会环境）。

从管理者的角度看，任何领导者总是根据自己的背景、知识和经验，以一种特有的方式来理解他在领导工作中的问题，其中，主要影响他的内在力量可能有：（1）为人准则及态度；（2）对下级的信任程度；（3）管理者个人的领导倾向；（4）应付突发情况的能力。

就下属来看，在领导者确定应采用哪种领导行为和作风之前，应当考虑的因素有：下级有无独立自主的要求？是否做好了承担责任的准备？是否理解所规定的目标和任务？对问题的兴趣程度如何？如果对这些问题的回答都是肯定的，那么领导者就应给下级较大的自主权力。

环境问题也是我们所应考虑的一个重要方面。尤其是机构的设置、工作集体的状况，问题的性质和时间的限制以及外部的社会形势变化的速度等。

一般来说，当他认为其所属下级有才干，能够独立地处理好问题，就可以采用以下属为中心的领导行为，即采用较为民主的领导方法。反之，如果他认为其下级人员无能，就可以采用以上级为中心的领导行为，即强制性的领导方法。那些对自己能力的信任大大超过对所属人员能力的信任的领导者，是不会把许多决策权授权给下级的。

二、领导情境理论

早在20世纪40年代，情境理论就已经开始出现，但它是迄今仍在继续探索的课题。越来越多的组织行为学家提出了下面的问题：某一具体的领导方式是否能在所有情况下都有效？换言之，领导行为应是一种动态过程，应随着环境的变化而不断改变自己的领导行为。在情境理论中，比较有影响的有：菲特勒的权变领导模式、豪斯等人的目标——途径理论和弗鲁姆与叶顿的领导——参与模式。

（一）菲特勒的权变领导模式

1．“权变领导模式”又称“随机制宜的领导模式”，是美国伊利诺伊大学的管理学家弗雷德·菲特勒于1907年提出来的，所以，通常叫菲特勒模式。

这种理论认为：领导是否有效，不仅取决于领导者的个性特征，更要视环境而定，要按照具体环境来选择合适的领导人；领导人的性格和爱好是不同的，有的领导人喜欢以关心工作为中心的领导方式，有的领导人喜欢以关心人为中心的领导方式。因此，菲特勒还设计了一种测定领导者类型的测定表，叫做L.P.C表。L.P.C低的是关心工作的领导，L.P.C高的是关心人的领导。

自测题：测测你的L.P.C分数

回想一下你自己最难共事的一个同事，他可以是现在和你共事的，也可以是过去与你共事的。他不一定是你最不喜欢的人，只不过是你在工作中相处最为困难的人。用下面16组形容词来描述他。在你认为最准确描述他的等级上打“×”。不要空下任何一组形容词。

快乐——8 7 6 5 4 3 2 1——不快乐
友善——8 7 6 5 4 3 2 1——不友善
接纳——8 7 6 5 4 3 2 1——拒绝
有益——8 7 6 5 4 3 2 1——无益
不热情——1 2 3 4 5 6 7 8——热情
紧张——1 2 3 4 5 6 7 8——轻松
疏远——1 2 3 4 5 6 7 8——接近
冷漠——1 2 3 4 5 6 7 8——热心
合作——8 7 6 5 4 3 2 1——不合作
助人——8 7 6 5 4 3 2 1——敌意
讨厌——1 2 3 4 5 6 7 8——有趣
好争——1 2 3 4 5 6 7 8——融洽
自信——8 7 6 5 4 3 2 1——犹豫
高效——8 7 6 5 4 3 2 1——低效
郁闷——1 2 3 4 5 6 7 8——开朗
坦率——8 7 6 5 4 3 2 1——谨慎

将16项得分相加（你所选定的数字为该项得分），如果得分为64分或更高，那么你是一位L.P.C得分很高的关系型导向的领导；如果你的得分是58分或者更低，那么你是一位L.P.C得分较低的任务型导向的领导；如果你的得分是59－63之间，那么就需要你自己决定你自己的类型了。

菲特勒模式认为，决定领导效果好坏的环境因素有三个：（1）上下级关系的状况：领导者对下属信任、信赖和尊重的程度；（2）任务结构：任务是否明确有条理；（3）职位权力：领导者拥有的权力变量（如聘用、解雇、晋升、加薪等）的影响程度。对领导效果来说，这三个环境因素都是好的，那就是最有利的条件；反之，三个环境因素都不好，就是最不利的条件。就每个条件来说，又都有好坏之分：上下级关系有好与差；工作任务有明确与不明确；地位权力有强有弱。

费德勒的领导情势测量（8）

情势测量有三部分：第一部分上下级关系尺度（简称LMR）共有8题，最高尺度分数40分；第二部分任务结构评分尺度共有4类10个问题，最高尺度分数20分；第三部分职位权力评分尺度有5题，最高尺度分数10分。总共最高分数70分。

第一部分评估内容	完全同意	同意	不一定	不同意	完全不同意
（1）我的下属中彼此相处不好	1	2	3	4	5
（2）我的下属是可靠的、可信赖的	1	2	3	4	5
（3）我的下属中间气氛良好	1	2	3	4	5
（4）我的下属经常与我合作把工作做好	1	2	3	4	5
（5）我的下属同我有摩擦	1	2	3	4	5
（6）我在做工作时下属给我以很大支持、帮助	1	2	3	4	5
（7）我的下属能彼此合作把工作做好	1	2	3	4	5
（8）我和下属的关系良好	1	2	3	4	5

LMR：30—40分关系良好；20—30分还好；20分以下不好。

第二部分评估内容	通常真实	有时真实	很少真实
Ⅰ. 工作、职务目标是否明确？			
(1) 关于成品或服务，有没有行动计划？详细说明（或模型）。	2	1	0
(2) 有没有人描述成品或服务或做好工作的方法？	2	1	0
Ⅱ. 完成工作的方法有几种？			
(3) 有没有逐步进行的程序或标准的操作程序？	2	1	0
(4) 有没有具体方法把工作再分为不同部分或步骤？	2	1	0
(5) 有没有人们认为在执行任务时比其他好些的方法？	2	1	0
III. 是不是只有一个正确的处理办法？			
(6) 正确的处理方法找到了，任务完成了，这些方面是否明显？	2	1	0
(7) 有没有工作手册或工作写实，它指明我们做工作的最好方法或将要取得最好的结果。	2	1	0
IV. 考绩如何？考绩难易如何？			
(8) 第一产品或服务必须达到标准、才能被接受，有没有大家同意并理解的标准。	2	1	0
(9) 对这种任务的评价是否根据计量方法进行？	2	1	0
(10) 领导者和班组能否看出工作完成得好或不好，有没有足够时间来改进未来的绩效？	2	1	0

工作结构得分在 6 分以下的，不必调整。工作结构得分在 6 分以上，应减去训练和经验调整分，才是工作结构得分。

训练与调整分数测评：	未受训练	很少训练	适量训练	很多训练
(1) 与在这个职位或类似职位上的其他人相比，这个领导者受过多少训练？	3	2	1	0
	没有	**很少**	**适量**	**丰富**
(2) 与在这个职位或类似职位上的其他人相比，这个领导者有多少经验？	6	4	2	0

第三部分评估内容	能有多少行动与建议	能提建议但不非常有效	不能
(1) 该领导者能否直接或通过建议对下属实行奖惩?	2	1	0
(2) 该领导者能否直接或通过建议对下级给以提升、降级、雇用或辞退?	2	1	0
	是	有时	不是
(3) 该领导者是否具备必要的知识给下级分配工作，并指导完成工作?	2	1	0
(4) 该领导者是否负责评价下级绩效?	2	1	0
(5) 该领导者有无正式领导名义或职务（主任、处长等)?	2	1	0

职位权力：3 分左右偏低，5—6 分中等；7 分以上是高的。

三部分总计为情境性控制量：

51—70 分	31—50 分	10—30 分
高度控制	中度控制	低度控制

2. 权变领导模型的应用。

权变领导模型具有较强的应用性。其步骤是：先将领导方式变量同环境变量结合起来，共同构成座标图；再将对各个群体、组织中相应领导成效的研究结果构成的座标点列于座标图上，从而直观地呈现出领导成效同各类变量之间的关系。

图 5—4 是非德勒运用领导方式变量与环境变量相联系的领导成效调查数据而绘制的。

图 5—4 将权变理论的所有变量及其相互关系概括了进来。纵座标轴是由领导方式变量（根据 LPG 的高低）构成的，横座标轴则是根据依两分法划分的三类环境变量的人种可能的组合构成的，从左至右的排列显示出领导环境、领导成效在座标图中的变化曲线告诉我们，在最不利或者最

有利环境条件下，采用以关心任务为中心的领导方式，效果较好；但处于中间状态的环境条件下，采用以关心人为中心的领导方式，效果较好。

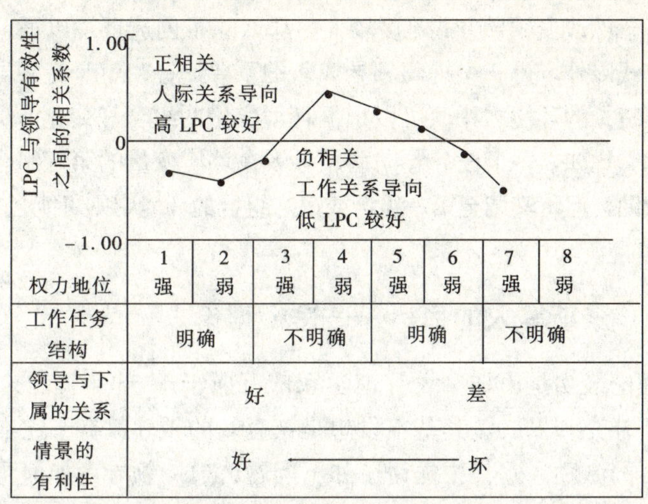

图 5—4 菲德勒的权变模型

3. 权变理论的研究结论。

权变理论的研究结论主要有以下四项：

(1) 不能简单地断言一个领导者或一种领导方式是“最佳的”或“最差的”，一个领导者或一种领导方式在某种环境条件下是有效的，但换个环境则很可能是无效的。因此，必须弄清制约领导成效的具体环境，权变理论为此提供了研究工具。

(2) 每个领导者所使用的领导方式是相对稳定不变的，而环境因素的改变则相对容易一些。权变理论指出，长期以来人们普遍接受的一种看法实际上是错误的，即认为环境因素是相对稳定而不易改变的，如果领导成效不够理想，则寄希望于领导者改变其个性及其领导方式。根据权变理论，改变领导者的工作环境要比改变其领导方式容易得多。因此，以往的做法得不偿失，提高领导成效及组织行为绩效应从创造环境以适应领导者风格入手。

(3) 环境变量中的任何一个都具有改变的可能性：群体气氛可以通过改组下属成员的组合加以改善，使下属在年龄、阅历、技术专长、文化素质等方面相互适应；任务确定性可以根据需要通过增加或削减规范、程序使之向有序或无序两个方向改变；职权也可根据具体情况，运用组织手段加以增强或削弱。

(4) 既然改变领导方式难度较大，那么除了创造环境以适应领导者特有的行为方式以外，另一个提高领导成效的重要途径，就是将领导者安置于最能发挥其特长的环境之中。可以根据环境变量的组合和变化，随时对领导者进行调动。比如，一个任务导向型领导者在环境变量的第五组合中可能是无效或低效的，但将其调至第一组合或第八组合的环境中则可能是非常有效的。

(二) 豪斯等人的目标——途径理论

该理论最初是由加拿大管理学家依万斯于 1968 年提出来的，又由其同事豪斯补充和发展。其基本设想是：有效的领导就在于它能够有效地加强对职工的激励。它集中探讨了如下问题：(1) 领导者如何帮助下属和员工明确工作的目标和奖酬；(2) 领导者如何帮助下属明确实现目标的途径。在他们看来：影响职工激励程度的因素有两个：职工的个性特点和工作环境。

1. 职工的个性特点

职工的个性特点主要包括工作能力、自信心和需要。有的人自视甚高，认为自己的能力和意志能控制事物的发展，能够影响周围的事物，这种人喜欢参与式的领导方式；有的人能力有限，自信心差，对许多事情自己无法控制，他就喜欢指令型的领导。

2. 工作环境

工作环境是指职工的工作任务、同事间的关系和奖酬制度的性质（公平与否等）等。图 5—5 表示工作性质与领导方式的关系。

当工作任务模糊不清、职工无所适从时，他们希望有重视工作型的领导出现，以帮助他们对工作作出明确规定和安排，反之就不满意；而对一些例行性工作或者内容已经十分明确的工作，这时就需要重视人际关系的领导登场，反之如果你作为领导仍喋喋不休地发布指示，职工就会感到厌烦。又如，当团队的活动走上正规，领导也可以放手而不必事事过问。所以，为了增加对职工的激励程度，提高领导行为的有效性，就应当根据不同的环境因素，选择不同的领导方式。以下四种领导方式可供同一领导者在不同环境下选择使用。

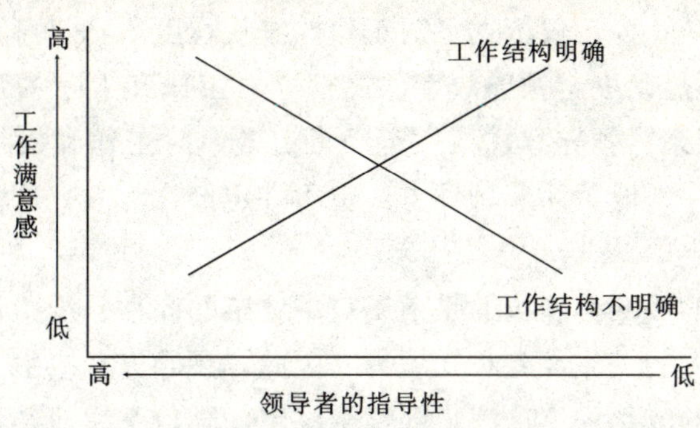

图 5—5　工作性质与领导方式的关系

(1) 指令性行为。领导者发布指示和命令，对下属的工作任务和活动进行控制、协调和指导。如果下属能力低，或者任务不能够明确时，就可采用这种领导方式来提高职工的期望值，减少下属在行动目标和活动途径上的盲目性和模糊性。

(2) 支持性行为。领导者对下属友善关心，从各方面给予支持，为下属创造一种和谐愉快的工作气氛。

(3) 参与式行为。以加强上下级之间的相互沟通为特点。领导者在决策时采纳下级的意见，对于那些有能力、有自信心的下属来说，这种领导方式是较为合适的。

(4) 成就定向性行为。领导者给下级提出挑战性的目标，要求下级不断地改进自己的工作等。这种领导方式对于那些有自尊和自我实现需要的职工来说是有效的。上述四种领导行为的一个总的目的就是，领导者运用权力，加强下属的内在动机同工作目标的结合，扫清达标途径中的各种障碍，帮助下属寻找和确定最适合于他们的达标途径。

三、领导生命周期理论

领导生命周期理论是卡曼（A. K. Kormax）吸收俄亥俄州立大学的

“四分图理论”和阿吉里斯的“不成熟—成熟理论”而建立起来的一种三因素的权变领导理论。其后由赫西（Hersey）和布兰查德（Blanchard）予以发展。卡曼认为，仅依据“对工作的重视程度”和“对人际关系的重视程度”，还不足以决定领导效率的高低。对工作和人际关系都很强调的“高工作、高关系”领导方式不一定经常有效，对工作和人际关系都不大强调的“低工作、低关系”领导方式也不一定经常无效，这都要看下属的成熟程度来决定。

所谓下属的成熟程度指的是下属对成就感的向往、承担责任的能力和愿望，以及个人的工作经验和知识等。因此，领导方式应由工作行为、关系行为、下属的成熟程度这三个因素来决定，随着下属成熟程度的由低到高，形成一个生命周期，一般为“高工作、低关系高工作、高关系低工作、高关系低工作、低关系”。见图 5—6。

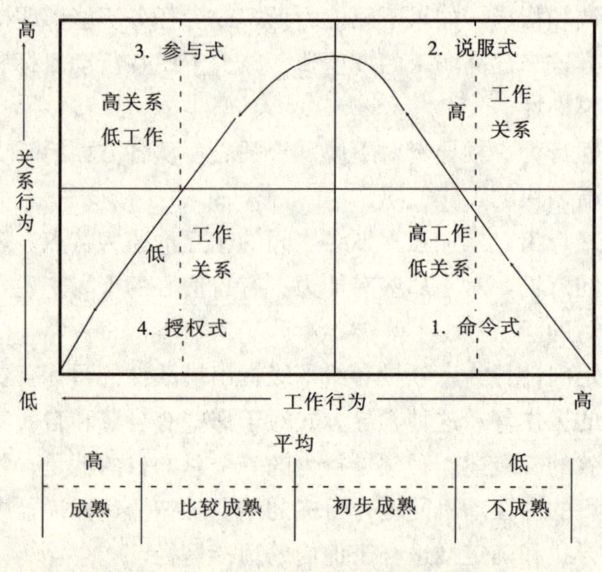

图 5—6　领导的生命周期理论

在图 5—6 中，上面部分是本模式曲线，下面部分表示职工的成熟度。右边代表不成熟，由右往左，逐渐成熟，左端代表成熟，分别以 M1、M2、M3、M4 表示。相应的领导方式取决于下属的成熟程度，基本的领导方式分成以下四种。

（1）命令式（高工作、低关系相适应）：由领导者进行角色分类，并告知人们做什么、如何做、何时以及何地去完成不同的任务。当一个新工人刚进厂，成熟程度较低时，应该多强调工作行为，限制其自主权。

（2）说服式（高工作、高关系）：领导者既提供指导性行为，又提供支持性行为。当工人进厂一段时间以后，工作经验和自我控制能力都逐步增加。这时可能通过说服方式，使工人加强自我控制来完成工作任务。

（3）参与式（低工作、高关系）：上级极少进行命令，而是与下属共同进行决策。当工人更为成熟，工作上更为熟练而自我控制能力更强时，应当吸引工人来参与决策，领导者的主要任务就是促进工作的进行和沟通，而不必在工作上对工人作太多的规定和约束。

（4）授权式（低工作、低关系）：领导者几乎不提供指导或支持，通过授权鼓励下属自主做好工作。当工人在工作和性格上都已高度成熟时，就应当授权让他放手去做，而不必多加干预。

下属的成熟程度既可用于同一个人在发展过程的不同阶段，也可用于在同一时期不同的人。一般来说，低级科技人员的成熟度较高级科技人员为低。对前者应采用“高工作、低关系”或“高工作、高关系”的领导方式，而对后者则应采用“低工作、高关系”或“低工作、低关系”的领导方式。

赫西和布兰查德的领导方式自测题

请针对下列各种不同的情形，选择一种最适合自己的领导方式。

案例一

你所领导的跨部门任务小组正在致力于完成一项全厂范围的调研报告。任务小组中有一个成员出席过去的五次会议一直都迟到，他对此既不道歉也不作解释。而且，他迟迟没有交来他所在部门的成本数据。现在他必须在三天内将这些数据交到任务小组。此时，你是否应当：

（1）明确地告诉他你希望他做什么，并严密地监督他完成这份工作？

（2）同他讨论他为什么一直迟到，并对他完成该任务的努力予以支持？

（3）强调何时该交来这些成本数据，并对他的努力给予支持？

（4）认定他会准备好这些成本数据并交到任务小组？

案例二

你手下的一位员工不断地给你造成许多的麻烦。她一直没精采，只有在你不断的推动下才勉强完成任务。然而，最近你感到发生了变化。她的工作表现改善了，你也愈来愈少提醒她按时完成任务。她甚至还提出了改进其工作绩效的若干建议。此时，你是否应当：

（1）继续指导和严密监督她的工作？

（2）继续监督她的工作，但听取她的建议并采纳那些合理的建议？

（3）采纳她的建议，并支持她的想法？

（4）让她对自己的工作承担起责任？

案例三

你的部门因预算的限制，有必要进行整编。你请了你部门中一位经验丰富的人负责这项工作。她在你部门的每个领域都工作过，并一直渴望着能提供帮助。你感到她有能力履行这一使命，可是她却似乎对这项任务的重要性反应漠然。此时，你是否应当：

（1）自己担起整编的担子，但积极听取她的建议？

（2）将这项任务授予她，让她自己决定如何完成任务？

（3）同她讨论部门的情势，鼓励她以她的能力和经验大胆地接受这项任务？

（4）自己担起整编担子，并明确指示她要做什么和严密地监督她的工作？

案例四

你的员工要你考虑对他们的工作进度作一调整。过去你一直鼓励和支持他们提建议。这次，你的员工已清楚地意识到需要作一更改，并且已经准备好另一进度方案，建议你试行。你的成员都十分能干，而且作为一个群体配合得非常好。此时，你是否应当：

（1）准许员工参与制定新的进度方案并支持小组成员的建议？

（2）你独自设计和推行新的进度方案，但听取员工们的建议？

（3）允许员工们自己制定和执行新的进度方案？

（4）你独自设计新的进度方案，并严密地指导它的实施？

答案见表5—1。

表 5—1　　赫西和布兰查德的领导方式自测题答案

	命令式	说服式	参与式	授权式
案例一	(1)	(3)	(2)	(4)
案例二	(1)	(2)	(3)	(4)
案例三	(4)	(1)	(3)	(2)
案例四	(4)	(2)	(1)	(3)

第 六 章

当代激励理论

1996 年，皮埃尔接手了处于困境中的摩利克斯公司，该公司前一年的亏损达 3 亿美元。他深知只有脱胎换骨的变革才能使企业摆脱困境，于是便着手进行改革，其中最重要的一项就是建设多层团队系统。

团队建立后，皮埃尔清楚地认识到，有效的团队必须具有一个大家共同追求的、有意义的目标，它能够为团队成员指引方向，提供推动力，让团队成员愿意为它贡献力量。不仅如此，目标一致还是搞好人际关系的首要前提，在员工中尽管每个人的性格差别很大，但是为了实现某一共同目标，各方面都会在一定程度上克制自己身上为对方不适应的特点，以求得努力方向的一致，这便产生了凝聚力。考虑到接手时公司的现状，皮埃尔给大家订的目标十分明确："两年后我们的利润率要提高 15%，我们要成为世界级的公司。为此，我们需要彻底地改头换面。"

皮埃尔还十分善于营造团队的"家庭氛围"。在这里，所有的员工不仅都能有一个稳定的工作环境，还会有很大的可以展现才华的平台。在他看来，每个人的内心深处都有一种强烈的证明自己能力、获得社会认可、发挥自身潜能、实现人生价值的欲望，激发这些积极的个体户将有助于最大程度地发挥个人的潜能。不仅如此，在皮埃尔的诸多团队中，员工还有机会参与团队乃至公司的重要决策，他们就像家庭的主人一样自信、自主、自觉。

激励是皮埃尔的又一法宝。令皮埃尔非常感慨的一个故事是：有一家公司，在公司的大厅里，装置了一个大铜锣，只要业绩突破 10 万美元的人，就可以去敲它一响，突破 20 万美元则敲它两响，依此类推。该公司的办公室紧临着大厅，所以，只要这个铜锣被敲，它的声音马上会传入办公室内，也等于是告知全办公室内的人，有人的业绩突破了 10 万乃至百万大关了，当这位敲锣的同仁步入办公室的同时，所有的人又都会起立鼓掌，给予他以英雄式的欢呼。当然，谁都希望自己是下一个敲锣者，也接受大家的欢呼。不过，想要敲响它，首先是把业绩做到，这正是该公司装置这个大铜锣的目的。为此，在皮埃尔的团队中，十分重视以成就感、责任感来激发人的内在潜力，使人感到劳有所得、功有所奖，从而增加自觉工作的责任心。

在团队中，要让员工充分地发挥自己的才能努力去工作，这就要把员工的“要我去做”变成“我要去做”，实现这种转变的最佳方法就是对员工进行激励。

激励对于从事各种活动的人们是不可缺少的条件。人们在具有一定理想和生活目标的同时，也必须有一定的激励。美国哈佛大学教授威廉·詹姆斯曾通过反复试验研究发现，在按时计酬的工作条件下，如果一个人没有受到激励，在工作中他的能力只发挥了 20—30%，如果受到合理而有效的激励，他的能力在工作中就可发挥到 80—90%，有时甚至更高。

激励是什么？如果连激励是什么都不知道，岂不是唐吉诃德大战风车？激励本来是一个心理学的概念，指的是激发人的动机的心理过程。把激励这个概念引入管理中，主要是为了解决如何调动人的积极性的问题。

一、激励的过程

管理就是通过“理”人来“管”事，人是管理工作的中心，要想对人实行有效的管理，就必须对于人的各种有意识的行为作出合乎逻辑的判断与分析。

人的行为是指人们为达到一定的目标而采取的有目的的活动。人为什么要采取这种行为，而不是那种行为呢？这种有目的的行为的内在原因和直接动力又是什么呢？动机。

动机的产生又依赖于两个条件，其一是内在需要，其二是外在目标。需要是动机的基础。需要是个体缺乏某种东西的状态，所缺乏的对象可以是维持个体生理功能的物质的东西，诸如食品、水分等；也可以是社会环境中必要的心理的东西，诸如成就、尊重、社会赞许等。它是个体的一种主观状态，这种状态是人们对客观条件（包括体内的生理条件和外部的社会条件）需求的反映。

需要是在各种刺激的作用下产生的，它与刺激是分不开的。

谈到刺激，人们往往不太情愿接受它。其实，刺激对我们的生活非常重要。哈佛大学的心理学家曾对一批男性大学生进行为时24小时的“剥夺刺激”实验，把他们关在一间房子里，让他们舒适地躺在床上，不让他们活动，限制其视觉、听觉、触觉。这些大学生本打算在实验室中复习功课，构思论文，写演讲稿，但他们的刺激被剥夺后，思维迟钝了，什么事也办不成了。

强的刺激能产生强的行为，并能极大限度地开发人的潜能。沙特阿拉伯塔伊夫城有一位25岁的姑娘，她长得很漂亮。可是，她不明原因地“哑”了20多年，多方医治无效。有一天，媒人领进一个比她大25岁的长得很丑的老头子，见面之后，姑娘的父亲威逼她嫁给他，一急之下，姑娘讲出了20年来第一句话：“我宁死也不嫁给他!”姑娘的“哑”症竟然不治而愈。在我国的《医部全录》中记载，明朝年间，某地一位姑娘得了一个怪病，打哈欠后两上肢再也放不下来了，家人只好请来郎中诊治。只见郎中看着病人说，治这个病必须用艾叶炙肚脐下的丹田穴，说完，就动手去解姑娘的裙带，姑娘羞得忙用双手来护，不知不觉中两个上肢都放下来了。

从某种意义上说，这属于医学范畴的事。但这对我们不无启迪，一个人只要处于一种特定的环境氛围中，然后给以一个刺激，往往会激起人体潜在的一种神秘力量，使原先的症状彻底解除。其实，许多研究人类潜力的科学家都曾指出，人的能力，有90%处于休眠状态，甚至有部分专家表示，其实人的能力，有95%都未曾探测开发。这其中的关键就在于有没有刺激作为诱因。

中国古代的一些成语形象地总结了这一特性。“置于死地而后生，投之亡地而后存”，所以才有了项羽的破釜沉舟和韩信的背水一战。

现在的一些企业实行的“危机式管理”是这个意思。空气对小鸟是阻力，正因为空气的存在，小鸟才能够在高空自由自在地飞翔；海水对轮船是阻力，正因为海水的存在，轮船才能够在大海里游刃有余。

花旗集团认为，当人人都认为发生灾难时，我们却把它当成是机会。“危机”临时，出现问题，关键看你怎样来对待它？

刺激的种类有多种，一般来说，可分为两大类：一是来自自身机体的刺激，也是有机体内部的刺激，它是通过内部感受器官感受到的，诸如饥渴、性欲、情感等，它是人的本能和心理活动的反映；二是外部的刺激，它是通过外部感受器官，诸如眼、耳、鼻、舌、身感到的，它是客观环境，包括自然和社会的各种事物在人的大脑中的反映。

例如，看了有关大气污染的近期报道，你产生了强烈的愿望：大气污染已到了非治理不可的地步，因为，大气污染已严重地威胁到你的生存需要和安全需要，这是内在原因，看报道就是外在刺激。“内外夹击”就形成了治理污染的动机。由此可见外在刺激可以激发和强化有某种内在需要的动机。在更多的情况下，需要和刺激相结合，产生的动机尤为强烈。

正是因为如此，在管理中才能够根据人的某种需要激发鼓励人的一些动机，使之产生与管理目标相一致的行为，这个过程即称之为激励。

一般而言，由于需要结合外部刺激，激励产生强大的动机，由动机引发行为，行为指向目标，这个过程可用图 6—1 表示。

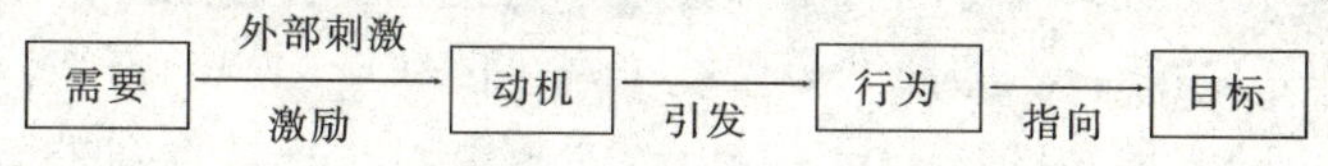

图 6—1 动机与行为关系图

在此，我们可以将激励的基本过程概括为：需要与刺激结合引发动机，动机导致行为，行为指向目标。四者相互关联，形成一个连锁过程，其基本模式如图 6—1 所示。这里介绍一个较为复杂的激励过程模式，如图 6—2 所示。

在图 6—2 中可见，需要会引起需求者的心理紧张，引起满足需要的欲望，这种欲望会产生一种有目的的行为。但行为的结果可能发生两种情况：(1) 实现了目的，满足了需要，这会产生一个反馈，就会告诉需求者原有的需要已得到满足，于是心理紧张得以解除，但在新的刺激下，又会产生新的需要；(2) 行为没有实现目的，也会有反馈，引起挫折感，这时又可能产生两种行为：一是可能采取建设性行为，以继续实现目标；二是可能采取防御性行为，放弃原有的目标。

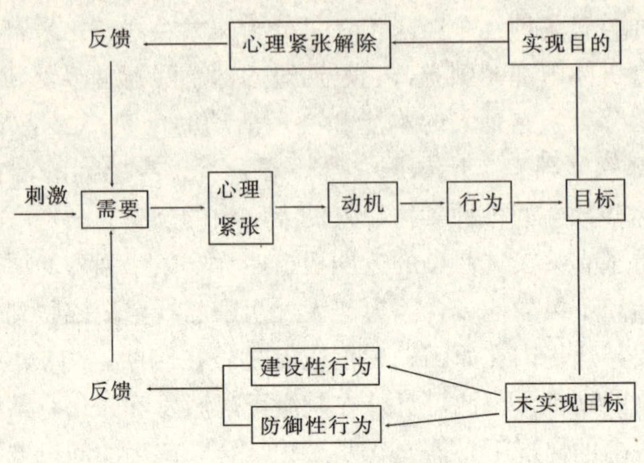

图 6—2 激励过程模式

这个模式清楚地表明，人的行为由需要引起，而行为的目的是为了满足需要。如果能满足人的需要，并使人看到满足需要的可能性，那么就可以激励行为。而激励一方面可以产生有目的的行为去实现目的；另一方面激励又可以减少防御性行为，增加建设性行为。各种激励理论就是研究这个过程所得出的结论。因此，要使员工产生团队所期望的行为，可以根据员工的需要设置某些目标，并通过目标导向使员工出现有利于团队目标的优势动机并按团队所需要的方式行动，这就是激励的实质。管理者就是要根据被管理者的需要，采用恰当的激励方式和手段，鼓励激发与管理目标相一致的动机与行为。

二、当代西方激励理论

（一）马斯洛需要层次理论的基本内容

亚伯拉罕·马斯洛（Abraham H. maslow，1908—1970 年），美国著

名行为学家和人本主义心理学家，他的最重要的贡献在于他提出了需求层次理论。

1. 需要层次的划分。马斯洛认为，每个人都有一套复杂的需要系统，按需要的先后顺序，可排成阶梯式的层次。他认为，人的各种需要可归纳为五大类，即：生理需要、安全需要、感情和归属的需要尊重的需要、自我实现的需要。并把这五大类需要，按其重要性和发展的先后顺序，排成一个等级层系，如图 6—3 所示。

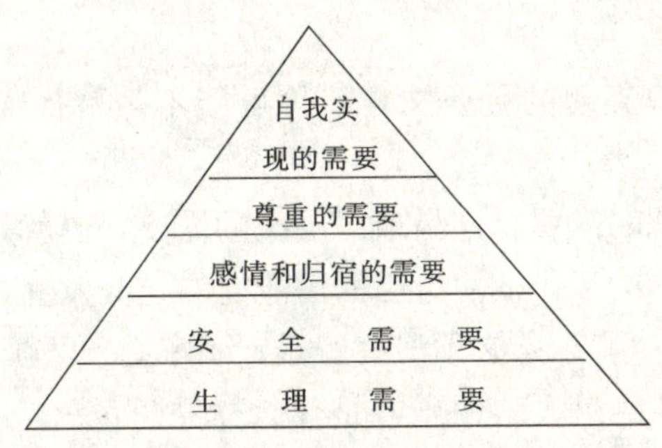

图 6—3　马斯洛的需要层次

（1）生理需要。指人为延续生命所需的各项基本需要。如：衣、食、住、行、水、空气、药物治疗的需要，这是人类最原始、最基本的需要，也是推动力最大的需要，因为如果不能满足，就会有生命的危险，所以是最强烈的、也是不可缺少的最起码的需要。生产力发展水平很低的国家，大多数人的生理需要都比较突出。一般说来，生理需要的满足都与金钱有关。

（2）安全需要。指不受身体危害，以及不受失业、财产、食物或居住的损害的恐惧的需要。包括劳动安全、职业安全、生活稳定、需求劳动保护、劳动保险、老有所养、希望免于灾难、未来有保障等。每一个在现实中生活而生理需要又得到基本满足的人，都有安全上的需要，都有安全感、自由和防御实力的欲望。在社会动乱时期，人生安全的需要就会比较突出。

（3）感情和归属的需要。希望与家属、朋友、同事、上司等保持良好的关系，给予别人并从别人那里得到友爱和帮助，自已有所归属，即成为某个集体的公认的成员等。这类需要比上述两类需要更细致、更难捉摸，对大多数人来讲，这是很强烈的一类需要，如果得不到满足，就会导致精神上的不健康。

(4) 尊重的需要。包括对地位、成就、权威、面向世界的自信心、独立和自由的渴望以及来自别人的尊重、赏识、注意或欣赏等名誉和声望的渴望。例如，上级对自己工作的肯定，以及提升职位等，都会满足一个人的尊重需要。一般来说，由于主客观条件的限制，尊重的需要很难得到完全满足，但这种需要一旦成为人的活动的动力，就会使人具有持久的干劲。

皇家荷兰壳牌集团的企业文化：你可能不理解他人，但请先尊重他人。

(5) 自我实现的需要。这是最高层次的需要，也就是说人们希望完成与自己的能力相称的工作，使自己的潜能能够充分发挥，成为自己所期望的人。马斯洛说："音乐家必须演奏音乐，画家必须绘画，诗人必须写诗，这样才会使他们感到最大的快乐，是什么样的角色就应该干什么样的事，我们把这种需要叫自我实现。"这种需要往往要通过对挑战性工作的胜任感和在创造性活动中得到的成就感来满足。

2. 主要观点。需要是个人努力争取实现的愿望。已经满足的需要，不再是激励个人行为的主导因素。一种需要一经满足，另一种需要就会取而代之，所以人们总是在力图满足某种需要。

绝大多数人的需要层次是很复杂的，时时刻刻都存在着多种需要影响着人的行为。

只有当低层次的需要已经得到满足时，高层次的需要才能对人的行为起激励作用。但是任何一种需要获得满足后并不自行消失，只是对行为的影响比重减轻而已。如果满足了高级需要，却没有满足低级需要时，有些人会牺牲高级需要而谋求低级需要，也有人可能为实现高级需要而舍弃低级需要。

人们满足较高层次需要的途径，比满足较低层次需要的途径多。

总之，马斯洛的需要理论前提是：人总是被激励起来满足一生中特定时间内一项或多项重要的需要。任何特定的需要，其强烈程度都取决于其内在需要层次中的地位，以及其他较低需要已被满足的程度。它预示，激励是一种动态的、逐步的因果性过程。在此过程中，行为受一套不断变化的“重要”需要所控制。

3. 需求强度问卷调查（9）下面的20个小题，请你按照A. 完全同意（+3分）；B. 同意（+2分）；C. 有点同意（+1分）；D. 说不清（0分）；E. 有点不同意（-1分）；F. 不同意（-2分）；G. 完全不同意（-3分）给出相应的选择，这种选择最符合你的意愿。

(1) 职工中工作做得非常好的应增加工资或奖金。

(2) 好的工作写实，很有价值，它能使职工知道该做什么工作。

(3) 要使职工记住，他们能否继续工作下去，要看公司能否进行有效的竞争。

(4) 管理人员应关心职工的工作条件。

(5) 管理人员应在人们当中尽力造成友好的气氛。

(6) 工作绩效高于标准的职工应予以表扬。

(7) 在管理上对人漠不关心，会伤害人的感情。

(8) 要使职工感到，他们的技能和力量都能在工作上发挥出来。

(9) 退休金与补贴和职工子女的工作安排是使职工安心工作的重要因素。

(10) 几乎每一种工作都可以使它具有激发性和挑战性。

(11) 许多职工都想在工作上干得非常出色。

(12) 管理当局在业余时间安排社会活动，这表明当局对职工的关心和关怀。

(13) 一个人在工作上感到自豪，就是一种重要的报酬。

(14) 职工希望在工作上称得上“佼佼者”。

(15) 非正式群体中关系良好是十分重要的。

(16) 个人的奖励会改进职工的工作绩效。

(17) 职工要能和高层管理人员接触。

(18) 职工一般喜欢自己安排工作，自作决定，不要太多的监督。

(19) 职工的工作要有保障。

(20) 职工要有良好的设备进行工作。

将你的选择按下列情况进行统计：

自我实现需要：10+11+13+18=?

尊重需要：6+8+14+17=?

归属需要：5+7+12+15=?

安全需要：2+3+9+19=?

生理需要：1＋4＋16＋20＝？

分数最高的那一项为你目前的主导需要。

4. 五种需要与管理。在了解了员工的需要强度之后，管理者就可以依据被管理者的需要对症下药，采取一些措施加以改善和引导，最大限度地发挥员工的工作积极性。

表 6—1　　五种需要与管理措施

层次需要	追求目标	管理措施
生理需要	薪水、健康、良好环境、各种福利	安排好医疗、保健、住宅、休息、福利设施等
安全需要	职业保障、安全生产	雇用保证、退休金、人寿保险、财产保险
归属需要	友谊、良好人际关系、团体接纳、组织一致	协作、访谈、开展团体活动、教育、训练、娱乐活动
尊重需要	地位、名份、权力、责任、与他人比薪水高低	人事考核、晋升、表彰、选拔进修、委员会参与制度
自我实现	能发挥个人特长的组织环境、挑战性工作	参与决策制度、提案制度、研究发展计划、劳资会商

（二）阿尔德弗的 ERG 理论

ERG 理论是阿尔德弗（C. P. Alderfer）于 1969 年提出的一种与马斯洛需要层次理论密切相关但又有些不同的理论。他把人的需要分为三类，即存在需要（Existence）、关系需要（Relatedness）和成长需要(Growth)。

（1）存在需要。这类需要关系到机体的存在或生存。它包括衣、食、住以及工作组织为使其得到这些因素而提供的手段，诸如报酬、福利和安全条件等。这实际上相当于马斯洛理论中的生理需要和安全需要。

（2）关系需要。这是指发展人际关系的需要。这种需要通过工作中或工作以外与其他人的接触和交往得到满足。它相当于马斯洛理论中的感情上的需要和一部分尊重需要。

（3）成长需要。这是个人自我发展和自我完善的需要。这种需要通过发展个人的潜力和才能，才能得到满足。这相当于马斯洛理论中的自我实现的需要和尊重的需要。

ERG 理论有以下三个特点：（1）ERG 理论并不强调需要层次的顺序，认为某种需要在一定时间内对行为起作用，而当这种需要得到满足后，可能去追求更高层次的需要，也可能没有这种上升趋势。而且人在同一时间可能有不止一种需要起作用；（2）ERG 理论认为，当较高级需要受到挫折时可能会降而求其次。甚至对较低层次的需要的渴求会变得更加强烈。而不是马斯洛所说的当一个人的某一层次需要未能得到满足时，他可能会停留在这一需要层次上直到满足为止。阿尔德弗称之为“受挫—回归”。例如，如果一个人的社会交往需要得不到满足，可能会增强他对得到更多金钱或更好工作条件的愿望；（3）ERG 理论还认为，某种需要（特别是成长需要）在得到基本满足以后，其强烈程度不仅不会减弱，而且还可能会增强，这就与马斯洛的观点不一样。

作为领导者，要对下属进行有效的激励，首先必须了解他们各个层次的需要，起主导作用的需要是什么，这种需要的重要程度如何等，然后才能有针对性地给予满足。其次，领导者应特别注意防止“受挫—回归”现象的发生。

当一个员工抱怨时，可能意味着他有高一层的需求，而不是他所抱怨的需求没能满足。根据这一理论，人们可能错误地花了很多力气去解决“说出来的”问题，而不是“真正的”问题。

（三）麦克利兰的成就需要理论

1. 成就需要理论的基本含义。成就需要理论是麦克利兰（David C. McClelland）于 20 世纪 50 年代在一系列文章中提出的。

麦克利兰把人的高层次需要归纳为对权力、友谊和成就的需要。他对这三种需要，特别是成就需要作了深入的研究。

（1）权力需要。具有较高权力欲望的人对影响和控制别人表现出很大的兴趣，这种人总是追求领导者的地位。他们常常表现出喜欢争辩、健谈、直率和头脑冷静；善于提出问题和要求；喜欢教训别人、并乐于演讲，喜欢承担责任。麦克利兰还将组织中管理者的权力区分为两种：一是个人权力。追求个人权力的人表现出来的特征是围绕个人需要行使权力，在工作中需要及时的反馈和倾向于自己亲自操作，并提出一个管理者，若把他的权力形式建立在个人需要的基础上，不利于他人来续位。二是职位性权力。职位性权力要求管理者与组织共同发展，自觉地接受约束，从体验行使权力的过程中得到一种满足。

（2）友谊需要。麦克利兰的友谊需要与马斯洛的感情上的需要及与阿尔德弗的关系需要基本相同。他们往往比较注重保持一种融洽的社会关系，渴望他人的喜爱和接纳，希望与周围的人保持亲密关系和相互充分的沟通与理解。他们愿意安慰和帮助他人，尤其是处于危难中的团队友人，并喜欢与他们保持友善的关系。麦克利兰指出，注重友谊需要的管理者容易因为讲究交情和义气而违背或不重视管理工作原则，从而会导致组织效率下降。

（3）成就需要。具有成就需要的人，对工作的胜任感和成功有强烈的要求，但同样也担心失败；他们乐意甚至热衷于接受挑战，往往为自己树立有一定难度而又不是高不可攀的目标；他们敢于冒风险，又能以现实的态度对待冒险，绝不会以迷信和侥幸心理对待未来，而是要通过认真的分析和估计；他们愿意承担所做工作的个人责任，并希望得到所从事工作的明确而又迅速的反馈。这类人一般不常休息，喜欢长时间、全身心地工作，并从工作的完成中得到很大的满足，即使真正出现失败也不会过分沮丧。一般来说，他们喜欢表现自己。对于一个高成就需要者，当他看到成功的概率是0.5左右时，即成功与失败的机会各占一半时，他们的行为表现往往是最佳的。

麦克利兰认为，一个公司如果有很多具有成就需要的人，那么，公司就会发展很快；一个国家如果有很多这样的公司，整个国家的经济发展速度就会高于世界平均水平。麦克利兰还通过定量分析，发现古希腊、中世纪的西班牙和1400年至1800年时期的英国以及当代的一些国家，不论是资本主义国家还是社会主义国家，发达国家还是发展中国家，都是如此。

2. 成就需要理论的问卷调查（10）。对下面的每一句话，请圈出和你的感觉最相近的数字，从1至5代表着由弱到强。

（1）我非常努力地改善我以前的工作以提高工作绩效。 1 2 3 4 5

（2）我喜欢竞争和获胜。　1 2 3 4 5

（3）我常常发现自己和周围的人谈论与工作无关的事情。　1 2 3 4 5

（4）我喜欢有难度的挑战。　1 2 3 4 5

（5）我喜欢承担责任。　1 2 3 4 5

（6）我想让其他人喜欢我。　1 2 3 4 5

（7）我想知道在我完成任务时是如何进步的。　1 2 3 4 5

（8）我能够面对与我意见不一致的人。　1 2 3 4 5

（9）我乐意和同事建立亲密的关系。　1 2 3 4 5

（10）我喜欢设置并实现比较现实的目标。　1 2 3 4 5

（11）我喜欢影响其他人以形成我自己的方式。　1 2 3 4 5

（12）我喜欢隶属于一个群体或组织。　1 2 3 4 5

（13）我喜欢完成一项困难任务后的满足感。　1 2 3 4 5

（14）我经常为了获得更多的对周围事情的控制权而工作。　1 2 3 4 5

（15）我更喜欢和其他人一起工作而不是一个人。　1 2 3 4 5

成就得分＝1＋4＋7＋10＋13＝？

权力得分＝2＋5＋8＋11＋14＝？

关系得分＝3＋6＋9＋12＋15＝？

得分最高的项便是你的主导需要。

为使对个人需要的评价更加准确，尤其是对成就需要人的确定，麦克利兰还设计了许多题目。例如，一中年男子，坐在总经理的老板椅上，神情忧郁地望着办公桌左上角的照片，照片上为一女子和两个孩子的合影照。请问：正在发生什么事？未来的发展情形会怎样？

或许你会说，该男子陷入了三角恋情，自拔不能，未来的发展必然是闹腾得天翻地覆。也有人说，生意失败，客户天天在逼债，该男子准备自杀，正在考虑孩子和妻子的未来安排问题。还有人说，生意失败，该男子坐在总经理的老板椅上，看看照片上的母亲和自己小时候与弟弟的合影照，想想母亲含辛茹苦将自己抚养长大多么不容易，难道就这么点小事，从此就一蹶不振了吗？经过重整旗鼓，生意越做越大。也有人说该中年男子是一卫生清洁工，老板去谈生意的时候，吩咐他将室内打扫干净，他坐在总经理的老板椅上，思绪纷飞，同样是人，人家都能混成老板，我为什么不能！经过努力，两年后，某地最大的保洁公司诞生了，老板就是原来的清洁工。

同样一件事情，关键在于你用一种什么样的心态来看待它。成就需要欲强的人对事物的看法永远都是光明思维。事物的现状与发展不管是顺境还是逆境永远都存在着机遇。

在营销界有一个广为流传的故事：两家鞋业制造公司分别派出了一个业务员去开拓市场。在同一天，他们两个人来到了南太平洋的一个岛国。由于该岛国地处热带雨林气候，他们发现当地人全都赤足，不穿鞋。当晚，其中一人就向国内总部老板发了一封电报："由于天气炎热，这里的人根本就不穿鞋子，有谁还会买鞋子？我明天就回去。"另外一个人也向国内公司总部发了一封电报："上帝啊，这里的人都不穿鞋，要是让每个人都穿上一双鞋，该有多大的商机呀！"

两年后，通过强大的广告攻势和鞋的改良，这里的人都穿上了鞋子……

一级光明思维：世界上有光明，也有黑暗；二级光明思维：黑暗可以转化为光明；三级光明思维：凡是发生的都是有用的。

一个管理者要激励别人，就要鼓励他们乐观地看待自己，并对自己的能力充满信心。这样，他们才会去向从前认为不可能的目标挑战。

3. 对成就需要理论的评价。成就需要理论对于我们把握管理人员的高层次需要具有积极的参考意义。在团队中，高成就需要者喜欢能独立负责，可以获得信息反馈及具有中度风险的工作环境，在这种环境下，他们可以被高度激励。麦克利兰的研究还表明，高成就需要的人不一定是一个优秀的管理者，真正的优秀管理者往往是权力需要很高而关系需要很低的人。他说："成就欲强的人成不了有效的管理者；关系欲强的管理者成不了有效的管理者；个人权力欲强，自我节制差的管理者也不是有效的管理者；权力欲强且有节制的管理者才能成为有效的管理者。"2000 年 8 月初，美国心理学家协会公布了美国心理学家最近进行的一项研究，通过对美国历史上的所有总统进行分析后，他们认为，成功的总统应具备的特质是：机智、果断、外向、自信、充满活力、判断力强、关心他人、做到老学到老、不达目的誓不罢休、乐于了解和尝试新事物、不太容易与他人合作、不轻易接受别人领导、不修边幅。而平庸总统常有的特质是：被动、和蔼、一丝不苟、性格随和、坦率、过分谦虚、不善于独自解决问题。但是，在不同国家、不同文化背景下，成就需要的特征和表现不尽相同，麦克利兰对此未作充分论述。

（四）双因素理论

双因素理论，是美国行为科学家弗雷德里克·赫茨伯格提出的。现简介如下：

1. 双因素理论的基本内容。赫茨伯格于20世纪50年代末期在匹兹堡地区的11个工商企业中，调查了200多名工程师、会计师，让他们回答："什么时候你对工作特别满意"，"什么时候你对工作不满意"及"原因是什么"等问题。分析调查结果发现：

有一些因素具备的时候，人们感到非常满意；而当这类因素不具备的时候，人们也没有感到不满意，并且这类因素都是属于工作本身或工作内容方面的。这类因素主要是工作富有成效，工作成绩得到认可，工作本身具有重要性，负有较大的责任，在职业上能得到发展成长等，赫茨伯格称之为"激励因素"。

另一些因素存在时，并不能使人感到满意，没有很大的激励作用，而当这类因素不足时，人们则产生不满意，这些因素多产生于工作环境方面，诸如企业的政策、行政管理、工资水平、工作环境、劳保福利、地位、安全、监督以及人际关系等，赫茨伯格称之为"保健因素"。二者的具体划分见表6—2。

表6—2 赫茨伯格的激励和保健因素

激励因素	保健因素
工作本身	薪　水
公认责任	安　全
提　升	工作条件
成　就	工作保障监督
个人成长与发展	公司政策
赏　识	福利待遇
	人际关系

赫茨伯格认为，只有激励因素才能产生使员工满意的积极效果，才能真正调动积极性，从而提高生产或工作效率。保健因素没有激励作用，但能防止不满情绪的产生，尤如讲究卫生预防疾病一样。当保健因素改善后，员工的不满情绪会消除，但并不会导致积极的后果，而只是处于一种既非满意、又非不满意的中性状态。只有激励因素才能产生使员工满意的积极效果。

激励因素和保健因素虽然对激励发挥的作用不同，但二者作用并非绝对。事实上，激励因素主要起激励作用，但也有一定的保健作用；保健因素主要起保健作用，可防止不满情绪的产生，但也有一定的激励作用。赫茨伯格在解释这一现象时用图 6—4 比较了它们的作用。

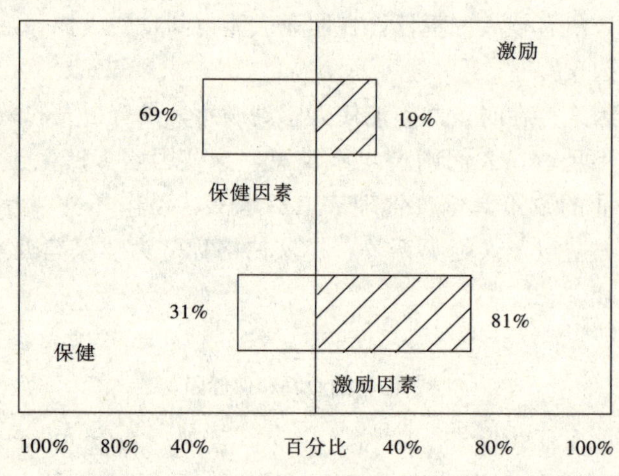

图 6—4　激励因素和保健因素作用比较

2. 激励—保健因素问卷调查。

说明：绝大多数员工都想有一个令人满意的工作。下面所列的是与工作满意有关的 12 个因素。请按其重要性程度（对你来说）给出其相应的分数。

（1）一个感兴趣的工作。

（2）一个好老板。

（3）对我做的工作很赏识。

非常重要	重要	有点重要	不太重要	不重要
5	4	3	2	1

(4) 有提高的机会。

(5) 能使个人生活满意。

(6) 一个有声望的或有地位的工作。

(7) 工作责任感。

(8) 好的工作条件（如好的办公条件）。

(9) 良好的公司规则、纪律、程序和政策。

(10) 有通过学习新事物得以成长的机会。

(11) 一个我能够做得很好并且能够成功的工作。

(12) 工作安全。

分数：按照下列要求进行分数统计，从得分的高低可比较出自己在双因素中的基本倾向。

保健因素得分：2＋5＋6＋8＋9＋12＝?

激励因素得分：1＋3＋4＋7＋10＋11＝?

3. 对双因素理论的再认识。

(1) 对金钱的认识从双因素理论中，我们可以看出，避谈金钱是一种虚伪，只谈金钱是一种浅薄。所谓“重赏之下，必有勇夫”，是有前提条件的。

散文学家孙淡宁对金钱是这样看待的，以供参考：

钱可以买到房屋，但买不到家；

钱可以买到药物，但买不到健康；

钱可以买到美食，但买不到食欲；

钱可以买到床，但买不到睡眠；

钱可以买到珠宝，但买不到美；

钱可以买到书籍，但买不到智慧；

钱可以买到娱乐，但买不到愉快；

钱可以买到谄媚，但买不到尊敬；

钱可以买到伙伴，但买不到朋友；

钱可以买到服从，但买不到忠诚；

钱可以买到奢侈品，但买不到文化；

钱可以买到权势，但买不到威望；

钱可以买到躯壳，但买不到灵魂；

钱可以买到虚名，但买不到实学；

钱可以买到小人之心，但买不到君子之志。

（2）领导方式的选择。个人无论是选择激励因素还是保健因素都无可厚非，因为每个人的情况不同。但作为一个领导者，其领导方式和领导行为就须慎重考虑。其基本倾向应该是激励因素。为什么？

假如一位领导偏重于保健因素，其后果是：

a. 保健水平提高，但满足感是暂时的，不满足感是经常的，且有日益加重之趋势，一旦上去，很难下来。一旦下来，不满意感比原先要严重得多，局面很难收拾。

b. 关心下属是应该的，但应该体现在言谈举止中和行为方式中。不应该批评保健政策，假如是这样，下属逐渐会养成对工作漠不关心的习惯，因为他很少能从工作成就中体会到满足。例如，年终评先进，他不是关注他人所取得的成就，而是关注评上先进后获得的奖金数量。

c. 如果你的关注传输给下级，整个集体中不求业务长进，只求工作舒适，高额的报酬，此风蔓延，肯定是个人主义盛行。试想，一个企业中个人主义盛行，这个企业还好管理吗？

d. 如果一位领导偏重于保健因素，一是他每天都在琢磨发福利，发来发去，迟早有一天会把企业发亏空的，无疑会使企业破产。二是他会分散很大精力去思考大的策略上的问题的，仅思考发福利的事就会使他很伤脑筋。

（五）公平理论

公平理论是美国行为科学家亚当斯（J. S. Adams）提出来的一种激励理论。这一理论侧重研究工资报酬分配的合理性、公平性及其对员工生产积极性的影响。

1. 公平理论的主要内容。公平理论反映的是“每一个人都应公平地得到报酬”这一古老原则的贯彻对激励的影响。公平理论指出，人们总是将自己所作的贡献和所得的报酬，与一个和自己条件相当的人的贡献和报酬进行比较，若两者的比值相等，双方就都有公平感。亚当斯提出的公平关系的程式是：Op/Ip=Oo/Io

其中，Op 代表一个员工对他自己所获报酬的感受，报酬中包括物质上的金钱和福利等，也包括精神上的被赏识、受人尊敬等。Ip 代表员工对他自己所作投入的感受，投入中包括自己的教育程度、工作努力程度、投入的时间、精力等损耗。Oo 代表该员工对作为比较对象的其他员工所获报酬的感受。Io 代表该员工对作为比较对象的其他员工所作投入的感受。

公平理论指出，员工的激励程度不仅要受到自己的报酬贡献率的影响，还要受到比较对象的报酬贡献率的影响，它取决于两者之间比较的相对大小。这种比较既可以是横比也可以纵比。横比是指与他人相比较，是一种社会比较；纵比是与自己的历史水平相比较，是一种历史比较。

在作了这种社会或历史比较之后，如果两者比率相等，他便会感到自己受到了公平的待遇，因而心情舒畅，工作努力，如果比率不相等（一般都认为 Op/Ip＜Oo/Io一，他便会感到受到了不公平的待遇，因而满腔怨气，大发牢骚，影响工作情绪。当然，当 Op/Ip＞Oo/Io，则此时员工感到满意，心安理得，不会产生不公平感。

当发现自己的分配受到了不公正的待遇时，为消除心理上的不平衡，可能采取以下一些措施：

（1）通过自我解释，主观上造成一种公平的假象，以便自我安慰，如曲解自己的或别人的报酬贡献率。

（2）选择另一种通常是报酬贡献率较低者作比较对象，以便获得主观上的公平感。

（3）采取行动改变别的员工的报酬贡献率，如设法谋求降低别人的报酬或增加别人的劳动投入。

（4）采取行动改变自己的报酬贡献率，如设法谋求提高自己的报酬或降低自己的劳动投入。

（5）背上思想包袱，发泄不满情绪，消极怠工，制造矛盾或弃职他就。

这五种谋求公平的行为方式，前两种是自我安慰性质的，而后三种是向有关方面施加压力以求改变。

2. 公平理论的问卷调查（11）。在你可能工作的任何组织中，下列问题均有两个答案，a 和 b，请对每个答案给出你的分数，每个答案的分值范围在 0—10，最符合你情况的答案给最高分，最不喜欢的得 0 分，根据你喜欢的程度，你也可以给 a 和 b 同样的分数。

（1）对我更为重要的是：

a. 从组织中获取；

b. 给予组织。

（2）对我更为重要的是：

a. 帮助其他人；

b. 维护我自己的利益。

（3）我更为关心：

a. 我从组织中得到什么；

b. 我为组织贡献什么。

（4）我做的艰苦工作应该：

a. 有益于组织；

b. 有益于我自己。

（5）在和组织打交道中我的个人哲学是：

a. 如果你不保护你自己，没有人会管你；

b. 付出比得到更好。

请按照下列要求计算你的得分：

1b＋2a＋3b＋4a＋5b＝?

低于 29 分者，属于特权者。他们宁愿自己的产出/投入比高于其他人；

29 分—32 分者，属于公平敏感者。他们希望自己的产出/投入比是平等的；

高于 32 分者，属于仁慈者。他们宁愿自己的产出/投入比低于其他人。

3. 对公平理论的评价。公平理论在实际工作中对分配问题有较强的指导性。为避免产生不公平的感觉，往往在企业中刻意营造公平气氛，使员工产生一种主观上的公平感，如日本企业采取秘密的单独发奖的办法就是一例。但是，公平理论是以个人的利益、得失为出发点的，公平的评判与自己的主观判断有很大的关系，也就是说，主观随意性太强，很难有一个统一的标准。再加上它与绩效评估有关，绩效评估本身就是管理学的一大难题，所以真正的公平是一个相当复杂的问题。不是一个或两个公式所能表达的。领导者在激励过程中就应引导员工树立正确的公平观，不要盲目攀比，更不要按酬付劳，毕竟天上星多月不明，地上人多路不平，世上哪有绝对公平的道理？

（六）期望理论

期望理论是美国心理学家弗洛姆 1964 年在《工作与激励》一书中提出来的。

1. 期望理论的主要内容。这种理论认为，要分析一个人的行为，应该从行为所追求目标的价值或吸引力与其实现的可能性来考虑。

期望理论按照人们的期望来解释激励问题。人类的需要本身就是一种动力，需要在未满足之前，对需要者来说，只是一种期望，所以说需要作为一种动力是通过期望表现出来的。动力大小与期望大小成正比，期望的大小又决定于两个因素：一是所追求目标的价值，二是所追求目标实现的可能性大小。期望理论可以用下列公式表示：

激励力量＝效价×期望值

效价，也称目标价值。是指人对行为结果或目标的评价。或者说，是一个人认为某种行动方案的结果对他有多大的价值。一般来说，人们把目标价值看得越大时，对他们的吸引力就越大，积极性就越高。

期望值，是指人们对自己的行为能否导致所想得到的工作绩效和目标（奖酬）的主观概率，即主观上估计达到目标，得到奖酬的可能性，可能性越大，吸引力就越大。员工认为根本不可能实现的目标，即使价值很高，也起不了调动积极性的作用。

期望理论的核心是期望值，所以有人把个体动机行为的活动过程称为“期望值模式”：

个人努力→个人成绩→组织报酬→个人目标

表示一个人积极性被调动的程度取决于各种目标价值和期望概率乘积之和。说明了激励对象对目标价值看得越大，估计实现的可能性越大，激发的力量也就越大。

2. 对期望理论的评价。期望理论对决定员工积极性的因素考虑得不够全面。其实，员工的个性特征就会影响个体对期望值的判断，个人的角色感知可能会影响个体对外在性奖酬的效价；另一方面，当人的低层次需要满足以后，在激励模式中应考虑到员工对内在性奖酬效价。

（七）波特和劳勒的综合激励模型

美国行为科学家莱曼·波特（L. W. Porter）和爱德华·劳勒（E. E. Lawler）于 1968 年提出了综合激励模型，并发展成为 20 世纪六七十年代较有影响的一种激励理论。该模型如图 6—5 所示。

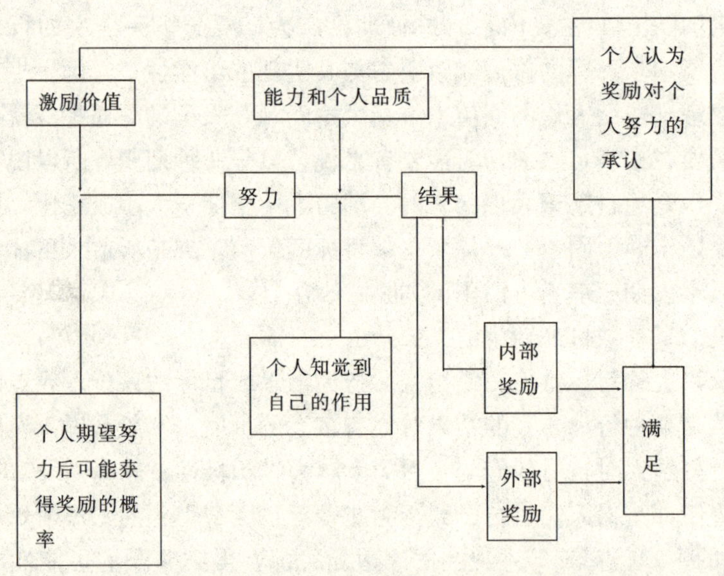

图 6—5　波特和劳勒的综合激励模型

显然，波特和劳勒激励模型是在弗洛姆 VIE 理论的基础上发展而来的，同时又引入赫茨伯格的双因素理论、亚当斯的公平理论及激励强化理论综合而成，共涉及十种因素（分别由模型中的十个方框表示）。以“工作绩效”为核心，以“激励——努力——绩效——满意感”为轴线而建立起来的。

1. 波特和劳勒模型是一个综合激励。

2. 波特和劳勒激励模型的内容。完成某项工作的绩效，主要取决于一个人所做的努力。这种努力程度，又取决于他对奖酬的效价（即在此人心目中的主观价值和重要性大小）、他努力工作后达到绩效标准的可能性和得到所期望的奖酬的可能性。而这又在很大程度上取决于一个人做该项工作的能力的大小和素质的高低以及这个人对特定任务的了解，即角色感知。而工作达到的绩效又会导致内在的报酬和外在的报酬，以及能够看得到的公平。这种公平的程度，势必会影响到他的满足程度，从而又影响到他的努力或者努力程度。

从上述模式可以看到，激励不是一种简单的因果关系，而是效价、期望概率、工作绩效、报酬、满意的循环的因果关系，管理者必须要善于从这个因果关系链中，仔细地安排与评价其报酬结构。

3. 对波特和劳勒激励模型的评价。波特和劳勒激励模型为管理者如何改进对下级的激励，提供了一个清晰的、系统的、逻辑严密的思考路线，它告诉我们激励并不是简单的因果关系。不要以为设置了激励目标就一定能获得所需的行动和努力，并使员工满意。它取决于奖励的内容、奖励制度、组织分工、目标导向行动的设置、管理水平、公平的考核和领导作风等综合性的因素，在一定程度上克服了单个理论的片面性。但是，此模型分析的是一个“单向激励”过程，即员工怎样才能受到激励的问题，它忽视了一个有效的激励系统对管理人员（激励主体）自身的要求。

（八）激励强化理论

激励强化理论是美国哈佛大学心理学教授斯金纳（B. F. Skinner）在巴甫洛夫的条件反射论、华生的行为主义和桑代克的尝试与错误学习论的基础上，提出的一种激励理论。这种理论特别重视环境对行为的影响作用，只要创造和改造外部的操作条件，人的行为就会随之改变。

1. 激励强化理论的主要内容。1938 年，斯金纳在其《有机体的行为》一书中指出：所谓强化，从其最基本的形式来讲，指的是对一种行为的肯定或否定的后果（报酬或惩罚），它至少在一定程度上会决定这种行为在今后是否会重复发生，并区分了正强化与负强化的概念，如图 6—6 所示。

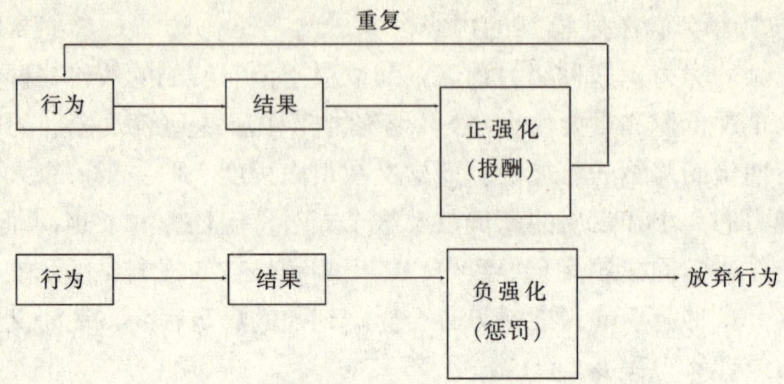

图 6—6 正、负强化对行为的影响

(1) 正强化。正强化是利用刺激因素，使人的某种行为获得巩固和加强，使之再发生的可能性增大的一种行为修正方式。在员工行为管理活动中，正强化是最经常使用并最易收到良好效果的激励方法。能够起到正强化作用的因素主要有对工作成绩的认可、表扬、增加工资、发给奖金、提升重用、安排好的工作等。通常应避免强化过多过密，也避免强化过少过稀。

(2) 负强化。负强化是防止不希望的行为出现，负强化措施就是预先告知某种不符合要求的行为或不良绩效可能引起的后果，允许员工按照所要求的方式行事或避免不符合要求的行为来回避一种令人不愉快的处境。如果员工能按要求的方式行事，就可以避免不愉快的结果发生。这是一种预防性强化措施。对下属来说应是回避管理者不希望出现的行为，因此负强化又称回避性学习。

负强化之所以能对人的行为起作用，是因为人们有“趋利避害”的心理机制。个人避免处于不愉快的处境的动机，将促使个人以另一种行为来代替可能带来不愉快处境的行为，从而增加了组织所希望的行为。

(3) 惩罚。惩罚是指在消极行为发生以后，给予当事者某些令人不愉快对待，或取消他所需要的某些东西，以示对某一不符合要求的行为的否定，从而减少直至取消组织所不希望的行为。在一个团队中，对员工的惩罚有多种多样，诸如批评、降薪、罚款、调离、开除、停工教育等。惩罚之所以能对人的行为起作用，是因为被取消或被剥夺的东西将成为个人的需要，为了重新获得满足，个人将减少或停止企业不希望的行为。正如马斯洛所说："在激励理论中，满足是与剥夺同等重要的概念。"

2. 正确估价负强化和惩罚。在人类社会达到高度文明（人人都以工作本身为满足自我需要的直接源泉）以前，负强化和惩罚将永远伴随正强化出现在团队的激励政策之中。团队为了保证实现其基本目标，必须为员工的努力水平（绩效水平）设置一道底线，否则，团队通过正强化所得到的成绩将可能被少数人的不良绩效所抵消。因此，负强化和惩罚起到保证员工必须达到一定绩效水平的作用。

负强化和惩罚有时会带来负效果。例如，惩罚，从直接效果看，它能一定程度地起到减少不期望的行为的出现频率，但受惩罚者可能只是暂时隐蔽了组织不希望他出现的行为。正如斯金纳所说的："受到惩罚的人并不会因此就改弦更张，不再我行我素了，他充其量也不过是学会了如何免于惩罚而已。"因此，组织应注意惩罚可能给员工带来的负效果。常见的负效果有白暴自弃、抵抗、心不在焉、进攻行为、悲观、情绪恶化，等等。日本一家公司根据马斯格的需要层次理论，运用不同形式的惩罚措施取得了不同的结果，得出了很有价值的数字，如表6—3所示。

表6—3　　不同惩罚措施的激励效应　　单位：%

惩罚方式	变化结果		
	变　好	未　变	变　差
个别指责	66	23	11
公开指责	35	27	38
个别嘲笑	35	33	32
公开嘲笑	17	36	47
个别体罚	28	28	44
公开体罚	23	65	12

从表6—3中可以看出，所列出的惩罚措施都有负效果，即员工受到惩罚以后反而变得更差，并且，不同的惩罚措施，其负效果是不一样的。因此，团队应注意惩罚可能给员工带来的负效果。再说，负强化和惩罚只是用来阻止或减少员工的行为向团队所希望的行为方向的反方向发展，它不能鼓励任何一种合乎要求的行为。

在对员工行为的影响方面，没有正强化，就难以引发员工行为的内在动力；没有负强化和惩罚，就难以保证员工起码的努力程度和努力的方向。当代行为科学家的研究证明，运用正强化来调动人们的工作积极性、纠正工作中的错误比用负强化和惩罚更有效。

三、从理论到实践：关于激励员工的建议

激励员工方法之多，多无穷，没有一个简单的、放之四海而皆准的行为指南。仅提出以下建议供参考。

（一）认清个体差异

几乎所有的当代激励理论都认为每个员工都有其独特的个性，他们的需要、态度、能力、行为及其他重要的个体变量都各不相同。即使同一个人在不同时期，某些个体变量也是不同的，确切地了解员工们的这些差异是十分重要的。比如，员工们的需求层次是各不相同的，只有建立在对每一个员工需求充分认识的基础上的激励，效果才能达到最佳。如果要让一个高成就需要的员工从事与其需要不一致的工作，他们的积极性、自主性、自尊心会受到很大的打击。同样，也并不是每一名员工都会因工作的自主性、变化性和责任感而受到激励的。这类工作只对高成就需要者具有很强的吸引力和激励作用。又如，由于每位员工的需要不同，因此对某人有效的强化措施可能并不适合于其他人。所以，管理者应当根据员工的差异对他们进行个别化的奖励。

1. 以马斯洛的需求层次理论与麦克利兰的研究为基础，我们着重研究如下几类人：

(1) 安全及舒适。有可能寻求安全和舒适的人是：年轻时没有安全感；年少时家庭收入增加；晋升或变换职位主要只是为了增加收入；喜欢炫耀财富。

这类人会被下列因素所激励：感觉上较高的收入；奖励；可预测的长期收益。

实际上，这些人会被所有保健因素所激励。

(2) 关系和友谊。可能会寻求关系和友谊的人是那些人：出生于大家庭并多是家庭中较小的成员；有持久友谊的人；在业余时间寻找社交活动的人；更可能是女人而不是男人。

这些人会受下列因素激励：工作中鼓励建立社会关系；团队工作；工作中谈话和交流的机会；需要相互依赖的工作；关心他人或为他人服务的机会。

有趣的是，这类人通常对控制局面或负责任不感兴趣，他们对高级管理职位也没兴趣。

(3) 组织和结构。近似于安全和舒适的需求。不同的是，它是人们归属于同类时才有的舒适感觉。也像社会需求，也不尽相同，它是对规则、可预测性及生活结构的要求。

可能寻求组织及结构的人是：幼年不稳定；成长过程有板有眼；其父母喜欢稳定的终身职业；不常换工作；曾意外地被迫压缩费用；乐于在可预测的工作环境中；遵守规章制度。

这些人会受到下列因素的激励：设定好的目标及过程；长期的抚恤金和津贴；严格的法律和规章；按资晋升；可预测工作结果；工作中没有意外情况发生。

(4) 地位和权力。可能寻求地位和权威的人是：头生子；在学校或大学被有权势的职位所吸引的人；在业余时间安排事务的人；在社会组织中谋求被选举的人；年少时即喜欢监督或管理责任的人；在与别人的关系中说了算的人。

这些人如有机会做下列事就会受到激励：领导；指挥和控制；负责；劝说及影响；达到目的或目标竞争。

(5) 个性和自主权。倾向于寻求个性和自主的人：有强烈的创造需求；喜欢接受挑战；强调生活方式；不喜欢框框及可预测性；自己对成长负责；对自己期望很高。这些人会被下列因素激励：个人的目的或目标；

解决问题及寻找答案的机会；学习或进步的机会；做新鲜事的机会；创造的机会。

对下列四种不同个性类别人的激励：

a. 乐于助人的人，其特征：体贴；忠诚；乐于接受；相信他人；合作。

乐于助人的人会受下列因素激励：值得为之努力的事业；帮助的请求；强调自身的发展。

在下列环境中工作：尊重人的；可靠的；支持的。

b. 爱发号施令的人，其特征：有控制欲；有竞争力；行动迅速；爱冒险；自信；好强求；善说服；爱发号施令。

爱发号施令的人受下列因素激励：机会；权威；责任；权力和地位；挑战。

在下列环境中工作：有竞争性的；风险型的；直接的；投机性的。

c. 脚踏实地的人，其特征：不屈不挠的；坚定的；讲求实际的；认真的；节俭的；有条不紊的；沉默寡言的；注意细节的；实事求是的；善于分析的；脚踏实地。

脚踏实地的人受下列因素激励：事实和数据；明确的结果；方法；分析实际工作。

在下列环境中工作：注重细节的；公平的；系统的；始终如一的；客观的；有组织的。

d. 适应性强的人，其特征：灵活；社会能力强；能适应实验；有活力；活跃；满腔热情；鼓舞他人；机敏的；适应性强。

适应性强的人受下列因素激励：出人头地的；机会变革；极其社会化的环境；成长及学习的机会；变化多样。

在下列环境中工作：友善的；谅解的；乐观的；有趣的；有发展前途的；没有条条框框的；社交的。

对四种不同类型人的不同激励：

a. 善于听命执行的守成者，其特征：过去的经验就是他们今天的准则，负责任，守纪律，缺点是不关注大局，不愿冒险。

激励方法：定期表扬这样的员工，发有形奖励。

b. 喜欢迎接挑战的叛逆者。其特征：喜欢行动，不重计划；希望具体，不愿抽象；讲求实际，不重理论；追求自由，不受约束。

激励方法：要把新任务交给他们，让他们去学习或休假。

c. 很有远见卓识的策略者，其特征：有想像力，善于思考和分析复杂问题；不仅重眼前，更重视未来。

激励方法：任务授权，允许他们在家工作，弹性坐班，给他们订杂志，让其参加学术会议。

d. 追求环境和谐的尊重人者，其特征：重视人际关系的和谐，追求公平一致，喜欢点子而不是任务，最不习惯严格作业要求和官僚体制，重视创业。

激励方法：赠送他们喜欢的小礼物和公开表彰他的人际关系好。

（二）选择有效的激励方式

一般来说，常见的激励方式有：员工参与管理、工作丰富化、奖罚。

1. 员工参与管理。员工参与管理就是让员工参与重大活动、参与团队决策。通过参与使员工能强烈地感到领导的信任以及对团队及其发展的强烈责任感，从而既有利于对职工产生激励作用，同时由于“集思广益”有利于决策的正确可靠，为团队目标的成功实现提供可靠的基础与保证。

2. 工作丰富化。工作丰富化是指试图把一种更高的挑战性和成就感体现在工作中。因而，工作丰富化与过去的“丰富工作内容”不同，它不但丰富工作内容，而且改变了工作性质、工作方式，工作要求更高。一般来说，工作丰富化的具体方法主要包括以下五个方面：

(1) 丰富工作内容，包括不断增加或改变工作内容等。

(2) 使职工的工作中包含更多的自我计划与控制。

(3) 采取措施使职工参与管理。

(4) 改变工作方法、工作秩序。

(5) 管理重心下移，决策权下放。

3. 奖罚。奖罚方式主要是指奖励与处罚。两者都可以在一定程度上满足或刺激职工的心理需要。尤其是奖励可以使职工有一种成就感，从而有利于强化激励作用。在奖罚方式中，主要应注意：坚持物质奖罚与精神奖罚相结合，以精神奖罚为主；坚持奖励与处罚结合，以奖励为主；奖罚要公正、准确、适度；奖罚方式要灵活多样。

明智的管理者，除非万不得已，是不会施加惩罚的，因为：

惩罚只能暂时减少不良行为；

施加惩罚者必须时刻在场，老板总得在那儿；

它不能教会人新的、更恰当的行为；

会使受惩罚者更恐惧，因此工作效率更低；

会使人对类似惩罚者的人（即其他管理者）产生反感；

会产生僵化的、不灵活的行为模式；

会导致敌对情绪及反控制的企图；

下面的人会照样去惩罚他人（即同伴或其下属）。

（三）目标激励

目标激励就是通过目标的恰当设置来激发人的动机，指导人的行为，使员工与管理者都与团队的目标紧密地联系在一起，充分发挥目标的外在刺激作用，以调动员工的积极性、主动性和创造性。

（四）报酬的及时恰当性

人总是期望在达到预期有成绩后，能得到适当的报酬，包括奖金、表扬、提级、晋升、荣誉、信任，等等。如果只求人们作出贡献，而不给予适当的报酬，时间一长，被激发起来的内部力量会逐渐消退。管理者必须使奖励与绩效相统一，只有那些达到了特定目标的员工才能得到相应的报酬。此外，管理者应当想办法增加报酬的透明度，如消除发薪的保密性，代之以公开员工的工资、奖金和加薪数额，这些措施将使奖励更加透明，更能激励员工。

（五）报酬的公平性

员工应当感到自己的付出与所得是对等的。具体而言，员工的经验、能力、努力等明显的付出项目应当在员工的收入、职责和其他所得方面体现出不同。但是，在公平性问题上，所涉及的因素很多，使得这一问题十分复杂。因为，公平不仅要注意团队中各个人的自身状况，还要特别注意团队内、外的人与人之间的相互影响，防止人的“社会比较”引起的“行为负效应”。

（六）重视金钱的作用

有一篇综述报告概括了80项评价激励方式及其对员工生产率影响的研究，其结论是：当仅仅根据生产情况来设定目标时，生产率平均提高了16％；重新设计激励机制以使工作更为丰富化，生产率水平提高了6—16％；让员工参与决策的做法，使生产率水平提高了不到1％；然而以金钱作为刺激物却使生产率水平提高了30％。可见，如果金钱作为一种刺激手段被取消，那么人们就不会在工作中付出更多努力，这是毫无疑义的。

（七）领导者的以身作则与领导艺术

领导者的行为对下属有影响作用。领导者能够言行一致，以身作则对职工有很大的激励作用。领导者高超的领导艺术也能创造一种良好的上下级关系、良好的同事关系，良好的群体氛围和心理环境，从而有利于激励职工，提高士气。

第七章

有效地授权

一代帅才诸葛孔明，由于“事必亲躬”，最后，“鞠躬尽瘁，死而后已。”“后已”也就罢了，问题是他所带来的严重后果是“蜀中无大将，廖化充先锋”。蜀国很快就灭亡了。美国有一舰队司令说：“事必躬亲，最后不仅累跨了自己，而且又有谁能来接着按你的方法做呢?”

我们常说：扶不起的阿斗，如果反问一句，又有谁去扶过他？没有人扶，怎么知道他是一个扶不起的人。阿斗留给后人的一个成语是：乐不思蜀。为什么？因为在魏国他的生活与工作和在蜀国的一模一样，甚至还要优于蜀国，莫非就是看看歌舞表演，吃肉喝酒。如果有不同，哪怕是稍微的不同，恐怕他也不会不思蜀吧。

一个领导人之所以伟大，不是因为他或她的权力，而是因为他或她授权给别人的能力。后继无人的成功，其实是失败。一个工作人员的责任是做自己的工作。一位领导人的责任，是培养其他人去做事。

时代距诸葛时代早已 1700 个春秋了。如果把我们的领导仍定位于此，那么时代会把这样的领导迟早抛弃。

第二次世界大战期间，当诺曼底登陆在即，英国一记者前去采访盟军总司令艾森豪威尔，当他发现艾森豪威尔正在与他人打高尔夫球时，就惊奇地问道：“大战在即，您还有如此闲心打高尔夫?”艾森豪威尔反问道：“为什么不能呢？在大西洋，有蒙哥马利；在太平洋，有麦克阿瑟；总参谋长，有马歇尔。我总共就管理这三个人，难道说我是端着冲锋枪淌河向前冲锋的人吗?”

有一则笑话是这样的，老师问：“你又忘了带钢笔了，不带枪上战场的人你把他叫做什么?”学生大声说：“将军!”确实如此，难道说将军是拿枪向前冲锋的人吗？如果是，那是将军的失职。

艾森豪威尔当选为美国总统后，更是深有感慨地说：当总统必须克服的最大困难是学会在一封拙劣的信上签字。

现在我们走进任何一个团队，几乎都能见到这样的领导，他们喋喋不休地抱怨时间是怎样地不够用，工作任务是多么地繁重不堪，等等。如果我们要问：为什么不让下属去做呢？他们会说出一百个理由：如这件工作只有我才能做到；下属不会明白我想要什么；教下属如何做的时间里，自己做早就做好了；下属中没有合适的人手等等。美国贝尔公司董事长查理·波西曾说过：“不要想一人独撑大局，要仔细挑选人才，雇用人才，然后授权给他们去负责料理，让他们独立作业，并为自己的行动表现负责。”

“领导者要干自己的事，不干别人能干的事”，这是现代领导方法的基本法则。如果你欲谋求出色的团队领导，授权是你必然的或早或迟要面对的一个问题。

一、授权的性质

（一）授权的含义

授权是 20 世纪 90 年代兴起的一种管理思潮，它强调赋予部下更多的职权去充分支配自己的时间和自己的活动。从根本上说，团队工作的主旨就是委托与放权。授权就是管理者将份内的某些工作托付给下属（或他人）代为履行，并授予被托付人完成工作所必要的权力。一句话，让别人去做原来属于自己的事情。美国惠普公司负责桌面电脑的美国市场经理博格说：“对我们来说，授权意味着不必由管理人员作每一项决策，而是可以让基层员工自己去作出正确的决定，管理人员在当中只担当支持和指导角色”。

授权的含义包括以下三个因素：

第一，谁来做，这就涉及到对员工的了解与对任务的分析，甚至环境的因素。

第二，做什么，即向被托付人交待任务。

第三，怎么做，即权力的授予，责任的建立，成功的标准。

（二）授权后责任的确立

责任的确立，其含义有二，一是指管理者在授权后，仍然对下属所履行的工作绩效负有全部责任。即，当下属真的无法做妥指派的工作时，领导将要承担其后果，因为下属之缺陷将被视同上司之缺陷。许多主管在这里犯的错误是试图将责任推卸到下属身上，他们以为责任随同权力一同下移了，而事实上却恰恰相反，权力在管理中有向下分散的趋向，而责任却有向上集中的趋向。

二是针对下属的。即为了确保指派的工作能顺利完成，主管在授权的同时必须为承受权力的下属创造完成工作的责任，在领导和授权下属之间建立起一种连带责任关系。下属若无法圆满地执行任务，则身为授权者的主管可以唯他是问。这当然并不妨碍主管承担对任务的最终责任。

二、授权的原因

授权的原因也可理解为授权的好处，主要有以下几个方面：

（一）80/20法则

80/20法则认为，原因和结果、投入和产出、努力和报酬之间，存在着无法解释的不平衡，这种不平衡可以分为两种情况：（1）多数，它们只能造成少许影响；（2）少数，它们造成主要的、重大的影响。一般情形下，产出或报酬是由少数的原因、投入和努力所产生的。原因与结果、投入与产出，或努力与报酬之间的关系往往是不平衡的。若以数学方式测量这个不平衡，得到的基准线是一个 80/20 关系：结果、产出或报酬的 80%取决于 20%的原因、投入或努力。例如：世界上大约 80%的资源，是由世界上 15%的人口所消耗掉的。世界财富的 80%，为 25%的人所拥有。在一个国家的医疗体系中，20%的人口与 20%的疾病，会消耗 80%的医疗资源。

依此推理，在管理者的工作中，属于重要的工作只占少数，约 20%，琐碎的工作占多数，在 80%左右。如果管理者能够掌握那些只占少数的 20%的重要工作，就能获得 80%的成果。其余那些众多琐碎的 80%工作，就算不掌握，对成果的影响充其量也只占少部分，约 20%。这些次要的工作完全可以交给下级人员去处理。对于一个管理者来说，究竟处在什么位置，应该从事什么样的工作思考，安东尼管理层次结构或许能给你以启发。表 7—1

表 7—1　安东尼管理层次结构

层次／项目	战略规划	战术计划	运行管理
	上　层	中　层	基　层
主要关心的问题	是否上马、什么时候上马	怎样上马	怎样干好
时间幅度	3—5 年	半年—2 年	周或月
视　野	宽　广	中　等	狭　窄
信息来源	外部为主 内部为辅	内部为主 外部为辅	内　部
信息特征	高度综合	中等汇总	详　尽
不确定的	高	中	低
冒险程度			

（二）掌握时间

管理人员每日都有大量的工作要做，如果事必躬亲，很有可能成为“诸葛亮第二”，而且还会妨碍重要的策划，得不偿失。如果管理人员将一些工作授权于下属，自己便可以获得大量的时间来统筹考虑，集中精力解决大事要事，提高利用时间的效率。见图 7—1。

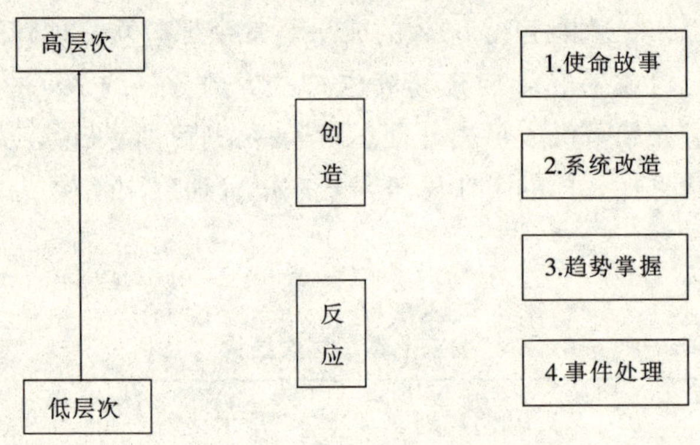

图 7—1　领导作用的四个层次

美国著名咨询师克尼（Kearney）眼中的未来领导所应必备的素质：

远景规划占 47%；

人际技能，指导培养下属的能力占 27%；

个人魅力占 13%；

商业敏感性占 11%；

技术技能占 1%；

日常事务技能占 1%。

（三）激励下属

授权显示了你对下属的信任，“疑人不用，用人不疑”，授权于下属，是对他的信任，可建立良好的人际关系，对个人所从事的工作也充满了自信心，提高工作效率。授权还可以开发下属的潜能，为他们提供个人成长、发展提供机会，使他们在实践中受益。通过授权，也可使下属参与决策，了解工作程序，加强工作热诚，增加对团队的归属感，团队的决策质量也可得以提高。

长期不授权造成的可能性后果：

第一，下级不负责任，完成任务了事。反正你还会做。领导勤快，下级懒惰。

第二，下级丧失自信心。

在现实生活中，许多领导总放心不下，总要亲自去做，认为只有自己才能胜任的事情，要么这指指，那点点，以示在履行领导者的职责。须知，凌驾于下属的做法，至少破坏下属的心理情绪。

第三，成了事务主义者。

三、授权的原则

管理学家研究各种授权之后，提出不管哪种授权，总是存在一些共同的准则可以遵循，这些准则如下：

（一）有目的的授权

职权是帮助管理者实现团队目标的手段，所以授予某个人的职权就应该足以保证他能够实现目标。许多管理者在实施授权时，对哪些职权应该授予、哪些职权必须保留的问题考虑得较多，而忽略了团队的目标。授权的目的是让被授权者拥有足够的职权顺利地完成所托付的任务，因此，授权首先要考虑应实现的目标，然后决定为实现这一目标下属需要有多大的处理问题的权限。要做好按预期成果授权的工作，必须先确定目标，编制计划，并且使大家了解它，以及为实现这些目标与计划而设置职务。只有目标明确的授权，才能使下属明确自己所承担的责任。盲目授权必然会带来混乱不清。

（二）因事设人，视能授权

主管要根据待完成的工作来选人。虽然一个高明的组织者主要将从所要完成的任务着眼来考虑授权，但在最后的分析中，人员配备，作为授权系统至关重要的一部分，是不能被忽视的。被授权者的才能大小和知识水平高低、结构合理性是授与权力的依据，一旦主管发现授予下属职权而下属不能承担职责时，管理者应明智地及时收回职权。

（三）职权与职责对等

由于职权是执行任务时的自决权，职责是完成任务的义务，因此，职权应该与职责相符。在实践中要避免发生有权无责或权责失当的现象。在实际工作中，下级人员总是希望增加他们的职权，而同时减少他们的职责；上级人员则要求下级人员多承担职责，但又不愿意给以必要的职权。这两种做法都欠妥当。如果有权无责，用权时就容易出现随心所欲、缺乏责任心的情形。权大责小，用权时就会疏忽大意，责任心也不会很强；权小责大，下级就无法承担权力运用的责任。正确的做法应该是职权要与职责相符，职责也要与职权平衡。两者相对应、相对等。

（四）单一隶属的授权

每个下级应对一个，而且仅对一个上级负责。命令的来源应当统一，即一个下级只从一个上级那里接受分派的职责和授予的职权，并仅对这个上级负责。一仆难伺二主。如果是多头领导或隶属关系不清，下级会感到无所适从，左右为难，难以行使被授予的互不相干甚至互相冲突、干扰的各种权力，当然也难以履行各种互不相干或者互相冲突的职责，同时给授权之后的考核带来困难。

（五）责任的绝对性

管理者可以把职责分派给下级，也可以把职权委任给下级，但他不能把责任转嫁给别人，也就是说，责任既不能指派，也不能委任。这是因为责任是一种应该承担的义务。对授权者来说，他不能因为授权给下级就可以完全解除他对下级应负的责任，因为下级的职权是他授予的，下级的职责也是他指派的，他对下级行使职权是否得当负有督导的责任。对被授权者来说，他对上级负有执行任务的全面责任，一旦他接受了上级委派的任务以及执行任务所需的职权，就有贯彻执行和向上级汇报的义务。

（六）适度授权

授予的职权是上级职权的一部分，而不是全部，对下属来说，这是他完成任务所必须的。授权过度等于放弃权力。授权的客观合理的度以工作所需为界，主管们应该清楚，某些权责是需要保留在自己手中的，必须亲手为之，这主要指涉及有关组织全局的问题以及对授权的控制等。

（七）充分交流的授权

主管在完成授权之后，所授权的工作任务并未从他的肩上卸去，只是换成一种更有效率的方式，主管不能因为授权而放弃对于职权的责任，因此不存在管理5的独立性，科学合理的授权不应造成上下级关系的隔断。这就是说，上下级之间的信息应该自由流通，使下级获得用以决策和适当说明所授权限的信息。现代高科技介入现代公司管理，尤其是网络的介入，为这种开放畅通的交流渠道提供了极大的便利性。许多世界知名的大公司在其公司的内部网络上建立了类似的主页，为上下级、同级之间的信息交流、谋求咨询、协调沟通提供了一种便利的通道。

（八）有效控制的授权

授权不是撒手不管，撒手不管的结果必然导致局面失控，而失控会抵销授权的几乎所有积极作用。权力一旦失控，后果必然不堪设想。因此，既要授权又要避免失控，既要调动部属的积极性和创造精神，又要保持领导者对工作的有效控制，就成为授权工作中必须遵守的一条原则。有效的主管人员在实施授权前，应先建立一套健全的控制制度、制定可行的工作标准和适当的报告制度，以及能在不同的情况下迅速采取补救措施。控制系统的设计和控制技术的运用，是授权主管需要学习掌握的管理技巧，其中最重要的一点是要求主管具有非凡的眼光和气魄，为使控制不致干预授权，控制必须是比较概括的，其目的是可以看出部属行为偏离计划的现象，而不是干预下级的日常行动。

（九）职权层次的原则

职权的存在是为了让管理者在规定的权限内作出决策。因此，无论上级或下级都应该在个人权限范围内作出决策，而不要把自己权限范围内可以解决的问题提交给上级。换句话说，各级管理人员都应该按照授予自己的职权作出他们这一级应该作的决策，只有当职权界限限制他作出决策时，才可以把问题上交。

四、授权的态度

大多数授权不善并不是由于对授权的性质和原则缺乏了解所引起的，而是由于不愿意在实际工作中运用这些原则。换句话说，产生授权不善的主要原因是管理者对授权所持的态度不当。因此，要做到有效授权，还需要端正授权的态度。正确的授权态度应该是：

（一）肯接纳下属的意见

管理者授权下属执行任务，实际上是让下属有一个发挥个人才能的机会。下属的决策也许与管理者的想法不一致，但懂得授权的管理者不仅不会加以干涉，反而会采纳下属的意见。事实上，处理问题的方法往往不止一种，而管理者所采用的方法也不见得就是最好的方法。善于接受别人的意见，并鼓励别人按自己的方法去完成任务，是知道如何授权的管理者应当具备的素质。

（二）肯放手让下属干

管理者的主要任务应该是高层次的重要决策。为了有更多的时间思考重要的决策，管理者应将一些次要的工作放手让下属去干。授予下属相应职权，并将工作和预期目标交待清楚后，就不应再加干预。属于下属职权和工作范围之内的事情，由下属自己作决定。接受授权是员工个人追求进步的一个过程，受权不仅意味着接受了一份任务，还意味着得到了一个舞台，在这个舞台上，他的全部才华将得到充分展现，他得到了一个脱颖而出、受人注目的机会。有些管理者总想使人相信，他们的工作不可能由他们的下属来完成，从而表明自己是一个不可缺少的管理者。这并不是一种聪明的做法。正因为这个单位不可缺少他，所以他永远属于这个单位。这类热衷于“囤积职权”的管理者最好改变一下自己的工作方法，否则就会堵死自己的晋升之路。

（三）允许下属犯错误

授权不仅是为了让管理者有更多时间处理重要的决策，同时也是为了训练下属的工作能力和决策能力。这样，方可使团队和员工共同成长。因此，应该允许下属无心犯下的错误，不可一味地提防下属犯错误。下属犯了错误，亦应妥善处理。为了授权制度能获成功，团队必须准备付出这类错误的代价，并作为全体职员追求进步的成本支付。管理学家统计，假如允许新进的管理人员在低层次的管理工作上犯错误，则他们会由错误中学习，反而可以避免以后犯更大的错误，在数量上，后者的进益远大于前者的支出，对团队和员工来说，这是“双赢”的行为。反之，对下属的错误横加指责，只会使下属变得圆滑，以后不再接受指派的任务。例如，许多主管认为，做好工作的惟一方法是自己做。这种“我自己做会做得更好”的态度，隐藏着对下属及其工作能力的不信任，担心他们不能完成任务，担心他们会犯错误而连累自己。

（四）充分信任下属

授权，必须基于主管人员和部属之间的相互信任的关系，要授权，上级就必须信任他的下级，不得处处干预其决定，有些管理者授权之后仍放心不下，频频地过问下属的工作，这种做法严重地影响了下属的自尊心和工作积极性。因此，管理者必须认识到，不授权则罢，既然授权下属，就应该充分信任下属。而部属受权之后，也必须尽可能地做好份内的工作，不必再事事向主管请示。

不可否认，下属人员缺乏经验、工作能力低、责任心不强和依赖心理等也是造成授权不善的重要原因之一。这说明授权不善的原因并不是孤立的，而是一种具有系统性的现象。况且下属的能力也有一个在实践工作中逐步提高的过程。

至于管理人员心态的自我调适，除了反对授权的种种借口之外，还存在以下三个心理的误区：

1. 权力主义者。这类主管热爱权力胜过热爱工作，管理对他来说只是意味着权力的行使，他从权力的掌握中获得乐趣，或许，没有权力欲的主管并不是一个好的主管，但过度的权力主义倾向，无疑会遮蔽他的双眼，看不到团队的运转效率，他们大权在握，团队却人心低沉，业绩平平，甚至每况愈下，权力主义者会感到权力的孤独和权力根基的摇动。

2. 耽心丧失对下属的控制。当你授权给下属时，总有人会表现突出，于是，一个很难完全避免的现象是，他们赢得良好口碑，甚至“功高震主”，也可能会变得性情张扬，不再唯主管是遵，主管们也许会感到自己丧失了对下属的控制。应该说这种顾虑不是没有道理的，但如果你的下属果真是千里马，最聪明的办法当然是让他奔跑，因为你不可能阻挡一匹千里马，你要做的，不是到跑道上与下属赛跑，而是提醒自己：我是千里马的教练，我要让千里马按我的战略意图去奔跑，这才是你的责任。

3. 工作主义倾向。也有这样一类主管，他迷恋于自己主管区域内的具体工作，他以工作为乐，他几乎从未想过要把这些工作交给别人去做。这种主管的确是存在的。其实，许多主管不敢把权力授予下属，因为他内心对个人权威缺乏安全感，更缺乏对授权实质的领悟。决心实施授权的主管首先必须进行心态的自我调适，勇敢地面对自己内心的潜在的对授权的恐惧，建立起自信心。事实上，作为领导应致力于在整个团队的创新、鼓励创新并承担责任的气氛，这种气氛将成为授权推行的深厚土壤，它能产生出的授权推动力是持久而又影响深远的。

五、授权的程序

很久以前，美国和西班牙为争夺古巴展开了一场斗争，在斗争中，美国与所支持当地反西班牙政府武装力量头目的加西亚失去了联系。为与加西亚尽快取得联系，经当时的中央情报局局长推荐，安德鲁·罗文上将将完成这一使命，临行前，麦金莱总统对他说："年轻人，我选派你去完成一项神圣的使命——把信送给加西亚将军。他可能在古巴东部的一个地方等你。你必须把信件如期、安全地送达，这事关美利坚合众国的利益。"总统亲自给一个一等中尉下指令，这已经足以让安德鲁·罗文意识到事情的重要性了。而总统在短短的一两句话中，处处肯定了这件事的重大，指令果断有力。

如果总统不是亲自下令，而是让情报局局长代他传令，其结果会怎样呢?

如果总统不使用"选派"两个字，而说成"我们要你送封信"，其结果会怎样呢?

如果把"选派你去完成一项神圣的使命"换成"派你去送封信"，其感染力又会怎样呢?

如果把"你必须把信件如期安全地送达"换成"你要尽快地把信件送出去"，其传递的信息会是什么呢?如果把"这事关美利坚合众国的利益"换成"这封信很重要哦"，其结果又会怎样呢?

因为有总统果断有力的指令，安德鲁·罗文才感受到了崇高的荣誉："一种军人的崇高的荣誉感充满了我的胸膛，已经无法容纳任何的犹豫和疑问。我静静地站立在那里，从总统手中接过信——一封给加西亚将军的信。"(安德鲁·罗文"如何把信送给加西亚"的呢?)

三周后，罗文顺利地把信送给了加西亚，这在美西战争中起到了至关重要的作用。

可见如何有效地授权至少应包括以下几个方面：

因事“选”人；

事情的重要性务必要说明；

完成的标准与时限要明确。

具体来说授权应由六个步骤组成：

（一）确认授权任务

主管的工作中有些适宜授权，有些不适宜授权，要注意区别。对于一项工作，分析其授权的可能性是非常必要的。有的工作你本不该亲自去做，它们之所以仍日复一日地呆在你的手上，且搞得你整天狼狈不堪，是因为你在潜意识里已习惯于这样做了，认为理所当然。其实这类工作风险较低，即使出现某些失误，也不会影响大局。例如一些日常的业务性工作，又如搜集资料、编写报告、拟订计划草案、初步甄选、非关键性问题的解决等。为什么不把它们完全“授权”出去呢？

当然，在团队中，也有一些工作关系到团队的前途、命运、声誉，直接影响你的业务拓展，这类工作一旦失误将要付出沉重的代价。或者这类工作非你完成莫属，这类工作是不可授权的。如团队计划、员工绩效考核与奖惩、选拔新进员工、控制等，否则，很容易动摇根本，“自毁长城”。有些棘手的业务问题也最好亲自来做，表现出自己的道德勇气。“热土豆”式的工作也不要授权。所谓“热土豆”式工作，是指那些处于最优先地位并要求你马上亲自处理的特殊工作。例如，你的上司非常感兴趣和重视的某件具体工作就是“热土豆”式工作。这种工作要你亲自去做。另外，非常保密的工作也不要委派给别人去做。

不同类的工作应对应不同的授权要求，作为领导应慎重对待，下列授权清单可供思考，见表 7—1。

在实际的授权过程中，经常发生的一种现象是，管理者即使意识到某项工作应该交给下属去完成，但由于自己喜欢做，或做起来得心应手，而迟迟不愿交出；而对应由自己“躬亲”的事，却因自己也感到头痛而交由他人，更有甚者，是授出坏工作。有些主管只将人人厌恶的工作授权出去，而把最好的工作留给自己做。下属接下了这些坏工作之后很快就会明白，主管并不是真正地帮助下属成长和发展，不过是想把不喜欢的工作摆脱掉。这种行为无异于在诱导下属，以后不要再接受上级的授权。授权不是推销积压商品，主管不能仅仅为了摆脱工作而将其推给下属。要记住，是雄才，只有突破困境，方显其风流。

表 7—1 授权清单

1. 必须授权的工作	(1) (2) (3) … …
2. 应该授权的工作	(1) (2) (3) … …
3. 可以授权的工作	(1) (2) (3) … …
4. 不能授权的工作	(1) (2) (3) … …

(二) 选择被授权人

作为一名管理者，一定要了解下属，这样才可能正确地授权。对于任何一项工作，我们肯定会问：做好这项工作需要什么样的技术、知识和能力？谁具备这些条件？谁有兴趣做这项工作？谁的性格适合这项工作？等等。而这一切都是建立在对下属了解的基础上。对员工的了解，一般包括：知识、学历、运用工具的能力、思考的创新能力、勇气、人际沟通能力、经验、性格等等。在管理学上有一条著名的定理是：没有平庸的人，只有平庸的管理。管理者应时刻记住：下属是你宝贵的财富，你没有理由不深入地了解你的部属。在择人授权时，应该选择向那些有能力胜任，又有工作意愿的人授权。若同时授权给两个或两个以上的人时，一定要指定一个负责人。一般说来，作为一个优秀的主管不是依据部属的技术和现在表现出的能力来分派职务，而是以他们的工作动机和潜在能力来决定。许多主管无法充分利用属下的潜能完成任务，这是失败的管理，更是人才的浪费。但是，有一点也要记住，那就是你要尽量避免把所有的工作都交给一个人去做的倾向。

（三）交待工作

一项工作，如果领导自身去完成它，你可能是驾轻就熟，甚至只凭一种直觉和习惯的思维与行为就能完成。但是，现在你要做的是将工作交给一个下属去做，此时，能清楚地交待工作就需要专门的知识了。

首先，是工作分析。工作分析一般包括：工作名称分析，即对工作特征的概括说明；工作规范分析，即工作任务、工作责任、工作关系与工作强度；工作环境分析，即物理环境、安全环境与社会环境分析；工作条件分析，即此项工作所必备的知识、经验、操作技能和心理素质。

其次，要向被授权人说明给他做的原因，他所拥有的权限，告诉他有权做到什么地步。执行任务所需要的思考过程，提醒被授权人在履行工作过程中可能会遇到的困难及应注意的事项，使其对可能出现的困难有充分的心理准备，以及为了完成任务所需要与何人建立何种关系，避免出现被授权者在执行任务时其他人不予合作的情况。这样，可以激发被授权人的荣誉感，同时也能使他更透彻地了解整个事情的背景，在处理过程中若遇到突发情况，他也能随机应变。

最后，对被授权人完成任务后的承诺。这是最重要的。

在交待工作时，授权人最好能和被授权人面对面地沟通，让他了解工作的内容和重要性，避免产生误解。这样交待工作也便于回答下属提出的问题，以获得及时的信息反馈，同时还可以充分利用面部感情和动作等形式强调工作的重要性。在交待工作时，尤其是要让下属知道你对他的信任和肯定。

工作交待完以后，作为员工，以下几个方面是必须清楚的：

（1）自己的任务是什么。

（2）我为什么必须做这项工作。

(3) 这项工作在团队中的战略地位如何。

(4) 自己有哪些职权，它们的限度是多少。

(5) 自己必须承担的责任是什么。

(6) 对团队领导者的义务是什么。

(7) 什么时候完成任务。

(8) 任务完成的验收标准是什么。

(四) 授权的控制

授权不是“权力的过渡”，因此，授出权力而不加控制带来的可能是灾难性的后果。控制不是授权独有的，也许授权之后，控制的重要性才突显出来。

管理专家 M. K. 巴达维对控制系统经过多年的研究，提出了有效控制系统的以下 14 点特征：

(1) 控制系统必须满足管理活动的需要和特点。

(2) 控制系统必须符合实际。

(3) 控制系统必须记载所有的目标。

(4) 控制系统必须能及时指出偏差。

(5) 控制系统必须向有关人员准确报告偏差。

(6) 控制系统必须着眼于未来。

(7) 控制系统必须能够列举重大问题的特例。

(8) 控制系统必须具有可靠性。

(9) 控制系统必须具有确凿根据。

(10) 控制系统必须具有柔性。

(11) 控制系统必须是可理解的。

(12) 控制系统必须提出校正措施。

(13) 控制系统必须既反映个人责任又反映组织成果。

(14) 控制系统必须讲求经济效益。

也许你会说：“授权时，我会有一种失去控制的感觉，这种感觉阻止我将工作委派给别人去做。”显然，当你亲自来做这项工作时，你当然能知晓工作的进展情况，它能否按计划完成，它的实效与预期一致吗，如果不一致应该如何调整工作的方式以确保目标的达成……当你将工作委派给别人之后，这些信息只能通过向下属征询才能得到。这就证明：如果授权不会带来控制权的放弃或部分放弃，那么没有人会拒绝授权。当一位领导出于“使工作富有效率”的原因决定授权，而“放弃一定的控制”的恐惧又会阻止他授权，这两种力量在领导者的大脑中激烈地相互斗争着。

一般来说，控制的全部过程包含三个步骤：

(1) 确立标准。

(2) 对照标准衡量进展和业绩。

(3) 纠正偏差。

(五) 评估绩效

在授权时，领导必须事先确立绩效评估的标准。在授权的同时，必须把绩效评估的标准公诸于众，这有利于协助部下和领导者双方适时地衡量工作的成果。在“以人为导向”的团队里，考核标准不是由领导者单方面制定的，而是由参与其事的所有工作成员共同协助制定出来的。因此，主管应具有额外的自由来衡量自己的进度，并修正自己的计划。当然，他们仍须负起全部的责任。

当下属完成交付的工作后，主管要进行验收，评估员工完成任务的情况。在评估中，特别要解决以下几个问题：工作是否按期完成？工作的目标是否达到？下属是否创造出了完成工作的新方法？他们是否从工作中学到了一些新东西或得到了某种益处，也可以将这些问题与下属共同评估。

(六) 绩效反馈

对授权任务的评估结果要及时反馈给员工，对表现突出、成绩优异者要给予奖励，对成绩不理想者要帮助他总结经验。

授权状况自测题 (12)

提示：通过下列问题，你会对自己的授权状况有一个明确的认识。从5至1代表着个人意愿与感觉的由强到弱。

(1) 我会更多地授权，如果我授权的工作都能像我希望的那样完成。 5 4 3 2 1

(2) 我并不认为会有时间去合适地领导。 5 4 3 2 1

（3）我仔细地检查下属的工作并不让他们察觉，这样在必要时，我可以在他们引起大的问题之前纠正他们的错误。 5 4 3 2 1

（4）我将我所管理的全部工作都交给下属去完成，我自己一点也不参与，然后我检查结果。 5 4 3 2 1

（5）如果我已经给出过明确的指令，但工作仍然没有做好时，我感到沮丧。 5 4 3 2 1

（6）我认为员工缺乏和我一样的责任心，所以只要是我不参与的工作就不会干好。 5 4 3 2 1

（7）我会更多地授权，除非我认为我会比现任的人做得更好。 5 4 3 2 1

（8）我会更多地授权，除非我的下属非常有能力，否则我会受到指责。 5 4 3 2 1

（9）如果我授权的话，我的工作就不会那么有意思了。 5 4 3 2 1

（10）当我委任一项任务时，我常常发现最终总是我自己从头干一遍所有的工作。 5 4 3 2 1

（11）我并不认为授权会提高多少工作效率。 5 4 3 2 1

（12）当我委任一项任务时，我会清楚而又简明地具体说明应该如何完成这项任务。 5 4 3 2 1

（13）由于下属缺乏必要的经验，我不能一厢情愿地授权。 5 4 3 2 1

（14）我发现当我授权时，我会失去控制。 5 4 3 2 1

（15）如果我不是一个完美主义者，我会更多地授权。 5 4 3 2 1

（16）我常常加班工作。 5 4 3 2 1

（17）我会将常规工作交给下属去做，而非常规工作则必须由我亲自做。 5 4 3 2 1

将这 17 个题的分数相加，对照下列说明来衡量自己的水平。

72—90 分＝无效的授权；

54—71 分＝授权习惯需要大量改进；

36—53 分＝你还有改进的余地；

18—35 分＝优秀的授权。

第八章

自我管理

高斯说："管理的起点，是'修已'。管理人自已修自已，正已然后可以正人。管理人修已，不是为了做圣人，而是非如此不足以服众，是无可奈何的惟一途径。"

一、会议管理

一个人一辈子没参加过一次糟糕透顶的会议实在是太幸运了。会上坐立不安，会后牢骚满腹。这是经常出现的事情。同时也说明了一个问题：开好一个会议也的确不容易，因为将众多的人集中在一起，让不同的脑袋来讨论一个问题，肯定会有麻烦事，会议也需要管理。

会议对从事管理工作的人来说是必须的。一般说来，一个管理人员要花超过三分之一的时间开会（见图 8—1）。各种定期或临时会议使管理人员的工作显得更忙碌，工作负荷更沉重。

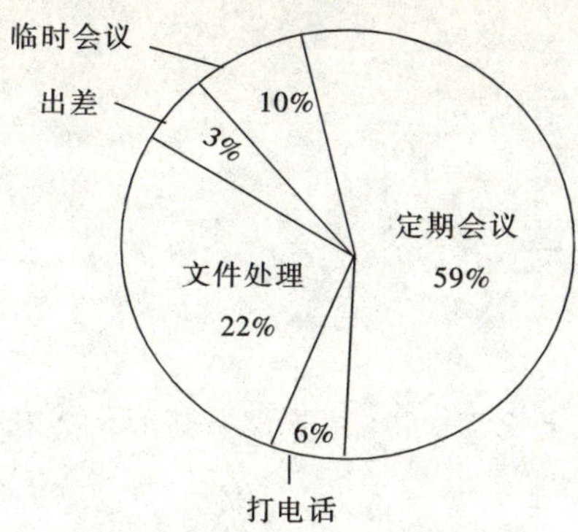

图 8—1　管理工作者的时间分配

（一）会议的一般问题

大多数会议普遍存在的问题是：

1. 目的不明，作用不大

这种情况常常体现在：人们常感到自己没有必要参加会议，或者会议本身就没有必要开，或者不清楚为什么要开会，事先不知道自己来干什么。还有的会议将简单的事情复杂化。一些简单的事情可以由个人做决定，根本不需要开会，却在会上闹了个天翻地覆，其结果不了了之。

2. 组织和控制不力

会议组织得不好或者失去控制，例如窃窃私语，无所不谈；或者要紧的事来不及谈，不要紧的事则聊了半天，甚至开完会还不知谈的是什么，最后形不成决议或匆忙下结论。有的会议对时间控制不力，致使开会时间太长，变得沉闷，效率大为降低。

3. 行为、举止不文明

随便出入会场，BP 机滴滴乱响；会场上，谁也不听谁的，随意打断别人发言，搞无谓的争论，有的人像徐庶进曹营，一言不发，有的人则滔滔不绝，语不惊人誓不休，强意推行自己的意见，别人休想插一句话。

4. 责任不明，互相推诿

在要害问题上，与会人员不愿发表自己的看法，过分依赖会议，一旦出了差错，追究责任，则互相推诿，无人负责。这种心态每每令会议的决定拖延，或无法执行。解决问题的办法：

（1）开必要的会。

（2）明确会议作用和议程。

（3）管好讨论过程。

（4）研究决策过程。

（5）作好记录。

开必要的会

浪费时间的会议太多了，为避免此类情况的发生，在开会之前最好问自己六个问题：

A. 会议的目的是什么？希望开出什么结果？

B. 有多少是绝对必要的？

C. 有必要都来吗？哪些人可以不参加？

D. 如果这个会议不去参加，有什么后果呢？

E. 会议计划多长时间结束？

F. 有没有办法少花点时间同样达到目的？

在人们的头脑中，常以为开会是达到目的的惟一手段，所以例会制度能延续至今。但是，这种假设有时不见得正确，所以在选择会议来解决问题时就权衡一下，是否还有别的更好的办法可用。

明确会议作用和议程

开会一般不外是想起以下的作用：

（1）交流信息。相互沟通，联络感情，获得人们所需要的信息。在所有的沟通方式中，开会是一种既节省时间又高效率的沟通方式，因为会议的沟通方式是双向的，可以面对面交谈，若有疑难或不清楚的地方，可以即时提出讨论，然后大家作出决策。如果说没有会议，一个人一个人地就某个问题进行咨询，问题的解决还不知要等到哪一个世纪。

（2）解决问题。若开会只是众人集会，随声附和，那便失去了开会的意义。大家聚在一起，就是为了讨论、分析并解决问题，并在讨论、分析和解决问题的过程中，相互之间进行启发，产生创新意念。

（3）决策。召集大家审议资料，比较不同方案，进行咨询，集思广益，然后决策。如果可以由个人或少部分人作决策，根本不用开会。开会的好处是在同一时间，集合有关人士，共同去解决某些问题。从不同的角度去分析问题，提高判断的准确性。

有些会议只起其中一种作用。比如团队的汇报会往往只交流信息，除了确有激动人心的消息，一般不受欢迎。大多数会议则同时兼有这三种功能，有些信息交流如中间报告之类，也要讨论几个问题，但不一定全部解决；也要作出一些决策。

这三类功能对与会者的要求是不一样的，起的作用和扮演的角色都不同。信息交流要有简明扼要的材料让大家感兴趣并听懂。解决问题要求大家能有专业的分析和创见。决策需要认真评估、明确反应、积极和果断。

问题是很多会议并不明确是哪一种功能，与会者无法肯定自己该干什么，怎样干。例如安排好信息交流的，进行到中途不知什么时候已开始讨论问题了，这就是我们常说的跑题。再想拉回来已非易事，这样，信息交流中断了，问题讨论也不像样，因为事先没准备，没想过应该怎么解决这个问题。出现这种情况，一是与会者不守纪律，这是肯定的；二是主持人没有很好地控制局面；三是跟与会者不清楚议题是什么也有直接的关系，因为事先并没有人告诉他们要做哪些准备以及怎样开好会。

大多数议事日程只开列讨论事项，安排讨论顺序，顶多规定每个议题大约花多少时间。和多数议程一样，只有简单的标题，大部分人不知内容。它的重大缺点是不清楚各个议题的作用，与会者更不知自己的责任，只知道大概要开三个小时，根据以往经验大约 4 小时才草草收场。

管好讨论过程

组织讨论是人们最头痛的事情之一，因为大多数人不习惯按规定的方法讨论问题。比如讨论“销售策略”。这是讨论的出发点，但如此而已，命令已下达，信号枪响了，起跑！人们跑起来了，但各按各的理解、想法、感觉对营销策略议论一通，谁也不注意往哪儿跑，怎么跑到终点。这个说营销浪费时间，那个说明年希望怎样，又一个对今年情况不满，七嘴八舌，争先恐后。最后没有一个清晰的思路。

如果某项议题希望有个结果，最好在大家热烈争论之前有个事先安排或计划。下面介绍组织讨论的三个有效步骤：

（1）规定终点。为讨论设置一个明确的终点，即讨论结束要有个明确的结果。开始时目标越明确，后来就越容易达到。

（2）画路线图。只要终点明确，就可以弄清最快达到终点的讨论步骤。每个议题的讨论过程都由几个步骤组成，因此一个母议程下面就要为每个议题设定一个子议程。

（3）把握时间。步骤明确了，每一步可以花多少时间全在掌握了。可以为每段路线分配时间，也可以指定专人掌握时间。如果没有明确的终点，讨论会沦为自流，最后达不到预期的终点。再以营销策略为例：

我们可采取如下的会议程序（路线）：

A. 检讨去年的策略，总结其优缺点；

B. 研究两年业务计划，明确需求；

C. 为重点次序各抒己见；

D. 选出三个最优先的重点；

E. 对可以采用的策略和方法展开讨论；

F. 通过最优策略。

时间控制如下：A 步最晚不超过 15 分钟就应当进入 C 步献计献策；A 步检讨去年策略不必拖得太长可以少谈。

研究决策过程

决策程序是团队对影响力和权力分配进行管理的方法之一。决策会议的主要方法有三：

（1）决策人是团队的管理者或领导。会议的作用是帮助他们形成正确的决策，最后拍板和负责的是他们。

（2）决策人是团队的多数。为此采用正式表决方式（举手）或其他非正式的方式。会议的作用是听取各方面意见，充分讨论以便大家明白形成了什么决策，大家的倾向是什么。

（3）决策人是整个团队。决策必须一致通过，结果要每个人都同意。会议的作用是要造成至少要符合每个人的若干准则的局面，必要时经过讨价还价最终达成一种妥协。

大多数团队不公开讨论或通过决策过程。人们依赖队长决策，否则就要搞一致通过或多数表决，挺费事。只有在重大方案争执不下的时候才想到要研究决策过程。当然，这三种决策方式各有优缺点，是否适合，是否有效，主要看情况而定，特别是团队的成分和具影响力的人有多少。

作好记录

人们差不多都不希望会议有记录，主要是怕负责任。会上、会后都不愿有什么工作涉及自己。此外，真会记录的人不多，不是太详细就是太简单，大多不准确，不能如实反映，跟人们事后回忆的有差距。作为会议的记录有二个最基本的要求：一是有用，二是便于查考。显然一厚叠密密麻麻的会议流水账不符合这两点要求。

因此有必要为记录会议内容定一个程序，其中有三个因素必须考虑：

(1) 需要记录什么。例如，需要记录的是会议的过程还是会议所达到的结果?

(2) 需要记多详细。例如，在什么地方应巨细无遗，在什么地方应忽略不记?

(3) 可以利用现成的材料。例如幻灯片可以复印，财务报告等可以留底。

(二) 会议成本的计算

在经济学里，一个重要的原则就是追求少投入，多产出。只投入，不产出或得不偿失，这种行为就是不经济的行为。具体到会议来说，那就是不开无效率、无结果、无积极影响的会，因为会议成本一般来说是很高的，计算公式如下：

会议成本＝单位时间平均工资×2×开会人数×开会时间＋会议实际费用

单位时间平均工资，我们在时间管理里已有详细的论述，之所以乘以2是因为参加会议的人员不仅消耗了时间价值，而且因为开会还中断了经常性的工作，损失应加倍计算。会议的实际费用是指会议的实际支出，如场地费、差旅费、伙食费、服务费等。我们所说的会议费用一般指会议实际费用，实际上，前者的费用更可观。因此，每增加一次会议，每延长一个小时，每增加一名与会者，都会在有形与无形中增加会议的成本。所以开高效率的会议是团队中一个重要而又值得探讨的现实问题。

(三) 团队会议的五个阶段

一般说来，团队会议要经过筹备、开始、讨论、决策和结束五个阶段。

1. 筹备阶段

做好筹备是开好团队会议的前提条件。在筹备阶段，需要做的主要工作有：

确定目标。对团队中出现的问题进行评估，确定轻重缓急，解决重大的紧急的问题。一般而言，一次会议确定的目标不应太多，太泛，最好是一个。一旦过多，成员容易精力分散或过多关注对自己有相对利害关系的目标而使会议不得不在时间上一拖再拖，最终也未必解决问题。会议目标一般由团队领导人或筹备会议的人确定。

制定会议计划。主要包括会议参加人，会议的记录、议程、时间、会场、开会的方式等。如会议讨论是分小组进行还是个人发言，决策是领导人拍板、还是团队表决多数通过或者是共同通过进行最后决策。

准备材料。将会议所要解决的问题与程序、时间、地点以文字形式分发给与会人员。另外，还要向与会人员预先提供必要的背景资料，好让他们对会议的各种情况有一个较详细的了解，形成自己的初步看法，便于会议上交流，节省会议时间，提高会议效率。

其他准备工作。这些工作主要是指：与会人员的住宿、交通、会场布置等工作。座位安排也很重要，有“剧院式”、也有“椭圆式”、还有“酒店式”。对团队而言，最好采用“椭圆式”，一来给人一种平等的感觉，二来所有的成员围成一团，从形式上可以提高团队的凝聚力，三来便于交流和讨论，提高会议效率。

2. 开始阶段

必须准时开会，这应该是不成文的规则吧。要知道，浪费别人的时间是不道德的。在会议开始时，应先就会议的议题、目标和程序对大家有一个交待，同时也算是再次征求大家的意见，如果没有异议，方可转入正题。否则，很有可能开了半天会，还不知道究竟要开什么会，或者早就转入别的议题的情况。在必要时，会议还可以运用一些“破冰”技巧，进行会议热身运动，营造会议的气氛。

3. 讨论阶段

会议讨论是为了让大家各抒己见，集思广益，为解决问题创造条件。在讨论中，每个与会人员，无论职位高低，头衔大小，都一律平等，每个人的发言都应受到应有的重视，每个人的发言应力求准确、精炼，记录员应及时、清晰地记下各类观点。

会议讨论严禁私下交谈，如确需个别交流，可采用递条子的办法来进行，切不可因此使整个讨论一发而不可收。每个与会人员也应注意聆听他人的高见，吸收他人观点中的闪光点。

4. 决策阶段

经过充分的讨论，团队要提出解决问题的方案。这时，团队应尽量通过共识来做出决策，而尽力避免投票表决的方式，因为这样会无形中形成两派，其中肯定有一派是赢家，一派是输家，使团队面临分裂的危险，至少减少了团队的凝聚力。

不管采取什么样的决策方式，所需注意的是，它必须反映全体团队成员的看法或至少是大多数人的看法，一旦决策通过，整个团队都应尽力给予支持。

5. 结束阶段

在结束阶段，主要是会议主持人作总结，将整个会议的成果再次向全体与会人员作一通报，并根据会议精神安排工作，规定期限，明确责任。

二、时间管理

在一次时间管理课上，教授在桌子上放了一个装水的瓶子。然后又从桌子下面拿出一些正好可以从瓶口放进瓶子里的“鹅卵石”。当教授把石块放完后问他的学生道：“你们说这瓶子是不是满了？”

“是！”所有的学生异口同声地回答说。“真的吗？”教授笑着问。然后又从桌底下拿出一袋碎石子，把碎石子从瓶口倒下去摇一摇，再加一些，再问学生：“你们说，这瓶子现在是不是满了？”这回他的学生不敢回答得太快。最后班上有位学生怯生生地细声答道：“也许没满。”

“很好！”教授说完后，又从桌下拿出一袋沙子，慢慢地倒进瓶子里。倒完后，于是再问班上的学生：“现在你们再告诉我，这个瓶子是满的呢？还是没满？”

“没有满！”全班同学这下学乖了，大家很有信心地回答说。“好极了！”教授再一次称赞这些孺子可教的学生们。称赞完了，教授从桌底下拿出一大瓶水，把水倒在看起来已经被鹅卵石、小碎石、沙子填满了的瓶子。当这些事都做完之后，教授正色问他班上的同学：“我们从上面这些事情得到什么重要的启示？”

班上一阵沉默，然后一位自以为聪明的学生回答说：“无论我们的工作多忙，行程排得多么满，如果再逼一下的话，还是可以多做些事的。”这位学生回答完后心中很得意地想：“这门课到底讲的是时间管理啊！”

教授听到这样的回答后，点了点头，微笑道：“答案不错，但并不是我要告诉你们的重要信息。”说到这里，教授故意顿住，用眼睛向全班同学扫了一遍说：“我想告诉各位最重要的信息是，如果你不先将大的鹅卵石放进瓶子里去，你也许以后永远没机会把它们再放进去了。”

其实对于我们工作中林林总总的事件，可以按重要性和紧要性的不同组合，确定处理的先后顺序。否则，时过境迁，失去机会就很难补救了。

你的时间够用吗？你会支配时间吗？你善于管理时间吗？你是否需要打发时间？要解答这些问题，就要好好分析一下自己对时间的认识及管理。

管理学家彼得·德鲁克在《有效的管理者》一书中是这样强调时间的，“有效的管理者不是从他们的任务开始，而是从他们的时间开始。他们也不是从做计划开始，而是从发觉他们的时间实际花在什么地方开始。然后，他们尝试管理他们的时间，减少用于非生产性需求方面的时间。一个人是不是有效的管理者，最大的区别在于他们是否珍惜时间，此外没有别的办法”。管理大师彼德·杜拉克也说过：“除非妥善管理时间，否则无法妥善管理任何其他事情。”管理好自己的时间，把时间投入到创造价值的工作中，这是每个人都应注意的问题。领导者更是如此。

（一）时间的特点

1. 时间的供应无任何弹性可言。一天 24 小时，对谁都一样。即使你十分忙碌，需要额外的时间去完成任务，亦无法增加一分一秒；相反，若你非常苦闷，觉得日子难过，度日如年，时间亦无法减少或迅速消逝，你还是要挨过一天的 24 小时。

2. 易消失，根本无法贮存。假若你某日有空闲时间，你并不能把它储存起来，以便日后忙碌时再使用，你仍然要设法打发那段空闲的时间。这就是人们常说的“光阴一去不复返”。

3. 永远是短缺的。企业可能存在劳动力和资金富裕的状况，但时间却从来不会富裕，所以人们才格外重视时间管理。

4. 无任何替代品。机器旧了，可买新的，原料没了，可开发替代品，而时间就没有那么幸运，如大江东去，逝者如斯夫。没有人能够让时光倒流，时间一旦错失了，便成永远的浪费。

（二）时间的价值

时间就是金钱，但是金钱没有了，我们可以继续创造，时间则一去不返了。要想精确计算出时间的价值，我想恐怕比“曼哈顿登月计划”还要复杂得多吧。但是参考国际上的一些通用做法，要算出每分钟的价值，只需将你的年薪乘以 1.5（算上间接的管理费用），然后将总数除以一年的工作小时数（每周工作小时数乘每年工作周数），再除以 60 即可。

（1.5×年薪）÷每年工作小时数＝每小时价值

每小时价值÷60＝每分钟价值

作为一名团队的管理者，假如你的年薪是 50000 元人民币，每年工作 48 周，每周工作 40 个小时，那么，你的每小时价值是：

1.5×50000÷（48×40）＝390.625 元

每分钟价值是：390.625÷60＝6.51 元

然后利用这些数据，分析有代表性的几项日常性工作的相对时间价值，比如组织会议。为计算方便，我们假定参加者为 5 人，且每人的年薪均为 50000 元人民币，年工作时间相同，会议时间为 2 个小时。那么，仅时间价值一项就是：5×2×390.625 元＝3906.25 元。也就是说，如果会议的结果在工作中得以实施，其创造的价值没有大于 3906.25 元，这个会议就是失败的。那怕是这次会议解决了一些问题。况且，会议的费用还要远远高于 3906.25 元，因为，会前要有准备工作，会后还要有总结与实施等等。

（三）浪费时间的原因

尽管时间如此宝贵，但时间浪费却是每个人都无法回避的事实。听了这句话，你可能觉得很委曲。因为，你每天都很忙碌，自认为“很充实”。在你的办公桌上，你的时间表总是被排得满满的。如果我们真的静下心来，认真分析你一天的所作所为，可能会惊讶地发现：许多时间被浪费了，因为这些时间要么没有被用到创造价值的工作上，要么是做了自己不该做的事。

表 8—1 所列的最突出的 15 项浪费时间因素，是对 14 个国家的管理

人员的抽样调查结论。

表 8—1　　最突出的 15 项浪费时间因素

第一组	
1	电话打扰
2	顺便来访人员
3	会议
4	突如其来的危机
5	缺少目标、优先顺序和最后期限
第二组	
6	办公桌上杂乱无章和个人混乱
7	无效授权和陷入日常琐碎事务
8	试图立即着手过多的工作和不切实际的时间预算
9	缺乏或措辞模糊的信息联系或批示
10	不完全、不准确、不及时的信息资料
第三组	
11	犹豫不决和拖延
12	混淆职责与职权
13	不敢说“不”字
14	搁置未完成的任务
15	缺乏自我约束

据一项调查资料显示表明：我国企业家用于和政府打交道的时间大约为20%，包括各级党委、政府、工商、税务、城建、计委、公安等等。用于各种社会兼职，包括人大代表、政协委员、青联、工商联、某某协会秘书长、理事等的时间约为20%。用于与金融界进行融资协商、出席各种座谈会、演讲、报告会、新闻记者采访等的时间约为30%。用于企业发展多元化协调和无效管理而浪费的时间约为20%，这方面的时间不花是不行的，但花了也没有多大效果，而真正用于企业发展和运作的有效时间仅为10%。也就是说，企业家和企业的许多活动被锁定在管理失序和无效状态之下，为企业的进一步发展埋下了隐患。

（四）理想的时间分配

艾维·李是现代公关之父。伯利恒钢铁公司总经理西韦伯，在为自己和公司效率极低而十分忧虑，前去咨询艾维·李。李说："好！我10分钟就教你一套至少可以提高效率50%的方法。把你明天必须要做的最重要的工作记下来，按重要程度编上号码。早上一上班，马上从第一项工作做起，一直做到完成为止。再检查一下你的安排次序，然后开始做第二项。如果有一项工作要做一整天，也没关系，只要它是最重要的工作，就坚持做下去。如果你不建立某种制度，恐怕连哪项工作最为重要你也难以决断。请你把这种方法作为每个工作日的习惯做法。你自己这样做了之后，让你公司的人也照样做。你愿意试用多长时间都行，然后送支票给我，你认为这个办法值多少钱就给我多少。"

西韦伯认为这个思维很有价值，不久就填了张25000美元的支票给艾维·李。后来西韦伯坚持使用这套方法，在5年时间里，伯利恒钢铁公司成为最大的不受外援的钢铁生产企业，而且多赚了几亿美元，他本人成了世界有名的钢铁巨头。

后来西韦伯的朋友问他为什么给这样一个简单的点子支付这么高的报酬，西韦伯提醒他的朋友注意：后来的事实证明，我不是给多了，而是给少了，它至少价值百万。拣重要的事先做，这是我学过的各种所谓高深复杂办法中最得益的一种，也是我公司多年来最有价值的一笔投资。

如果我们将所有的事务进行分类的话，一般来说，可分为三类：一是日常性事务，如打电话；二是持续性项目，如例会制度；三是规划与发展，如团队的长远发展计划，进一步的业务拓展等。

要做到有效地工作，作为一名团队的领导，应将60%的时间用于规划与发展，25%的时间用于持续性项目，而只将15%的时间用于日常性事务。遗憾的是，大多数人的时间分配情况与此恰恰相反：60%的时间用于日常性事务，25%的时间用于持续性项目，15%的时间用于规划与发展。

下面我们可以自我进行测试一下自己在利用时间上的效率。(13)

以下十个句子反映出妥善管理时间的一般原则。请诚实地对比你的工作习惯，并以下列等级评定你的答案。

0永不　1偶然　2经常　3常常

(1) 每天我会腾出一段时间思考及策划我的工作。

(2) 我会记下特定目标，并且定下完成时限。

(3) 我将每日要做的事依重要性排列优先次序，尽快完成重要的事项。

(4) 我明白"80/20"原则，并能运用于我的工作上。

(5) 我的工作编排较具弹性，可以容许自己有一些时间处理危机或突发事件。

(6) 我尽量把工作授权他人处理。

(7) 我对每份文件只须处理一次。

(8) 我进食午餐时会减少食量，以免在下午打磕睡。

(9) 我会尽量避免不必要的干扰（如访客、会议、电话），以免妨碍每天的工作。

(10) 我能拒绝他人的请托，以免无法完成重要任务。

计分方法："常常"得3分，"经常"得2分，"偶然"得1分，"永不"得0分

把上述十项答案的得分相加，可得到你的总积分，如果你的总分在：

0—15分　请你留意你的时间管理

15—20分　你的时间管理尚算满意，但仍可改进

20—25分　时间管理妥善

25—27分　表现极佳

28—30分　你可能正在欺骗自己

（五）时间计划表：分析、管理时间的有用工具

1. 确定工作的优先顺序

（1）分析工作任务

美国企业管理顾问艾伦·莱金在他所著的《如何控制你的时间和生命》一书中，提倡运用库存理论中ABC分类法原理编制每天工作时间表。他认为，一位领导者每天有许多事情，不可能件件都做完，因而可以根据事情的重要和紧急程度分成ABC三种类型：

A型：重要并且紧急的任务；

B型：重要或紧急，但不是既重要又紧急的任务；

C型：既不重要也不紧急的日常任务。

如果我们对某项任务的分类犹豫不决，就把它放C型任务中，或取消（如图8—2所示）。

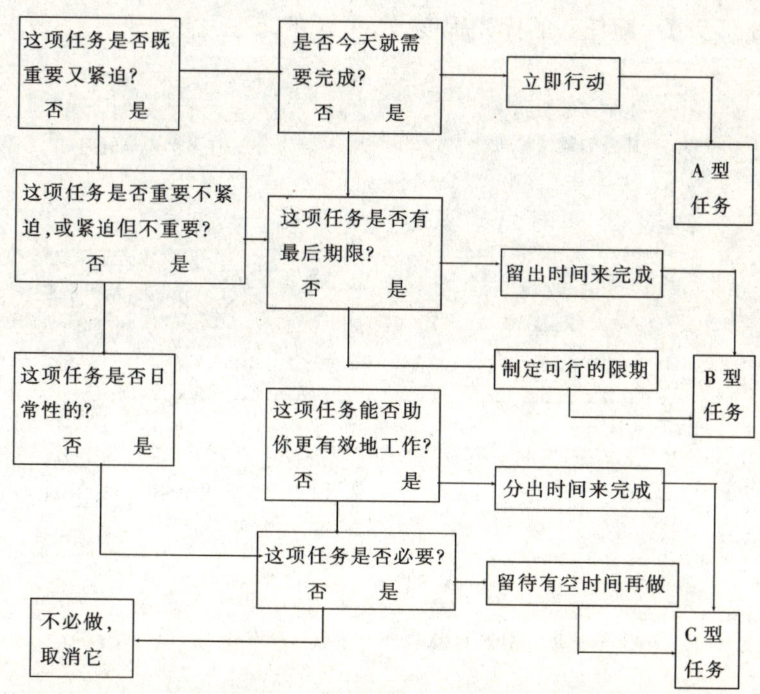

图8—2

（2）优先顺序与工作委派

对所有的工作任务进行分类后，现在做三个独立的表——A型、B型和C型任务表各一个。从A型任务开始，逐个分析，哪些任务是需要自己独立完成的，哪些任务是需要与他人合作的，哪些任务是需要授权他人完成的。如图8—2A型任务为例：

表8—2　**A型任务的工作分配**

A型任务	需独立完成	需与他人合作	需授权他人完成
A型任务1			
A型任务2			
A型任务3			

通过这样的分析后，你会很清楚自己应该做什么了。

（3）考虑一项任务的优先程度

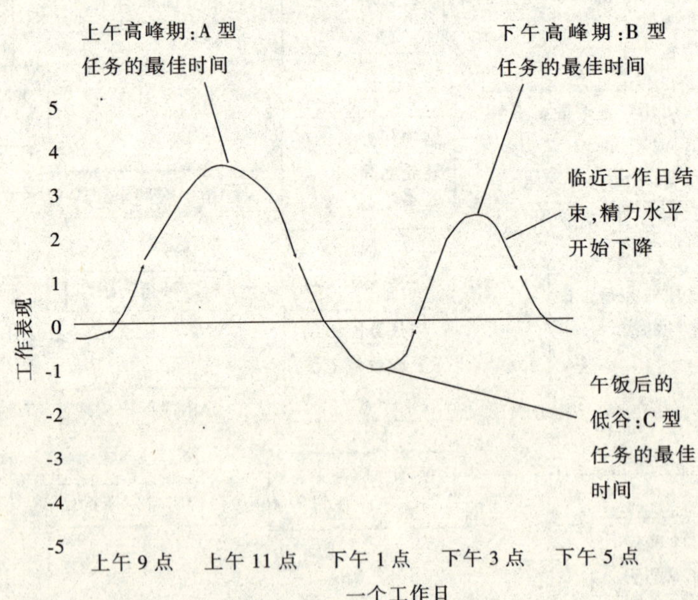

图8—3

(4) 安排各类型任务的时间

每个人的精力状况在一天之内都有一定的规律性，它决定了人的体力和脑力状况有规律地出现高峰和低谷，了解了自己的精力状况规律，就可以根据它来安排工作，否则它会妨碍你的工作。一般说来，A 型任务应放在精力旺盛时来完成，C 型任务应放在体力和脑力处于低谷时来完成（如图 8—3 所示）。

2. 时间计划表

依据上述的分析，对时间进行合理的规划，时间计划表的常见格式见表 8—3。

表 8—3　　时间计划表的格式

日期：________编号：________

开始时间	完成时间	任务类型	活动内容	地点	备注
时　分	时　分				
时　分	时　分				
时　分	时　分				
时　分	时　分				
时　分	时　分				
时　分	时　分				
时　分	时　分				
时　分	时　分				
时　分	时　分				
时　分	时　分				
时　分	时　分				

(四) 时间管理的基本点

领导者为了有效地利用时间，必须掌握以下五点：

1. 判断自己的时间

分析自己的时间计划表，选择做什么事或不做什么事，明白自己的时间到底花在什么地方？往往最急迫的事情未必就是最重要的事情。以便把自己精力最充沛的时间集中起来，专心去处理最费精力、最重要的工作。一定要对自己的工作安排有主动决定权，不能听从于他人的摆布。对每周总的时间安排要有个计划，对时间的利用效率，预则高，不预则低。

2. 分析无效的时间

在分析无效时间时，我们不妨对照下列问题逐项提问：

(1) 有哪些事根本不必做？如果根本不做，有何后果？如果没有什么影响，就应当立即停止。

(2) 有哪些事可以请别人代做？如果可以，立即授权，而不必事必躬亲。

(3) 有哪些事可以替换做？替换做的代价是什么，如果能用费时少的办法代替费时多的办法，何乐而不为？

(4) 有哪些事能合并做？同类事若能合并，岂不是一举多得？

3. 消除时间浪费

造成时间浪费的因素很多，有客观的，如制度不健全、环节过多、信息不灵、人浮于事、相互扯皮等都会造成时间上的惊人浪费。也有主观方面的，下面我们就主观方面谈一些看法：

(1) 控制时间的开头

许多人都有这样的习惯：在开始工作前“慢慢酝酿情绪”，等待工作状态的产生，这一“慢慢”就是 15—30 分钟。睡醒了在被窝里躺 15 分钟，毫无必要地翻阅明明知道不想阅读的书，随便一翻就是 15—20 分钟等等。要摈弃这些坏习惯，需要毅力，毅力对控制时间起着重要的作用。

(2) 集中使用时间

彼得·德鲁克认为有效的管理者知道他必须集中利用时间。时间分割成许多小段，等于没有时间。所以时间管理的一个重要原则在于管理者将自行控制的零碎时间集中起来。以写报告为例，一般来说写份报告大约要七八个小时。如果每次花 15 分钟，每天两次，拖了两个星期，虽然总时间也有 7 小时，但恐怕还是一张白卷。但是如果关起门来，排除一切干扰，连续写上五六个小时，一份相当不错的初稿应该差不多完成了。

需要指出的是，集中时间的目的是为了办大事、要事，如果把次要的事集中起来办理，这样的集中就没有太大的意义了。

(3) 因人而宜

每个人在一天中的精力最充沛的时间分布是不相同的。如你是早起的鸟儿，还是迟睡的夜猫子？你会不会在中午需要小憩片刻？凡此种种，每个人的情况都不一样，不能划一而论。也就是说，只要你觉得一天当中哪一段时间精力最充沛，便在那一段时间处理比较复杂的问题，即 A 型任务，像计划、分析、写作等等，而在精力比较不济的时候，处理那些不需多费脑力的工作，如此安排，便可提高你自己工作效率。

4. 有效地授权

那就是划定个范围，哪些事情要自己亲为？哪些事情交予别人办理？哪些事情自己要追踪督查？哪些事情完成以后要给予总结评价？从而激励行事者。完全排除没有附加值的工作。这样一方面使自己能知道当前所做事情的进展状况和完成程度，另一方面显示出你对下属工作和他们本身的重视。有位管理大师讲，正确地做事比把事情做正确更为重要。有效授权使自己不需要事必亲躬，从而把自己解放出来，做自己该做的事情，时间的使用效率自然会高起来。

三、领导情商

有这样一个故事：

陈阿土是一个从未出过远门的台湾农民。攒了半辈子的钱，终于参加一个旅游团出了国。

国外的一切都是非常新鲜的。更重要的是，陈阿土参加的是豪华旅游团，一个人住一个豪华酒店标准间。这让他新奇不已。早晨，服务生来敲门送早餐时大声说道："Good morning，Sir!"陈阿土楞住了。这是什么意思呢？在自己的家乡，一般陌生人见面都问"您贵姓？"于是，陈阿土大声叫道："我叫陈阿土!"如是这般，连着三天，都是那个服务生来敲门，每天都大声说"Good morning，Sir!"而陈阿土也大声回道："我叫陈阿土!"但他非常的生气，心想：这个服务生也太笨了，天天问自己叫什么，都告诉他几遍了还记不住，真烦。终于他忍不住去问导游，"Good morning，Sir!"是什么意思，导游告诉了他，天啊！真丢人。

陈阿土反复练习"Good morning，Sir!"这个词，以便能自如地应对服务生。又一天早晨，服务生照常敲门，门一开陈阿土就大声叫道："Good morning，Sir!"与此同时，服务生叫的是："我是陈阿土"由于陈阿土每次都大声地以"我是陈阿土"回答服务生，使服务生认为"我是陈阿土"是"Goodm orning，Sir!"相对应的汉语回答语。

这次陈阿土用英文打招呼，服务生理所当然地以中文回应了。

陈阿土以一个土生土长的台湾农民实实在在地影响了一个见过大世面的服务员。其实，人与人交往，常常是意志力与意志力的较量。不是你影响他，就是他影响你，而我们想成功，一定要培养自己的影响力。只有影响力大的人才可以成为最强者。

这就是我们所说的情商。一位优秀的领导者不仅需要高智商（IQ），而且需要高情商（EQ）。为什么呢？因为IQ高的人一般说来都是专家，而EQ高的人却具备一种综合平衡的才能，最终将成为领导者！研究结果显示，在个人成功的要素中，智力（单指IQ而言）只占20%，而其余80%则取决于个人的情绪智力。特别是在目前的社会里，即使某人的IQ很高，但若十分好胜，又不善于与人交往，也未必保证事事顺利。其实，成功的领导者除了具备专业知识外，还具备积极乐观的态度、坚韧不拔的毅力、纾缓压力的技巧，以及和谐的人际关系，而这些正是情商的组成要素。

情商这一术语是由美国耶鲁大学的彼得·沙络维教授和罕布什尔大学的约翰·梅耶教授正式提出的。英文是Emotional Quotient，缩写为EQ，其意思是情绪智慧或情绪智商。1996年，沙络维和梅耶对自己以往有关情商的理论进行了整理，通过修正和补充，他们认为，情商包括四个方面的内容：

1. 情绪的知觉、评估和表达能力

2. 思维过程的情绪促进能力

3. 理解与分析情绪，可获得情绪知识的能力

4. 对情绪进行成熟调节的能力

我们知道，智商分数可用来反映一个人的智力水平，从而预测一个人的学业成就；同理，情商亦被用来衡量一个人的情感状况，预测一个人能否取得职业成功或生活成功更有效的东西，从而反映个体的社会适应性。

（一）情商的重要性

人非草木，孰能无情？对自己情绪的认知是一个管理者所必须修炼的课题。

情绪与挫折。在人生的风向标中，有顺风，也有逆风，对自己的情绪能正确认知，知道如何自我安慰，摆脱焦虑和不安，这方面能力匮乏的人常常会情绪低落，甚至一蹶不振；调控自如的人，则能很快走出命运的低潮，重整旗鼓，奋勇向前。

情绪与人际关系。一个人的人缘、领导能力、人际关系和谐程度都与情绪有关。一个成熟的领导者应该有很强的情绪控制能力。当一个领导者情绪很糟的时候，很少有下属敢汇报工作，因为担心他的坏情绪会影响到对工作和自己的评价，这是很自然的。一个团队管理者情绪的好坏，甚至可以影响到整个团队的气氛。如果他经常由于一些事情控制不了自己的情绪，有可能会影响到整个团队的效率。从这个意义上讲，当你成为一个团队管理者的时候，你的情绪已经不单单是自己私人的事情了，它会影响到你的下属与团队效率。

情绪与成就。成就任何事情都要靠情感的自制力——克制冲动与延迟满足。保持高度热忱是一切成就的动力。领导者积极的情绪，是一种精神优势，一种无形的力量，会激发出领导者的主动性、积极性和创造性。而消极的心情会使领导者颓废、心神不宁、反应迟钝，才智发挥受到严重的阻碍，工作效率降低，难以取得预想的成就。

一位领导者如能将自己的情绪“握在手中”，即掌握和协调好自己的情绪，则将具有特别的智慧。的确，一个人的情绪及管理对于一个人的人生成就、健康和满足感都是相当重要的。

(二) 控制好自己的情绪

1. 保持乐观向上的心境

心境在心理学上，是指一种比较微弱而持久的情绪状态。它具有渲染性和扩散性的特点，往往会影响人的整个精神状态。“人逢喜事精神爽”或“闷闷不乐”即是心境。领导者的心境会感染团队的情绪。积极心境有利于增加团队的凝聚力，建立和谐的人际关系；反之，消极的心境会使团队成员情绪沮丧，人际关系紧张。

如何培养乐观向上的心境：

(1) 用科学的人生观和崇高的理想包装自我。心境产生的原因是多方面的，但对人的心境起决定作用的是人的理想、信念和世界观。同样是挫折和失败，有人悲观消沉，有人反而能激励他们信心百倍地去迎接困难，更加朝气蓬勃地前进，这就是一个人生观和理想的问题。

(2) 品尝细微的成功。品味成功，将使你产生积极、乐观的心境。因为成功给你带来的毕竟是收获的喜悦。英国作家毛姆认为：“许多人认为成功会毁掉人，使他们虚荣、自负、得意——这种观点是错误的。与此相反，成功大抵会使人谦逊、宽容和仁慈，而失败却让人滋生怨恨，变得残忍。”

(3) 善于幽默。幽默能使人感到亲切。幽默的管理者能使他的下属体会到工作的愉悦。尤其在一些令人尴尬的场合，恰当的幽默也可以使气氛顿时变得轻松起来。如伏尔泰总是赞赏某人的作品，而某人却总是刻薄地批评伏尔泰，当人向伏尔泰说出这件事时，他只是一笑：“我们双方都弄错了!”不过短短几个字，既幽默地解决了尴尬的场面，又做了有力的反击。

切记，幽默不是讽刺，讽刺别人会使人厌恶，甚至产生对抗。讽刺式的幽默会让别人感觉你在利用别人的弱点或短处，会产生很不好的影响。

愈是开放而富裕的社会，人们愈富幽默感；愈是闭锁的环境，愈难让幽默存在。不存在的原因，不是人们没有这份智慧，而是没有这份胸襟；不是因为人们有过强的自尊，而是因为色厉内荏的自卑。

一个幽默者最重要的条件是塞满健全的人格。

2. 合理的情感移入

情感移入有两层意思：一是对他人情感的认识；二是对他人有共鸣的情感反应。要与别人发生移情作用，你必须对对方提供的各种信息相当敏感。如面部表情、动作姿势和说话方式等，领导者就是要通过体验他人的情绪，来设身处地地替下属想一想，想象一下自己处于这种情绪下会具有怎样的情绪状态。领导者与员工发生冲突的原因之一就是某些领导者不关心别人，不能设身处地地去体验别人的情绪状态，这会引起下属的不满。事实上，在许多情况下，领导者如能在下属面前发出“看见你这样我深感不安和失职”的感叹，即使他本人对问题的解决无能为力，下属也会得到极大的安慰。

情感移入与智力无关。智力高的人，有时却不能与人发生情感共鸣。因为他们喜欢理性的逻辑思维，不太注重人的情感变化。以自我为中心的人，情感移入水平较低。因为他们喜欢炫耀自己，从不顾及他人的反应，更不会站在他人的角度来体验别人的情绪，更有甚者，还会反唇相讥：“是这样吗？不是编造的吧。”

3. 保持稳定的情绪，克制冲动

心理学家做过这样一个实验，研究对象是一群 4 岁的小孩，方法是在他们面前放置了棉花糖，并告诉他们：“我要离开一会儿，如果你想吃糖，可以把桌上的那粒棉花糖吃掉，若能等到我回来再吃的话，便可以得到两粒。”然后，心理学家离开房间，暗中观察孩子的反应。有些孩子敌不过棉花糖的诱惑，立即把糖吃掉。有些孩子则为了得到双倍的享受，只好暂时压抑自己的欲望，强忍不吃。事隔十多年后的追踪调查发现，愈能保持稳定的情绪，克制冲动，日后的成就也就愈高。中国人有一句话：“小不忍则乱大谋。”

情绪稳定是一个人心理成熟的标志。情绪稳定主要是指一个人能积极地调节、控制自己的情绪，在短时间内没有大起大落的变化，不大会时而心花怒放，转瞬又愁眉不展。领导者的情绪是应该稳定的。情绪稳定的领导者能够做到处事不慌，遇惊不乱，在胜利面前不骄傲，在逆境之中不沮丧，情绪不会因外界干扰而波动。如果情绪过分激动，往往会造成认识范围狭窄，判断能力下降，思维僵化，动作笨拙，不利于工作和解决问题。同时，还可能造成相应的身体状况的恶化，如心率加快，血压上升，消化不良等。

你的情绪稳定吗？请以下列每个问题进行选择，选择与自己实际情况最相近的一种便可。 (14)

(1) 看到自己最近一次拍摄的照片，你有何想法？ ( )

A. 觉得不称心　B. 觉得很好　C. 觉得可以

(2) 你是否想到若干年后会有什么使自己极为不安的事？ ( )

A. 经常想到　B. 从来没有想过　C. 偶尔想到

(3) 你是否被朋友、同事或同学起过绰号并挖苦过？ ( )

A. 这是常有的事　B. 从来没有　C. 偶尔有过

(4) 你上床以后，是否经常再起来一次，看看门窗是否关好，炉子是否封好等？ ( )

A. 经常如此　B. 从不如此　C. 偶尔如此

(5) 你对与你关系最密切的人是否满意？ ( )

A. 不满意　B. 非常满意　C. 基本满意

(6) 半夜的时候，你是否经常觉得有什么值得害怕的事？ ( )

A. 经常　B. 从来没有　C. 极少有这种情况

(7) 你是否经常因梦见什么可怕的事而惊醒？ ( )

A. 经常　B. 没有　C. 极少

(8) 你是否曾经有多次做同一个梦的情况？ ( )

A. 有　B. 没有　C. 记不清

(9) 有没有一种食物使你吃后呕吐？ ( )

A. 有　B. 没有　C. 记不清

(10) 除去看见的世界外，你心里有没有另一个世界？ ( )

A. 有　B. 没有　C. 记不清

(11) 你心里是否时常觉得你不是现在的父母所生？ ( )

A. 时常　B. 没有　C. 偶尔有

(12) 你是否曾经觉得有一个人爱你或尊重你？ ( )

A. 是　B. 否　C. 说不清

(13) 你是否常常觉得你的家庭对你不好，但是你又确知他们的确对你很好？ ( )

A. 是　B. 否　C. 偶尔

(14) 你是否觉得没有人十分了解你？ ( )

A. 是　B. 否　C. 说不清楚

(15) 你在早晨起来的时候，最常有的感觉是什么？ ( )

A. 忧郁　　B. 快乐　　C. 讲不清楚

(16) 每到秋天，你常有的感觉是什么？ ( )

A. 秋雨霏霏或枯叶遍地

B. 秋高气爽或艳阳天

C. 不清楚

(17) 你在高处的时候，是否觉得站不稳？ ( )

A. 是　　B. 否　　C. 有时是这样

(18) 你平时是否觉得自己很强健？ ( )

A. 否　　B. 是　　C. 不清楚

(19) 你是否一回家就立刻把房门关上？ ( )

A. 是　　B. 否　　C. 不清楚

(20) 你坐在小房间里把门关上后，是否觉得心里不安？ ( )

A. 是　　B. 否　　C. 偶尔是

(21) 当一件事需要你作决定时，你是否觉得很难？ ( )

A. 是　　B. 否　　C. 偶尔是

(22) 你是否常常用抛硬币、翻纸牌、抽签之类的游戏来测凶吉？ ( )

A. 是　　B 否　　C 偶尔

(23) 你是否常常因为碰到东西而跌倒？ ( )

A. 是　　B. 否　　C. 偶尔

(24) 你是否需要一个小时以上才能入睡，或醒得比你希望的早一个多小时？ ( )

A. 经常这样　　B. 从不这样　　C. 偶尔这样

(25) 你是否曾看到、听到或感觉到别人觉察不到的东西？ ( )

A. 经常这样　　B. 从不这样　　C. 偶尔这样

(26) 你是否觉得自己有超乎常人的能力？ ( )

A. 是　　B. 否　　C. 不清楚

(27) 你是否曾经觉得有人跟着你走而心里不安？ ( )

A. 是　　B. 否　　C. 不清楚

(28) 你是否觉得有人在注意你的言行？ ( )

A. 是　　B. 否　　C. 不清楚

(29) 当你一个人走夜路时，是否觉得前面暗藏着危险？ ( )

A. 是　　　　　　B. 否　　　　　　C. 偶尔

（30）你对别人自杀有什么想法？　　　　　　　　　　　　　　　（B）

A. 可以理解　　　B. 不可思议　　　C. 不清楚

说明：以上各题选 A 记 2 分，选 B 记 0 分，选 C 记 1 分。请将各题得分相加，算出总分。

0—20 分：你情绪稳定、自信心强，具有较强的美感、道德感和理智感。你的社会活动能力强，顾全大局，性情爽朗，受人欢迎。

21—40 分：你情绪基本稳定，自信心受到压抑，但较为深沉，考虑事情过于冷静，处事淡漠消极，不善于发挥自己的个性。办事热情忽高忽低，易瞻前顾后、踌躇不前。

41—50 分：你情绪极不稳定，日常烦恼太多，心情经常处于紧张和矛盾之中。

51 分以上：是不是该找一位心理医生作一下咨询了。

第四部分

团队行为分析

第九章

团队内的人际关系

你的用意也许是很好的，然而做梦也没有想到你的行动却触犯了另一个人。这的确是一种令人非常气恼的事。于是乎我们发出了感叹：人是难以捉摸的。无数成功人士的经历证明：一个人事业的成功，15%是由于专业技术，另外85%要靠人际关系与处世技巧。

一个人活在世上，多多少少都会与别人产生一些无益的磨擦，这是大家都不希望的。两个人即使关系再好，要顺利合作到底也可能发生困难；在关系比较糟糕的情况下，人际关系方面的问题可能会变得非常严重，以致于对团队士气和工作都会带来破坏性后果。在工作上和生活上遇到的种种问题中，人际关系方面的问题一般最难解决。

人际关系问题一般都会耗费我们个人的许多精力，往往导致人与人之间感情上的你争我斗，使人难以安宁。在许多情况下，随着时间的推移，人际关系问题会没完没了地拖下去，不但不见好转，甚至雪上加霜。因此，加强对人际关系的研究是团队进行有效管理的一个重要内容。

一、人际关系的含义

（一）人际关系的含义

人际关系是在人们的具体交往中形成的。这种交往包括行为交往、认知交往和情感交往。任何一个活着的人，为了其生存和发展，必须和其他人采取联合行动，进行行为交往；这些行为交往，经常受到双方各自的心理特征的制约，并伴随一定的心理体验与心理反应，如满意或不满意，主动还是被动等。这种表示人与人之间相互交往与联系的关系，称之为人际关系。

人际关系的主要特点就在于它具有明显的情绪体验的性质。也就是说，人际关系是以一定的情感为基础而建立起来的，并且以一定的情感为联系纽带。不同的人际关系引起人们的情感体验不同。亲密关系引起人们愉快的体验，对抗关系引起人们烦恼，甚至憎恶的情感体验。

团队中的人际关系，是指在团队活动中团队成员之间相互联系、影响和制约的关系。它主要包括：团队中的上下级关系，同事关系等等。

（二）人际关系的团队意义

1. 良好的人际关系有助于增进身心健康

人的很多疾病都与精神紧张过度有关。如：精神失常和精神错乱，高血压，冠心病，溃疡病等等，而人际关系紧张则是精神紧张的主要原因。如果人与人之间的关系融洽，互相信任、互相谅解、互相体贴，人们就会感到心理压力小、精神负担轻、心情愉快，从而可以预防或减轻疾病。

2. 好的人际关系有助于加强团队成员之间的团结

团队，团队，必须团结，才能成“队”。团结是团队赖以生存和发展的重要条件。没有团结，团队就缺乏凝聚力。甚至当员工之间的矛盾和冲突超过一定“度”的时候，团队就会破裂。为了团队的生存与发展，就必须协调好团队的人际关系。因为，在人际关系紧张的气氛中，人们的恐惧心理加剧、怀疑心理增多，纠纷不断、冲突四起。特别是感情上的长期对立甚至能认友为敌。而良好的人际关系则是团队成员团结的重要基础，如果团队成员之间的感情融洽，关系和谐，在工作中，他们就能相互支持、互相帮助，分工协作，齐心协力，小事可以谅解，大事可以协商，在特定的条件下，感情上的融洽确实能够化敌为友。

3. 良好的人际关系有利于提高工作效率

团队工作效率的因素是多方面的，而人际关系，特别是领导者与员工的人际关系以及小群体内的人际关系，是影响团队工作效率的重要因素。良好的人际关系可以增强团队成员的正义感、责任感和集体荣誉感，可以激发团队成员的工作热情，形成和谐的团队气氛，使人心情舒畅、精神振奋，更好地发挥各自的聪明才智和吃苦耐劳的精神，积极工作。从而提高团队员工工作的积极性、主动性和创造性，实现团队成员的整体效应，提高工作的效率。

二、人际关系需求和倾向

在日常生活、学习和工作中，每一个人都需要和别人建立一定的人际关系，这就是人际关系的需求，需求关系是人际关系的核心。人际需求关系可以分为三类：

（一）包容关系

包容关系的基本行为特征是求助，一方有所求，一方有所予，如果彼此双方无所予求，就无法建立包容关系。出于这种动机产生的待人行为特征是沟通、融合、协调、参与、随同等。与此动机相反的人际反应特征是排斥、对立、疏远、退缩等。

（二）控制关系

控制关系的基本行为特征是支配与依赖。每一个人都有支配他人的欲望，同样，每一个人都有一种依赖于他人的心理，只不过由于环境和能力的差异赞成支配和依赖心理的强弱不同而已。在交往过程中，只有一方力图支配对方，而对方恰好企图依赖另一方时，才能建立起较为稳定的控制关系。否则，就会发生冲突或者疏远。

（三）感情关系

感情关系的基本行为特征是同情、喜爱、亲密、热心、照顾等。人都有与他人建立和维持良好关系的欲望。与这种动机相反产生的人际反应特征是冷淡、厌恶、疏远、憎恨等。人的这种感情的需求在人的心理发展过程中自始至终都存在。感情关系建立的基本条件是交往的双方都是爱的主体，同时又都是爱的客体，双方都给予对方以爱，同时又都接受对方的爱。要建立良好的人际关系，领导者一定要关心群众的疾苦，倾听群众的呼声，保护员工的利益。

三、影响人际关系密切程度的因素

在一个团队中，人际关系的建立受各种因素的影响，主要有以下几个方面：

（一）空间距离的远近

空间距离是影响交往频率的一个重要因素。人与人之间在空间位置上越接近，越容易形成彼此之间的密切关系。因为空间距离的接近，使双方相互交往、相互接触的机会更多，彼此之间容易熟悉。虽然地理位置不是人际关系好坏的惟一的、决定的因素，但是，远亲不如近邻，空间位置接近的优势，无疑是影响人际交往的一个有利的条件。

（二）交往的频率

交往是人际关系的基础，人们只有在交往中才能彼此了解，相互熟悉，进而相互帮助，建立友谊。交往的频率越高，越容易形成密切的关系。因为通过频繁的交往，才可能形成共同的语言、共同的态度、共同的兴趣和共同的经验等。否则，交往过稀，可能产生冷落之感，以致感情疏远；不过，交往过繁，也可能破坏对方的工作和生活秩序，引起反感。

（三）态度的相似性

人与人之间若对具体事物有相同或相似的态度，有共同的语言、共同的理想、信念和价值观，就容易产生共鸣、同情、理解、支持、信任、合作，从而形成密切的关系。

（四）需要的互补性

相互满足是形成人际关系的前提条件。如果没有需要和满足需要的期望，空间距离虽小，也可能是“鸡犬之声相闻，老死不相往来”；一旦有了需要和满足需要的期望，空间距离虽大，也可能是“天涯若比邻”。良好人际关系的形成取决于交往双方彼此满足需要的方式和程度，如果交往双方的基本需要都能从交往过程得到满足，其人际关系就会密切、融洽。如果双方的需要都不能从交往中得到满足，彼此之间就缺乏吸引力；如果双方的需要在交往中受到损害，彼此之间就会产生排斥与对抗。台湾宝来投信新金融部经理张圭慧谈团队的优劣时说道：“一个团队里锦上添花的队友越多，这个团队越出色；相反，需要雪中送炭的人越多，这个团队越差劲。”

（五）个性

人们的个性影响着交往的态度、频率和方式，从而影响着人际关系。

以气质而论，具有多血质和粘液质的人，其人际关系一般来说，要好于胆汁质与抑郁质的人；以能力而论，能力强的人往往使人产生钦佩感与信任感，具有吸引力。不过，能力强弱和特长的差别太大或太小，相互之间的吸引力却会减小；只有当双方的能力既有差别而差别不太大的时候，相互之间的吸引力才会增大。以性格而论，诚实、正直、开朗、勤奋、幽默、热情的人较之虚伪、孤僻、懒惰、固执、狂妄的人具有较强的吸引力。

（六）其他

影响人际关系密切程度的还有仪表的魅力、年龄的相似、职业、地位、性别等等，尤其是现实生活中，影响人际关系的因素非常之多，也导致了人际关系的复杂多变。

四、人际关系的测量

（一）个人人际关系自测题

你的人际关系如何？对下列题目作出最适合你的选择。(15)

1. 如果有人邀请你，这次邀请对你来说又很重要，你去时：

A. 穿着舒适，随便

B. 穿适合这种场合的衣服

2. 你并不赞成你朋友新的爱好，如果他征求你的意见时：

A. 直截了当地表示反对

B. 试图找出一个得体的说法

3. 你由于疏忽，同一天安排了两个约会，那么你将赴哪个约会呢？

A. 赴先定的那个约会

B. 赴更重要的约会

4. 你的朋友因家庭纠纷找你，希望能听一听你的意见，你怎么办呢？

A. 不表示自己的态度

B. 按你的看法评价谁是谁非

5. 有一个朋友滔滔不绝地讲述一个电视节目，而你认为这个节目没有意思，于是你说：

A. 这个节目我没有看过，但我想看看

B. 我看过，但不喜欢

6. 你朋友怀疑他自己买的新车太贵了，而你认为确实买贵时：

A. 你直接说出你的看法

B. 向他表示祝贺

7. 做客时有人讲了个趣闻，但记不清如何结尾了，而你知道结尾时：

A. 你将结尾讲出来

B. 你保持沉默

8. 如果你遇见一个人，但想不起他的名字时，你怎么办呢？

A. 难为情地急于走开

B. 坦率地承认你记不起他的名字了

9. 如果有件小事（如头痛或家务事）使你烦恼时：

A. 你闷在心里

B. 随便告诉熟人

评分规则：每答对一题记1分，反之不记分。请将各题得分相加，统计总分。

题号	1	2	3	4	5	6	7	8	9
答案	A	B	A	A	A	B	B	B	B

你的总分：——

0—3分：你很诚实、坦率，但常常使周围的人误会你。你应尽量避免说出自己所有的想法，只有这样，才能减少交往中的麻烦。

4—6分：你的人缘不错，但有时你会感到很难做个诚实人。你要克服爱批评别人的毛病。

7—9分：你很善于观察周围人，很少疏远别人，你的人际关系很好，有不少真心朋友。

(二) 团队内他人人际关系测试题

1. 问答法

你最喜欢的同事是谁?

你最喜欢的领导者是谁?

请按顺序列出你所喜欢的三名同事的名单

你心情不愉快时通常是跟谁诉说?

工作上遇到困难你通常找谁帮忙?

上商店时你最喜欢邀谁同行?

……

在一个较小的团队内，可用选择法让每一个成员都回答诸如此类的问题，然后将这些问卷集中起来进行综合整理，就可以了解这个团队内人际关系的网络结构，发现核心人物和孤立成员。

2. 评价法

你认为本单位最优秀的人是谁?

谁最有可能带领大家开创新局面?

请按顺序列出三名优秀者的名单。

谁的政策水平最高?

谁的道德品质最好?

谁的专业能力最强?

你最尊敬的是谁?

你最佩服的是谁?

……

团队内每一个成员都填写这种问卷，然后将这些答卷进行综合分析，就可以发现现任领导者的威信高低，就可以发现真正最有威信的人物。

不论是选择法还是评价法，都可以采取评分的方法设计问卷，如最喜欢或最公正的人给 5 分，依次而下，可以评 4 分、3 分、2 分、1 分，不予选择、不作评价者给 0 分，然后将答案结果制成表格，得分最多的人就是人际关系最好的人。

3. 团队成员关系分析图

这一方法系社会心理学家莫列诺所创造。他认为，成员相互作用的关键在于彼此具有良好的感情。他制定了一种由团队成员自行填写的调查表。填报的内容分为“吸引”、“排斥”和“不关心”三类，然后根据填报的结果绘制成团队成员关系图，如图 9—1 所示：

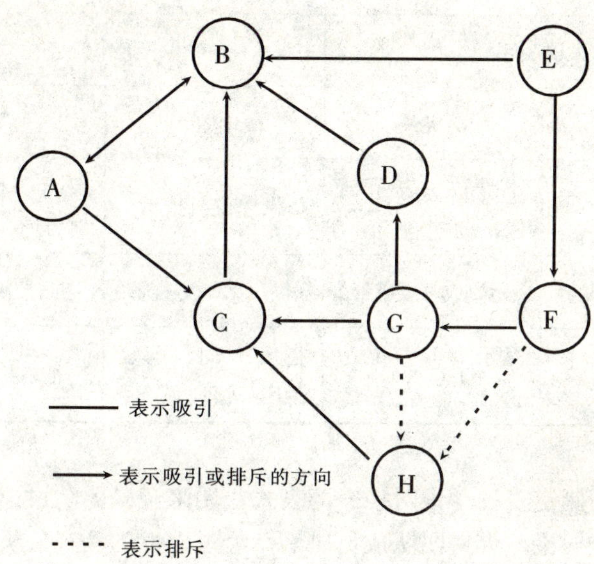

图 9—1　团队成员关系分析图

图 9—1 表示该团队共有员工 8 人，A、B、C 可能是这个小组内的一个小集团，B 可能是这个小组的领袖，因为 A、C、D、E、G 都倾向于他。E、F 相互接近，但其他成员不喜欢他们，H 可能是孤立的，E、D 和 F、D 彼此不关心。

从成员关系分析图中，可看出谁是众望所归的人物，谁是孤立者，以及他的关系组合。

4. 贝尔斯的相互影响分析图

1950 年，贝尔斯创造了一种分析团队成员关系的方法。他首先对一个团队的决策过程进行实验性的研究。在没有领导人参加的一个团队活动中，发现团队相互作用的行为可分为两类：

一是团队成员对工作任务的行为；二是团队成员间相互关系的行为。这些行为有时起积极的、促进的作用；有时起消极、倒退的作用。见表 9—1。

表 9—1　　团队相互作用的行为

相互关系的行为		工作任务的行为	
人群关系		工作任务	
积极的	消极的	积极的	消极的
团结、帮助、鼓励	不赞成、表示消极抵抗	提供建议、指示	要求明确方向、核对方向
轻松、幽默、发笑	表示赞成、要求帮助	提供意见、发表感受	征求意见和评价
谅解、赞成、依从	显示对抗、维护自己	指示方向、重复说明、澄清观点	征求建议和指示

贝尔斯还制定一种“谁对谁”的表式，用来记录团队讨论的次数，以及谁发动这次讨论，谁对团队成员讲话。经过以上的调查分析，他发现团队内存在着两种领袖人物，一个是对工作任务意见和建议最多，被称为“任务专家”；一个是与大家关系很好，为大家所喜爱，被称之为“群众关系专家”。他认为，应该让这两个分别发挥作用，前者集中精力专管业务，完成任务；后者关心成员的需要，提高他们的满足感，协调成员之间的关系，使这一团队工作融汇进行。

五、人际关系的障碍与改善

在现实生活中，团队中的人，有的人际关系很好，朋友很多，工作起来心情舒畅，得心应手。有的则人际关系不良，朋友很少或根本没有朋友，工作起来郁郁寡欢，差错不断。

一般说来，人际关系不良的人主要有以下几种典型的心态：认为自己必须给人留下好印象，以赢得他们的尊敬和喜爱，不过又不知如何赢得他人的心意，越是想取悦他人，越会觉得得不偿失；认为别人都能洞察你的心事，并认为害羞和焦虑都是要不得的情绪，因此足不出户；害怕自己当众出丑，相信万一出丑，别人会拿你的事当做笑料；不会说不，也不会表达愤怒，当与别人发生矛盾，一味迁就和妥协，给人留下缺乏自信的印象；认为别人并不喜欢真实的你，一旦别人发现真实的你，就会觉得自己懦弱无能，一无是处；感到自己成了众矢之的，大家都对你议论纷纷……以上这些心态，相信很多人际关系不良的人都会有所感触。

（一）人际关系障碍的原因

人际关系障碍的原因是多方面的。

1. 文化因素

包括语言障碍、团队感情、团队意识的倾向性和团队整体教育程度的差异性。如语言障碍，我们经常会出现在与他人交往中语言上的误解、曲解而造成的人际关系僵化现象。

2. 社会因素

包括社会偏见、歧视、社会地位、角色差异、空间与心理距离等。

3. 个体因素

包括个性差异和个性品质造成的障碍。就个人来说，与其他成员搞不好关系，有其自身的弱点，主要表现在以下 15 个方面：

（1）不尊重他人的人格，甚至伤害他人；

（2）忽视别人的处境和利益，置他人的困难于不顾；

（3）企图操纵或驾驭他人，只顾个人私利不顾别人的需要；

（4）欺骗他人，不诚实地待人待事；

（5）过分顺从以讨好他人，或欺上压下；

（6）过分依赖别人，丧失自尊心，缺乏自主性；

（7）嫉妒心太重，打击贬损他人，阴谋赢得某种荣誉、职位、权力；

（8）猜疑心太重，不信任他人，怀疑一切或心怀敌意；

（9）过分自卑和丧失自尊心，对人际关系过敏，对成绩过分夸大，对别人批评过严；

（10）性情孤僻，心理过于内向；

（11）偏见太深，对人持错误看法，持不合作、不友好态度；

（12）不切实际地期待别人，过分苛求别人；

(13) 他人挑唆，造成一时难以调解的误会；

(14) 自由主义严重，当面不说，背后乱说，甚至造谣中伤；

(15) 情绪不稳定，太急躁，不能克制自己，为点小事就动怒发火，容易伤害他人的感情。

(二) 人际关系改善

作为团队管理者，必须从以下几个方面去认真地改善团队中的人际关系：

1. 从团队方面改善人际关系

(1) 建立一个强有力的领导集体。一个单位的状况如何，全靠领导一班人，所以一个领导集体在一个团队中处于核心地位。领导集体的思想觉悟、思想水平、工作能力、工作作风、群众观念、群众关系等都关系到整个团队的人际关系。此外，领导集体的业务技术水平、管理能力的高低也都影响着人际关系建立与协调。除了领导集体的思想品质、业务技术能力外，成员间的团结协作也是促进团队内人际关系良性化必不可少的条件。常言道：群众看领导。要求群众做到的，领导首先应做好。领导内部不团结，勾心斗角，互相拆台，群众更不可能团结一致，人际关系一定紧张。领导以身作则，大公无私，密切联系群众才会取得威信，才能有良好的人际关系，也才能充分调动和发挥群众的积极性，团结和带领群众为组织的目标而奋斗。

(2) 建立合理的团队结构。一个团队的组织结构是否合理，不仅直接影响该团队的工作效率，也直接影响着该团队的人际关系。如果人浮于事、互相扯皮，势必会内耗丛生，有损团结，降低办事效率，影响人际关系。反之，分工明确，责权分明，各负其责，各尽其能，工作井然有序，自然会有利于改善人际关系，提高工作效率。

(3) 实行员工参与管理。在团队里，员工参与管理不仅可以增加他们的主人翁责任感，还可以改善团队内部人际关系，特别是可以改善干群关系。通过员工参与管理，领导的意图可以很快被贯彻下去，群众的意见可以很快被反映上来。同时可以减少和克服员工由于对领导意图和措施不理解引起的不满心理，从参与感到满意感再发展到责任感，这个过程本身就是改善人际关系的过程。

(4) 加强意见沟通。良好的人际关系必须依赖于良好的意见沟通，通过意见沟通可以加深人与人之间的理解、关心和支持，增加人与人之间的团结、配合和协作。减少和避免不必要的误会和冲突，维护和改善人际关系。

2. 从个人方面改善人际关系

从个人的角度来讲，什么是好的人际关系呢？美国社会心理学家舒尔茨认为，一般来讲，人际关系有三种类型，其一是谦让型。其特征是“朝向他人”，无论遇见何人，总是想到“他喜欢我吗”。其二是进取型。其特征是“对抗他人”，无论遇到何人，总是想知道该人力量的大小，或该人对自己有无用处。其三，是分离型。其特征是“疏离他人”，无论遇到何人，总是想保持一定的距离，以避免他人对自己的干扰。以上三种类型，都是好的人际关系，但都有适用条件，某种人际关系在这种职业或群体中是好的，在其他职业或群体中就可能是不好的。但好的人际关系都有一些共同的特征，一般来讲，主动与他人交往，主动表示友爱、谦让、进取等特点都有利于建立好的人际关系。当然，根本的问题还是要看这种人际关系是建立在什么样的思想基础之上。那么，如何建立良好的人际关系呢？

(1) 加强自我修养

每一个人都希望自己与周围人们的关系是和谐融洽的，虽然良好的人际关系的产生和建立取决于交往双方，但一个人是否被他人所接受，关键在于自己的形象如何。这就有一个认识自我、改造自我、完善自我的问题。也就是加强自我修养的问题。

首先要树立正确的人生观、世界观和价值观，这是搞好人际关系的前提。一个自私自利、个人主义严重的人是不会搞好人际关系的。

其次要重视个性锻炼。一个心胸开阔、热情开朗的人首先为搞好人际关系提供了有利的心理条件。就梁山好汉而论，宋江有什么能耐，但，谁不服宋江？晁盖死后，第一把交椅，除了他能坐之外，谁还有这个资格？他惟一的优势就是心胸。所以，你的心胸有多广，你的影响力就有多大。肚子里能撑船的才能成为宰相，鼠肚鸡肠则一事无成。

培养良好的个性，一定要做到自尊、自重、自信、自强、自力。自尊之心人皆有之，特别是每个人都希望别人尊重自己。然而要想别人尊重你，你首先要尊重别人，这样才会赢得别人对自己的尊重，不尊重别人，别人也不会尊重你。

再次，正确地评价自己，这是搞好人际关系的关键。“人贵有自知之明”就是这个道理。因为要建立良好的人际关系，仅仅了解别人是不够的，还要了解自己。“以人为镜”，从他人的态度中，通过与他人的比较来不断地体察自己的内在本质，并作出正确的评价，从而不断改造、完善、优化自己的形象。特别是要自觉地调整自己的意识和行为，控制自己不利于搞好人际关系的动机和行为，从而获得别人的接纳，方能建立良好的人际关系。

（2）善于与人相处

人际关系是双方交往的过程，人际关系越好，朋友越多，相处的时间越长，相互间也越觉得欢乐、温暖、友好。如果交往只是一厢情愿，那么往往是不会建立良好关系的，因此必须解决如何与人相处的问题。

你的处世能力如何？请结合你自己的情况考虑下面的问题。（16）

（1）你喜欢参加社交活动吗？

（2）你喜欢结交各行各业的朋友吗？

（3）你喜欢常主动向陌生人作自我介绍吗？

（4）你喜欢发现他人的兴趣吗？

（5）你在回答有关自己的背景与兴趣的问题时感到为难吗？

（6）你喜欢做大型公共活动的组织者吗？

（7）你愿意做会议主持人吗？

（8）你与有地方口音的人交流有困难吗？

（9）你喜欢在正式场合穿礼服吗？

（10）你喜欢在宴会上致祝酒辞吗？

（11）你喜欢与不相识的人聊天吗？

（12）你喜欢在孩子们的联欢会上扮演吗？

（13）你在公司组织的集体活动中介意扮演逗人笑的丑角吗？

（14）你喜欢成为公司联欢会上的核心人物吗？

（15）你曾否为自己的演讲水平不佳而苦恼吗？

（16）你与语言不通的外国人在一起时感到乏味吗？

（17）你与人谈话时喜欢掌握话题的主动权吗？

（18）你与地位低于自己的人谈话时能否轻松自然？

（19）你希望别人对你毕恭毕敬吗？

（20）你在酒水供应充足的宴会上是否借机开怀畅饮吗？

(21) 你曾否因饮酒过度而失态吗?

(22) 你喜欢倡议共同举杯吗?

本测验的答案并无正误之分。只是一般情况下，擅长于社交的人会倾向于以下答案：

1. 是 2. 是 3. 是 4. 是 5. 否 6. 是 7. 是 8. 否 9. 是 10. 是 11. 是 12. 是 13. 否 14. 是 15. 否 16. 否 17. 是 18. 是 19. 否 20. 否 21. 否 22. 是

每答对一题记 1 分，否则记 0 分。各题得分相加，统计总分。

你的总分=?

17—22 分：你在各种各样的社交场合都表现得大方得体，从不拒绝广交朋友的机会。你待人真诚友善，不狂妄虚伪，是社交活动中备受欢迎的人物，也是公共事业的好使者。

11—16 分：你在大多数社交活动中表现出色，只是有时尚缺乏自信心，今后要特别注意主动结交朋友。

5—10 分：也许是由于羞怯或少言寡语的性格，你没有表现出足够的自信。当你应该以轻松、热情的面貌出现时，你却常常显得过于局促不安。

4 分以下：你是一位孤独的人，不喜欢任何形式的社交活动。你难免被人视为古怪之人。

刚刚踏上社会的年轻人，面对纷繁而庞杂的社会，常常感到迷惑和不安，有人可能觉得自己的地位实在渺小，有人可能觉得自己的能力实在有限……对如何在这个社会上站住脚表现得没有信心。实际上，社会都是由人构成的，初步掌握些社交心理和社交技巧，有助于提高自己的处世能力。

(3) 与人交往时应遵循的原则

与人交往时应遵循以下原则：一是互酬原则。人际交往时，人与人之间的关系是相互的，其行为具有互酬性。因此，在我们的交往中，应该常常想到“给予”而不是“索取”；相反，如果取而不予，就会失去朋友。其二是自我袒露的原则。一个人把自我向别人敞开比死死关闭更能使人感到满足，而且，这种好的感觉也会再次传染给别的人。其三是真诚评价的原则。人们在交往的过程中，免不了要互相议论、互相评价，对人评价的态度要诚恳，情感要真挚，如果恶意诽谤，口是心非，或者阳奉阴违，也会遭致别人的不安与反感。最后是互利性的原则。要解决人际关系不协调的矛盾，就要采用互利的原则，“互利”就是矛盾双方都能接受的调节。

3. 领导者自身的人际关系要求

（1）重视感情投资，加强人际亲和力

所谓“感情投资”，就是在加深人与人之间的感情方面下功夫、花“本钱”。中国人注重人情，人情是密切人际关系的重要手段，感情投资，也就是利用人情的手段来强化人与人之间的感情联系，使双方的关系得以巩固和加强。真诚地、实事求是地肯定和赞扬人，这是感情投资的一个重要方面和途径。真诚地肯定和赞扬人，会使人觉得他的工作，他为工作所付出的努力、所取得的成绩，或者他的为人，得到了别人的理解、承认和赞许，从而感到遇到了知音，得到了温暖。即使双方本来交往并不密切，也会一下子从心理上使双方的距离靠近，使双方的事情好办得多了。

热情地关怀人，将真挚的感情注入人的心灵中，这是感情投资的主要方向和内容。人际间的感情交流总是双向的，热忱地关怀人，给人以真挚的爱，就能唤起被爱者对自己同样诚挚的爱。

通过关心人来改善人际关系，已经受到西方企业界的重视，被有效地运用于企业管理。在这方面，日本企业做得尤为突出。日本企业中没有专职的思想工作人员，但实际上各层次的管理人员都集业务工作与思想工作于一身。这些人一般都清楚地了解每一个部下的家庭和思想情况，遇到职工有困难，他们都主动去当“参谋”。他们有时宛若“大家庭”中的“长辈”，对员工的管理富有“人情味”。

（2）善于牺牲自我利益，多从对方的立场考虑问题

善于牺牲自我利益是人们自我修养的一种高超境界，它表现在不斤斤计较个人利益，在必要的时候要敢于放弃自己的利益，有时甚至主动地牺牲个人利益。

善于牺牲自我利益的人总是受别人的欢迎和爱护。比如，两人之间闹了矛盾产生了别扭，如果有一方能够忍让并主动和解，这种宽容忍让的品质也是善于牺牲自我利益的表现，久而久之，这种优良的品性必会受到众人的喜欢。

给人以渲泄怨愤的机会，包括对自己的怨恨，这是一种博大的气度与胸怀，也是牺牲自我利益的表现，管理者在管理过程中应该尽量让自己的属下充分地表达自己的情绪和意见。

真正懂得并善于牺牲自我利益的人都很清楚：短暂的眼前的利益损失有可能换来更大的利益获得，这无论对谁来说都是不吃亏的。但是缺乏修养的人总是非常计较眼前的利益和微小的利益，他们缺乏长远的目光，不去顾及整体的利益。管理者应该以长远的整体利益为出发点，抱着“牺牲一点自我利益没什么关系”的处事态度，这样必然会有助于建立更广泛更稳固的关系网，多从对方的立场角度考虑问题是理解人尊重人的重要技巧，人们考虑问题办事情大多以自我为出发点，但由于人们的价值观、态度、愿望及所处的时间、空间和其他条件不尽相同，对同一件事情的看法可能会有很大的差异，因此，人们相互间交往过程中在思想上的歧议总是有的，为了更好地理解人、帮助人和关心人，多从对方的立场角度看问题是必要的，凡事跟别人“调个位置”看看，必能增进了解和支持。在人际关系网的建立和维护中，即使双方发生了矛盾和分歧，也能通过这种换个角度考虑问题的方式迅速化解和消除，进而重归于好。

（3）要做到严以律己，宽以待人

严以律己就是严格要求自己。在学习和工作上有高的标准，决不苟且马虎，得过且过；在生活上，以艰苦朴素为荣，以奢侈浪费为耻；对自己的缺点毛病，有真诚和严格的自我批评精神。宽以待人就是对下属的工作或学习不提不切实际的要求，不强人所难；对下属的缺点或不足，在热心帮助的同时，要有耐心等待、宽厚和谅解的态度；在对待荣誉、地位、物质利益等问题上，有吃亏让人、抢困难让方便的风格等。待人宽、责己严的本身就从不同方面反映了做人的风尚和胸怀。当然，责己严不应超出实际的可能，待人宽也不能失去原则。真正在与人相处中做到了严以律己，宽以待人的人，其人际关系定会搞好。

第十章

团队沟通

在20世纪30年代的时候，英国送奶公司送到订户门口的牛奶，既不用盖子也不封口。因此，麻雀和红襟鸟可以很容易地喝到凝固在奶瓶上层的奶油皮。后来，牛奶公司把奶瓶口用锡箔纸封起来，想防止鸟儿偷食。没想到，20年后，英国的麻雀都学会了用嘴把奶瓶的锡箔纸啄开，继续吃它们喜爱的奶油皮。然而，同样是20年，红襟鸟却一直没学会这种方法，自然它们也就没有美味的奶油皮可吃了。

这种现象引起了生物学家的兴趣，他们对这两种鸟儿进行研究，从解剖的结果来看，它们的生理结构没有很大区别，但为什么这两种鸟在进化上却有如此大的差别呢？原来，这与它们的生活习性有很大的关系。

麻雀是群居的鸟类，常常一起行动，当某只麻雀发现了啄破锡箔纸的方法，就可以教会别的麻雀。而红襟鸟则喜独居，它们圈地为主，沟通仅止于求偶和对于侵犯者的驱逐。因此，就算有某只红襟鸟发现锡箔纸可以啄破，其他的鸟也无法知晓。

对于物种来说，进化需要集体交流和行动。这样，它们中的任何一个有了新技能，才可以真正地发扬光大，使物种生生不息。

再说美国的硅谷，它是一个长度大约32公里的工业区，位于加利福尼亚的帕拉阿托和圣何赛之间，许多制造和设计电脑芯片的公司位于此处，名称来源于用来制造这些电子装置的高纯度的硅。20世纪30年代时，那里还是美国加州的一片沃土，生产葡萄酒和甜橙。但从20世纪60

年代起，这一地区飞速发展，成为高科技工业中心，创造了巨大的物质财富，取得了引以为豪的非凡成就。

硅谷奇迹有众多的原因，但一个重要的原因是大家公认的，那就是在整个硅谷，沟通的无障碍性。

20世纪70年代中期，硅谷地区计算机爱好者的非正式组织经常在一家俱乐部聚会，年轻的电子工程师与计算机爱好者定期会面，交流这一领域的信息并讨论其发展。成员之中有后来苹果电脑的发明人史蒂夫·伍兹尼克、微软创始人比尔·盖茨和其他著名人物，他们后来成立了20多家电脑公司，包括苹果、微软、康门克和北极星等。

迅速而广泛的不受地位限制的技术和信息传播。硅谷发展的推动力不是由于某项技术、某种产品或某个企业，而是由于企业间的沟通与合作。众多企业积极与竞争对手交换知识与专利，从而使知识与技术得到迅速传播与应用，整个行业的知识总量不断增加，行业不断进步。

频繁的人才流动。同事可能成为顾客或对手，今天的老板可能就成了明天的下属，在硅谷是常见的事。

实力雄厚的波士顿128公路地区为何在创新方面落后于硅谷呢？128公路地区的工业结构是以独立的为主，公司之间缺乏交流，大企业完全依赖自身的资源来发展，采用自给自足的生产方式和效忠企业的管理模式，这样导致了该地区在新一轮创新活动中的失败。

换句话说，波士顿128号公路地区的公司就像是红襟鸟，而硅谷的企业则更像是麻雀。由此可见，沟通对高效能的团队多么重要。

有句话是这样说的：我不是说我没说过他，我说的是我没有说我说过他，我希望你能明白我的意思。

你能明白了吗？

森林中的一颗大树轰然倒下却无人听到，问：它是否发出了声音？哲学上的答案是肯定的，但从沟通的角度来看，它是不存在的。这就是沟通的意义。

研究表明，人们用了近70%的时间（除了睡眠时间之外）进行沟通（包括听、说、读、写四个方面）。因此，有人认为阻碍团队工作成绩的最大障碍在于缺乏有效沟通，这是有道理的。许多研究表明，人们在团队中的各种工作，有大量时间花在沟通上。美国的一些调查表明，在企业中，生产工人每小时进行16—46分钟的沟通信息活动；对于团队管理人员来说，他们工作时间的20—50%用于同各种人进行语言沟通，如果加上各种方式的文字性沟通，诸如写报告等，最高可达64%；而经理人员在工作时间内则有66—89%的时间用于语言沟通。领导经常开会、找人谈话、下基层，其中很大一部分属于沟通信息的内容。

一、团队沟通形式

（一）沟通的方向

沟通的方向可以是垂直的，也可以是水平的。垂直维度还可以进一步划分为自上而下和自下而上两种。在组织行为学中，前者被称为“向下沟通”，即从领导到基层；后者被称为“向上沟通”，即从基层到领导。这两种沟通是团队中最主要的沟通，它是依职权等级进行的。

当沟通发生在团队成员之间，团队与团队成员之间，或同一等级的团队管理者之间时，我们称之为水平沟通。水平沟通的存在，原因在于水平沟通常常在节省时间和促进合作方面是十分必要的。大多数情况下，它是为了简化垂直方向的交流、加快工作速度而产生的非正式沟通。特别是当一个组织规模发展较大时，团队与团队之间的分割最容易发生，因而水平的信息沟通是必要的，它有助于合作解决问题，协调矛盾，节省时间，分享信息。但是，水平沟通可能对正式的纵向指挥系统产生破坏，影响统一指挥，如当成员越过或避开他们的直接领导做事时就是如此。所以，水平沟通的关键取决于领导者如何使用或控制这种沟通形式。

（二）正式与非正式的沟通网络

沟通网络指的是信息流动的通道。这种通道有两种可能情况：正式的或非正式的。正式沟通网络一般是垂直的，它遵循权力系统，并只进行与工作相关的信息沟通；非正式沟通网络常常称为小道消息的传播，它可以自由地向任何方向运动，并跳过权力等级，在促进任务完成的同时，非正式沟通满足群体成员的社会需要。

1. 正式沟通网络

网络沟通常常有以下几种形式，见图 10—1。

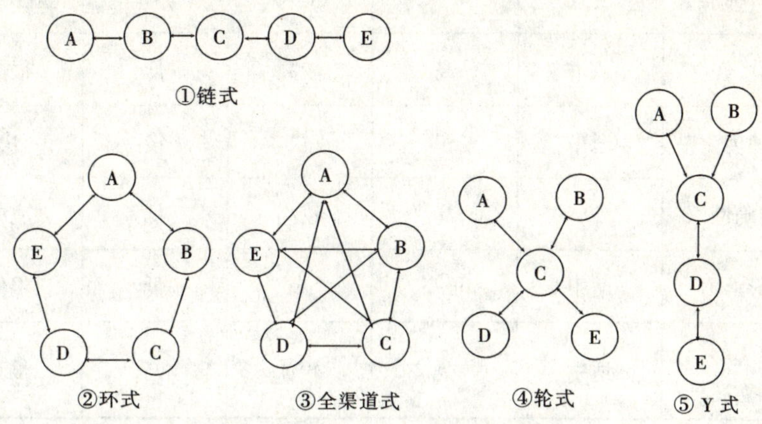

图 10—1　五种沟通形态

链式沟通。这是一个平等网络，其中居于两端只能与居于中心的一个员工联系，居中的人则可分别与两人沟通信息。在一个团队中，它相当于一个纵向沟通网络，代表一个五级层次，逐渐传递、筛选，容易失真，各个信息传递者所接收的信息差异很大，满意程度有较大差距。这种网络属控制型结构。

环式沟通。此形态可以看成是链式形态的一个封闭式控制结构，表示五个人之间依次联络和沟通。其中，每个人都可同时与两侧的人沟通信息。在这个网络中，集中化程度都较低，畅通渠道不多，员工具有比较一致的满意度，员工士气高昂。

轮形沟通。其中只有一个成员是各种信息的汇集点与传递中心。此网络集中化程度高，解决问题速度快，主管人的预测程度很高，而沟通的渠道很少，团队成员的满意度低，士气低落。

Y形结构。表示几个层次的逐级传递，其中只有一个成员位于沟通内的中心成为沟通的媒介。

全通道式沟通。表示各个人之间都可自由的沟通并充当中心人物。在此网络中由于没有限制，所有成员平等，因此士气高昂，合作气氛较浓厚。五种形式沟通效果表，见表10—1。

表10—1 五种形式沟通效果表

评价标准	链式	轮式	Y式	环式	全通道式
集中性	适中	高	较高	低	很低
速度	适中	快	快	慢	快
精确性	高	高	较高	低	适中
领导能力	适中	很高	高	低	很低
员工的满意度	适中	低	较低	高	很高

2. 非正式网络

非正式网络就是人们常说的“小道消息”。

小道消息有五个值得注意的特征。

第一，小道消息不一定都是不确切的信息。有证据表明其中加载的75%信息是准确的。而另外有的研究人员发现，如果小道消息不带感情色彩，其准确率往往特别高，至少达到78—90%的准确率。

第二，传递速度极快，同时也容易消散。

第三，具有异乎寻常的渗透能力。它不受管理层控制，能够突破组织界限，畅通无阻。

第四，在传递过程中弹性很大。最初的信息和最后相比，往往有很大变化。

第五，小道消息的内容往往集中在两个方面：其一，新鲜、离奇甚至刺激，越是超出常规的信息，人们谈论的也就越多，传播的越快。其二，越是和人们工作有关系，或为人们所熟悉，人们就越喜欢谈论和传播。

小道消息是正式沟通网络不足的一种弥补，有的小道消息是组织实际情况的反映，还有的小道消息常常是成员愿望和不满情绪的自然流露。如果人们对非正式沟通保持清醒的认识，会有助于组织内的信息传递，帮助管理人员了解真实情况，改善组织的活动。

当然，小道消息的消极作用是不言而喻的，它直接导致了流言蜚语的产生。其后果则可能造成人心浮动，士气涣散，效率低下。那么，我们应该如何对付小道消息？彻底消除，根本不可能！作为一个管理者，所要做的应该是使小道消息的范围和影响限定在一定区域内，并使其消极结果减少到最低。管理学家罗宾斯提出了下列措施，我们不妨一试：

（1）公布进行重大决策的时间安排。

（2）公开解释那些看起来不一致或隐秘的决策和行为。

（3）对目前的决策和未来的计划，强调其积极一面的同时，也指出其不利的一面。

（4）公开讨论事情可能的最差结局，这肯定比无言的猜测引起的焦虑程度更低。

（三）语言沟通与非语言沟通

1. 语言沟通

根据信息沟通所运用的媒介，可以看到，有一类沟通是借助于语言进行的。语言沟通是指借助于书面语言和口头语言所进行的信息沟通。

语言沟通是一种非常重要的沟通形式。许多信息是通过谈话和书面报告进行传递。有研究者认为，多数组织成员工作时间的50％用于进行语言沟通。

口头语言沟通具有同时双向反应、快速、可反复解释并易于理解等优点。但也易受沟通双方的表达能力、当时的心态、个人理解能力的不利影响。书面语言沟通具有准确、在传递过程中不会被改变、可永久保留等优点。但往往过于死板，无法及时反馈，并也受接受者理解能力或方式的影响。有人曾对口头、书面和口头与书面混合三种形式进行比较后发现，口头与书面混合的沟通效果最为理想，而书面语言沟通的效果最差。

2. 非语言沟通

任何有过约会经历的人都知道，为了传递一个信息而进行的沟通并不一定非要使用言语。一瞥、一笑、一皱眉、一种凝视，它们都传递着信息。研究表明，沟通中的身体语言占55％的效果，音色音调占38％的效果，而纯粹的语言信息只占7％的效果。非语言沟通是指运用表情、体态和行为等所进行的信息沟通。如：当一位领导人坐在宽大的办公桌后面接待来访者时，来访者会感觉到对方发出的保持等级距离的明确信息；而当领导人离开办公桌，与来访者面对面坐在沙发上时，要表达的信息就完全相反。当双方紧紧握手时，表明双方都具有坚强的信心，如此等等。

二、沟通障碍

沟通过程中包括信息发送者、信息和接受者三个要素，在收到信息后，还包括理解、反馈等行为，其中任一环节有错误发生，都有可能导致沟通障碍的产生，影响沟通的效果。概括地说，沟通障碍可分为三类：

（一）接收障碍

1. 环境刺激

如果在一个很嘈杂的背景下进行谈话，人们会感到很费劲，因为常常听不清对方的意思，谈话会变得漫不经心，甚至中断。信息沟通时同样如此。特别是在两个人就不同看法交换意见时，本来需要认真听取对方的看法，并进行冷静的思考。这时如果不断地被他人或其他事情干扰，如：汽车噪声可以透过的房间，旁边办公室经常传出打字机噼噼啪啪的敲击声，人员在办公室内频繁走动等，使得双方都很难作深入的讨论。工作有可能会因交换意见不够受到影响。因此，选择适当的环境进行信息沟通是非常重要的。

2. 接收者的个人感知

感知作为人们认识、选择和理解外部环境刺激的过程，在很大程度上受到个人生理、心理、生活经历等众多因素的影响。即使是在同一环境，对于同一信息，不同的个人由于感知的不同，都会按照自己的参照系来理解这个信息。没有两个人有完全相同的生理和心理条件，也不存在完全相同的经历。因此，个人实际上都是一个小小的认识中心，都会从自身的角度看待某一问题。从个人感知的差异出发，个人会对需要沟通的信息产生不同的理解影响沟通的有效性。具体来讲，因感知所造成的沟通障碍主要表现在如下环境与知识背景的差异。

人们经常说的“心领神会”，实质上指的是这样一种交流现象：交流双方无需多说或多作解释，双方就理解了对方的意思，甚至包括那些隐藏在语言后面的意思。为什么会出现这种情况呢？这主要取决于：双方有长期的交流经验，因而知道对方要表达的真实意思是什么；更为重要的是，双方即使没有长期的直接交流，但有共同的知识背景，都在同样的环境中工作生活过，遇到过同样的问题。因此，当对方要表达某种信息时，接受者实质上是在这些环境和知识背景的帮助下，去理解对方表达的意思。这样，双方很容易沟通。但是，这种情况也表明，如果双方没有这种共同的环境和知识背景，就可能妨碍双方的相互理解。

各种各样的“行话”就典型地反映出这种情况。几个人在一起工作久了后，会很自然地发展出一些在这个小范围内流通的词汇来。这些词汇既便于相互沟通，又使这个小团体内部有一种亲近感。当一个外人刚一进入这个小团体时，很可能对这些行活不理解。因为他与小团体成员没有共同的生活经历或工作经历。

（1）个人的态度与观念

除了环境、知识和经历这些外部客观因素影响个人对信息的理解外，个人的动机、个性、情绪、感觉等，也有可能会影响对信息的理解。一个人情绪好时，会更认真地分析所接受的信息；一个生性乐观、希望得到晋升的人，很可能会把领导任何一次对自己的鼓励或微笑都理解为晋升的信号；而心胸狭窄、生性多疑的人，会把别人看他一眼理解为对他的不满。

（2）个人的需求和期待

经常出现这种情况：信息接受者或者出于个人愿望，或者出于个人目的，总是有意无意地强调信息的某个方面，而忽略了另一个方面；或者强调某个信息而忽略另外的信息。实际上，人们经常是在有选择地接受信息。人们常说的“报喜不报忧”，“偏听偏信”、“忠言逆耳”等，就反映了这种情况。之所以会出现这种个人偏好或认识上的选择性，其主要原因是人们为了避免矛盾、冲突，有意无意地排斥掉了一部分信息。心理学家认为：第一，人们一般都不重视与原有的看法、期望和价值观不一致的新信息。第二，人们一般更重视从一个不太可靠的来源得到的、比原来期望要好的坏消息。第三，如果从这个来源得到的信息与过去期望相比一样坏，他对这个来源就不太重视。第四，如果这个信息比原来期望的还要坏，他对这个来源就更不重视。

（二）理解障碍

1. 语言和语义的问题

信息沟通大多数是通过语言进行的。但是，在有些情况下，语言却会成为沟通的障碍。因为，任何一个文字或一句话，都存在着多种含义，每个人在进行语言表达时，都按照自己的情况赋予他所使用的词以特定的含义。实际上人们在使用语言进行沟通时，都是从众多可能的含义中选择一种自认为正确的含义，这就存在着误解或曲解的可能性。人们对语言产生歧义性的理解，主要有以下几种情况：

（1）出于不同背景的不同理解

由于不同民族有不同的语言意义，语言具有不同程度的抽象，有的特殊词汇不仅反映个人的性格，而且反映社会的文化，因此必然会发生语义方面的障碍。况且，对于同一句话，听话人从不同的背景出发，可能会产生完全相反的理解。例如，当一个新领导上任伊始发表就职演说："我们应该以新的姿态去迎接挑战"时，有的人可能把它理解为新领导的决心，有的人可能认为这不过是老生常谈，随便说说而已，有的人则可能认为这是新领导要进行团队调整的信号，还有的人会认为这是对团队原有状况的批评。当然，也存在一种可能，即新领导的这句话中确实就包含了这些意思。

（2）语言含义不明确

相互矛盾的信息和语义含糊的信息必然造成接受者的迷惑和不知所措。一词多义，不论是在中文还是外文中都是普遍现象。语言的多义性自然就会造成理解的歧义性。中文中存在的一音多字、一字多音使许多初学中文者头痛，而外文中一词多义更使中国人感到困难。英文中最普通的一个词"Round"，在标准的袖珍词典中可以查到 79 种含义。

（3）上下文联系

有时人们对语言产生误解，是因为没有从语言的上下联系中进行理解，而是单独挑出几句话或几个字，即所谓"断章取义"。任何一个相对完整的语言信息，其完整的意义都有赖于同其他语句的关系。一些语句单独抽出来是一个意思，放在上下文联系中看又是另外一个意思。很多理解的歧义就是因此而产生的。

2. 地位差别

在一个组织，人们在地位上的差异也有可能成为妨碍沟通的因素。大量研究表明，首先，人们之间自发的沟通往往发生在同地位的人之间。例如，员工和员工之间，因为同地位的人进行沟通，人们往往没有压抑感，有什么说什么，不会担心因说错了什么而受到损害。而与地位有差异的人之间进行沟通，则可能存在压抑感。因为，毕竟上下级之间存在着差距，上级具有权威，可以决定对下级的惩罚和奖励，因此过分强调地位的差别，容易在下级心理造成压力和恐惧，造成沟通上的障碍。其次，人们经常根据一个人地位的高低来判断所沟通的信息的准确性，相信地位高的人提供的信息是准确的。也就是说不重视信息本身的性质，而是着重信息提供者或接受者。再次，有的人表现出愿意同地位较高的人进行沟通，而对地位较低的人的意见不重视，甚至否定。在一次试验中，试验者要求105名经理记录他们在一周内进行的每一个沟通情景，并且要求他们说出对每一次沟通的态度。结果表明，这些经理们在同高地位的人进行沟通时，认为这些沟通是有价值的、令人满意的、令人感兴趣的和精确的。而对那些地位比他们地位低的人的沟通，则表示出相反的态度。如果下级觉察到这种态度，自然就不会进行积极的沟通了。

3. 信息交流的长度与数量

1910年，发生在美军某部的一次口头传令：

营长告诉值班军官："明晚8点钟左右，哈雷慧星可能会在附近出现。这种慧星每隔76年才能看见一次。命令所有士兵穿上野战服，在操场上集合。我将给大家介绍一下这种罕见的天文现象。如果碰上下雨，就在礼堂集合，我会给大家放一部有关慧星的影片。"

值班军官告诉连长："根据营长的命令，明晚8点钟，哈雷慧星将在操场上出现。这种现象76年才能出现一次。如果碰上下雨，就让士兵穿上野战服，列队去礼堂，哈雷慧星将在那里出现。"

连长告诉排长："明晚8点钟，营长将带着哈雷慧星去礼堂。这是每隔76年才能见到的事。如果碰上下雨，营长还将命令慧星穿上野战服，到操场上去。"

班长告诉士兵："如果明晚8点钟下雨的话，已经76岁的著名将军哈雷将在营长的陪同下，身穿野战服，开着他的'慧星'牌汽车，经过操场前往礼堂。”

可见，信息在传递过程中，传达多一层就多一些损耗，一般每经过一个中间环节就要丢失30%左右的信息。同时在传递过程中，还有可能加强或扩大信息的某些特征，尤其在口头沟通中，这种情况尤为明显。

虽然信息沟通对于团队来说是非常重要的，但并非信息越多越好。在一些情况下，过多的信息沟通行为不但无助于团队的沟通，反而会妨碍信息沟通。大量的信息和信息沟通风涌而来，人们往往会淹没在这浩如烟海的信息和沟通行为之中，这样会造成两个不良后果：(1) 人们根本无法或没有能力处理超量的信息。大量的信息传来，人们或者只能草草地处理一遍，没有办法进行认真分析；或者采取根本不理睬的态度，能处理哪些就处理哪些。结果许多有用、有价值的信息未被认真对待；(2) 如果花费许多时间在信息沟通上，并且不加区分地进行，结果是使人们再没有更多的时间放在实际工作上，沟通变成了为沟通而沟通。因此，合理的信息沟通，其重点在质不在量。信息沟通的功能或目的在于团队的发展，而许多无用的信息只能干扰组织的发展。我们常说的“文山会海”即属于“超负荷信息”沟通。许多人陷在“文山会海”之中，浪费了大量的时间和精力，无暇顾及工作。这些文山会海打的名义都是信息沟通，但它们实际上却妨碍了真正的、有价值的信息沟通，在信息过量的情况下，常见的结果是：大量会议陷入无休止的争论中，议而不决，决而不做；大量的信息资料无人认真对待，被堆在库房中，最后被当作废纸卖掉。

4. 接收者的收听和接收能力，特别是对自身利益构成威胁的信息

在很多情况下，许多人出于各种各样自身的考虑，特别是对向上流动的信息进行“过滤”。他们或是怕某些信息上达对自己不利，或者是为了得到自己需要的结果，都按照自己的需要层层过滤有关信息。而这种信息即使上达到领导层，往往反映不了全面真实的情况。

（三）接受障碍

1. 怀有成见

如果员工对上级领导怀有成见，即使上级领导传达了正确的信息，员工也会认为信息可能是假的；反过来说，如果一位领导对其员工有成见，那么，员工的上报材料即使是实际情况的反映，领导也很有可能认为材料

里面含有“水分”。

2. 传递者和接收者之间的矛盾

在接收信息时，接受者的感觉也会影响到他对信息的解释。如果在传递者和接收者之间存在矛盾，那么，接受者在接受信息时，会自觉与不自觉地感受到强烈的情绪体验。这种状态常常使我们无法进行客观而理性的思维活动，代之以情绪性的判断。以至于最后我们所看到的不是事物的真实面貌，而是情绪化体验后对事实的解释。

信息沟通的障碍是一种客观存在，人们不可能完全消除它们。但是，人们完全可以采取一些措施，改进组织中的沟通，尽量避免对沟通的损害。

三、改善团队中的沟通行为

为了改善组织中的沟通，人们进行了大量的研究和探索，提出了许多改进的措施。归纳起来主要分为两大类：技术性、方法性和制度性的。

（一）改善沟通的技术和方法

这些技术和方法主要是针对信息在流动过程中出现的问题予以克服。

1. 表达

进行有效的信息沟通，其首要前提是，人们表达的信息必须别人能理解，信息必须是清楚明确的。无论是文字还是谈话，首先要做到让别人能懂。这看起来很容易，实际上不容易做得很好。一个好的沟通者应该具有较好的表达能力，能将自己的意思完整准确地表达出来。

如果是文字信息，应该简明扼要，具有一定的可读性。应尽量选择精确的词汇。我们经常看到一些文件、通知、简报等写得晦涩难懂，不用说理解，连读都很困难。特别是有些文字信息，不考虑对象的具体情况，使得普通职工很难理解。

谈话同样如此。谈话的特殊性在于：它是即时发生作用的。这就要求谈话者对自己要表达的内容有清楚的考虑，同时针对不同的对象“见什么人说什么话”。

一般来说，信息越简单明了，就越容易得到正确理解，如果要表达的信息十分复杂，应该逐步表达出来，给接受者以理解、消化信息的机会。

2. 倾听

很多管理者都有这样的体会，一位因感到自己待遇不公而愤愤不平的员工找你评理，你只需认真地听他倾诉，当他倾诉完时，心情就会平静许多，甚至不需你作出什么决定来解决此事。这只是倾听的一大好处，善于倾听还有其他两大好处：第一，让别人感觉你很谦虚。第二，你会了解更多的事情。也有一些人，特别是团队的管理者，由于不善于倾听其他人的意见和看法，而使沟通受到阻碍。

倾听是一项很值得重视的沟通技巧。研究表明，我们每天花了50％至70％的工作时间在倾听。一个普通的听讲者在10分钟内，只能记取一半所听到的内容，而最多只有25％所听到的内容能真正明白，正确地衡量和留存。一谈到倾听，许多人还不以为然，认为这是人的一种理所当然具备的能力。事实上，他们是把听和倾听混为了一谈，二者有何差别？听主要是对声波振动的获得，倾听则是弄懂所听到的内容的意义，它要求对声音刺激给予注意、解释和记忆。

能够有效地倾听信息并不是一件很容易的事情。在现实生活中，我们在听别人讲话时总是自觉不自觉地联系自己的经历，常见的反应方式有四种。

评估：对别人的意见肯定或否定

探究：按自己的看法提出问题

劝告：好为人师，以自己的经验提供忠告

解释：以自己的行为与动机衡量别人的行为与动机

请看一段《父子对话》

“上学真是无聊透了！”

“怎么回事？”（评估）

“学的东西不实用。”

“现在看是这样，当年我也是这样想的，可是现在觉得那些知识还挺有用的，你就忍耐一下吧！”（劝告）

“忍耐，别提这两个字了，我已经忍耐了10年了，难道那些X＋Y能让我学会修车吗？”

“修车？少跟你老爸开这类玩笑。”（评估）

“我不是开玩笑，我的同学王明辍学修车，现在月收入不少，这才叫有用呢！”

“现在或许如此，以后他后悔就来不及了。你不会喜欢修车的，好好念书，将来还怕找不到好工作。”（劝告）

“我不知道，可是王明现在就很成功。”

“这所高中可是重点高中，升学率很高的，你已经尽了全力了吗？”（评估，劝告）

“可是同学们都有同感。”

“你知不知道，把你养这么大容易吗，你妈和我牺牲了多少？都读高二了，不准你半途而废。”（评估）

“我知道你们牺牲很大，可是不值得。”

“今后你应该多读书，少看电视。”（好为人师，价值判断）

“爸，唉——算了，多说也没有用。”

如果我们换一种方式，姑且叫做倾听的方式重新对话一次，其效果就大不相同了。

“上学真是无聊透了！”

“上学太无聊，看来你已受不了了。”

“没错，学的东西根本不实用。”

“也就是说，现在你读的书对你没什么大的用处了。”

“也不能那么绝对化，你看人家王明，现在修车也很好，这才叫实用。”

“这么说，你觉得他的选择很不错了。”

“从某个角度看是这样。”

“那从另外一个角度看还是这样吗？尤其是现在这个社会，没有文化或文化水平很低，你觉得行吗，儿子？”

“不行。不过，我害怕我考不上大学。有句话我跟你说说，你可别告我妈说，不过，反正她迟早会知道的。今天学校举行阅读能力测验，结果我只有初中程度，可是我已经读高二了！”

“没有别的办法来弥补了吗？比如，上一个加强阅读能力补习班之类的。”

“我已经打听过了，收费挺高。”

“费用是我们考虑的因素，但关键是效果如何，你再打听得详细一点，如果还行的话，从下周就开始，好吧?”

“行。”

第一种对话由于不会倾听，作父亲的唯我独尊，一味地用自己的观点去揣摩儿子的世界，所以不可能听到儿子的心声。

由此看来，积极倾听技巧应把握以下三个原则：

(1) 谈话尽量要有第一人称或要有第一人称的情感出现；

(2) 要站在对方的角度进行理解沟通；

(3) 要用积极的语言代替消极的语言。如尽量要有第一人称或要有第一人称的情感出现：

“你去年干得不错。”“我对你去年的成绩很满意。”“你应付额外工作极好。”“你应付额外工作的方式给我留下了很深的印象。”“你的实验室安全记录不很好。”“我对你的安全记录很失望”“坦诚地告诉我，你从我这里需要什么。”“我对你在评价中沉默寡言感到不安。”“张三，我明天下午5点钟要那个报告，以便把你的数据和我的合并起来。如果我们的综合数据不能按时交就太糟糕了。你如果想找个安静的地方工作，可以用备用办公室。我知道你不会让我失望的——谢谢你，张三。”“张三，多谢你让我按时拿到了那个报告。这也意味着我能及时把数据合并起来。谢谢，真的非常感谢你。”

再如用积极的语言代替消极的语言：“我恨这事儿，真浪费时间。”

——“你的意思是说，本来今天你是可以很好地利用时间的，对吗?”“这都是纸上谈兵。”

——“你是说你想要一些实际的建议，对吗?”“我不干了。”

——“你真的不能做什么了吗?”

也有人提出了一些建议来改善沟通者倾听信息的能力：

(1) 只听不讲，保持沉默，不要打断对方讲话，或多听少讲，自己如果总是讲话，就无法静心倾听。

(2) 不要因为自己不喜欢某个人的发言方式，就不愿意听他说话。应该注重他在说什么，而不是怎样说。

(3) 向讲话的人表示你在注意倾听，给予对方以明确的反馈，如点头、面部表情等，使自己成为一个有反应的听者。

(4) 听人讲话时，要平心静气，不要表现冷淡与不耐烦，切勿读信件、报纸等，不要乱写乱画，或搞些漫不经心的动作。

(5) 最好根据对方的谈话，适当提出一些问题，这对讲话者既是一种鼓励，也有助于引导谈话者产生新的观点。

(6) 如果讲话者谈论一些令人厌烦或无价值的话时，可以通过适当的提问，将谈话引导到使你感兴趣的问题上来。

(7) 保持镇定的情绪，特别是当对方的谈话与自己的想法有冲突时，要谨慎地对待争论和批评，切忌急躁。盛怒之下人们很难控制自己的情绪，说出一些不该说的话来。

(8) 如果某个谈话内容技术性很强或难于理解，应该认真思考，虚心请教，尽量调动自己的积累知识去理解，不要打断谈话，或者表现出不愿听的情绪。

(9) 既要倾听讲话者直接表达出来的意思，也要注意其中暗含的意思，分辨出讲话者是否在试图传递隐含的信息。

(10) 注意讲话者的谈话方式，看看其中是否有一些自己可以学习的东西。每一次谈话，都可以成为改善自己沟通能力的机会。关键在于自己是否愿意学习。

(11) 应善于把讲话内容综合起来，在谈话过程中随时把握整个谈话的逻辑结构，及时剔除那些无价值的信息，保持谈话的高质量。

不善于倾听的沟通者无法获得有价值的信息。

你能够认真倾听吗？下面是倾听能力的自我问卷。(17)

根据你在最近的会议或聚会上的表现真实填写。请把下面15个题目回答两遍。第一遍，对每个问题回答“是”或“否”；第二遍，如果你对自己的回答感到满意，则在是或否的后面填“十”号；如果你希望改变你的回答，则填“一”号，然后改正过来。

(1) 我常常试图同时听几个人的交谈。

(2) 我喜欢别人只给我提供事实，让我自己作出解释。

(3) 我有时假装自己在认真听别人说话。

(4) 我认为自己是非言语沟通方面的好手。

(5) 我常常在别人说话之前就知道他要说什么。

(6) 如果我不感兴趣和某人交谈，我常常通过注意力不集中的方式结束谈话。

(7) 我常常用点头、皱眉等方式让说话人了解我对他所说内容的感觉。

(8) 常常别人刚说完，我就紧接着谈自己的看法。

(9) 别人说话的同时，我也在评价他的内容。

(10) 别人说话的同时，我常常在思考接下来我要说的内容。

(11) 说话人的谈话风格常常影响到我对内容的倾听。

(12) 为了弄清对方所说的内容，我常常采取提问办法，而不是进行猜测。

(13) 为了理解对方的观点，我总会很下功夫。

(14) 我常常听到自己希望听到的内容，而不是别人表达的内容。

(15) 当我和别人意见不一致时，大多数人认为我理解了他们的观点和想法。

正确答案：1. 否； 2. 否； 3. 否； 4. 是； 5. 否； 6. 否； 7. 否； 8. 否； 9. 否； 10. 否； 11. 否； 12. 是； 13. 是； 14. 否； 15. 是。你的得分是：105－（错误答案的个数×7）

91—105 分，你有着良好的倾听习惯；

77—90 分，还有很大程度可以提高；

低于 76 分，你是一个很差劲的倾听者，需在倾听技巧上下些功夫。

3. 设身处地、由己及人

这是在沟通过程中，一个人把自己放到对方的位置上去思考问题，这样有助于双方的相互理解。心理学的研究表明，人类之所以能够相互交流思想，基础之一即是人类具有这种设身处地、由己及人的能力。人能够超越自身，在想象中站在他人的角度上，为相互理解提供了共同的基础。如果有人缺乏这种能力，人与人之间的交流就会受到妨碍。因为这个人不能理解对方为什么这么说，也不知道自己的反应会给对方造成什么影响。我们常说有些人“不懂事”，实际上指的就是缺乏这种能力。

具有这种能力，意味着对他人的理解，了解他人的处境和原因，首先与对方建立起感情上的沟通，而感情相通者甚至可以预测对方对信息的反应。一个管理者如果能设身处地为下级着想，了解下级的困难和问题，他就能够作出恰当的决定，通过信息沟通激励下级更加努力地工作。特别是当沟通出现困难时，设身处地地站在对方立场上思考就变得十分重要。沟通者应运用这种方法，找出困难的原因之所在，然后给予解释说明，解决存在的问题，沟通才会顺利进行。缺乏这种能力的人，往往在沟通已出现困难的情况下，依然不知所以然，完全忽视了对方的存在。

4. 对上沟通与对下沟通

(1) 对上沟通

A. 拥有自信心是前提。有家爱尔兰人想移民美洲，全家人省吃俭用，凑够了去美洲的低等船票。旅途中，他们只吃自己带的面包和饼干，并满怀嫉妒地看着他人去餐厅就餐。

旅途将要结束时，自己带的干粮被吃光了，因为还有剩余的路程，父亲只好厚着脸皮去找服务员："服务员，能不能给我们点吃的，我的孩子快要饿死了。"

服务员惊奇地说："为什么你们不到餐厅就餐呢?"

父亲有点无可奈何："我们没有那么多的钱。"

"可是那全是免费提供的呀!"

"什么，你说什么?"父亲尖叫起来，"本来我们的旅途是可以很愉快的。"因为贫穷，连向上沟通的信心与勇气都没有了。在这个世界上，令人最沉痛的醒悟就是："本来我也可以……"

在现实生活中，有许多人就是因为不敢对上沟通，而错失了许多良机。机遇就像一个小偷，来时无声无息，走时却令你损失惨重。浪费机遇是人生最大的浪费。

B. 书面沟通的语言一定要准确、简洁、生动。作为领导人，每天都有许多事等待着他去做，作为书面沟通的文件，一定要简洁、准确。否则，上级看了八页还不知道你想说的是什么，我想，再有耐心的领导恐怕也会将你写的材料束之高阁的。

C. 尽量多用口头沟通。美国曾有人作过调查，请经理们选择良好的沟通方式，结果55%的经理认为直接听口头汇报最好，37%的人喜欢下去检查，18%喜欢定期会议，25%喜欢下面写汇报。另有调查，问：总经理先生，在传达重要政策时您认为哪种方式最有效?在被调查的55人中，有44人选择了在会议上作口头说明，有27人选择了亲自接见工作人员，有16人选择了在管理公报上宣布政策，有14人选择了在内部备忘录上说明政策，有一人选择通过电话系统说明政策。这些都说明倾向于面对面的直接沟通、双向沟通和口头沟通者居多，为什么?因为在沟通过程中，直接的、双向的口头沟通，传递的信息量最大，它提供了大量的信息线索如语言、体态、面部表情、手势、语调和即时的信息反馈，包括言语和非言语两种方式。

从沟通渠道丰富性的层级上来看，最为丰富的就是面对面的交谈。况且，面对面交谈的事项多为信息模棱两可的事，如果清楚明确的事项，下发一个文件就足以了。

沟通渠道的选择见图 10—2

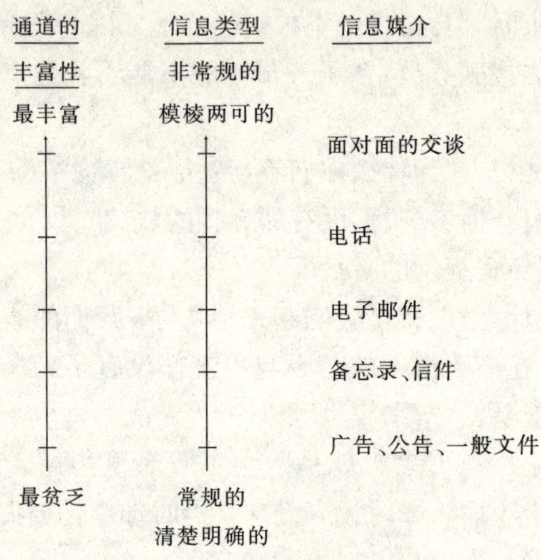

图 10—2　沟通渠道的选择

口头沟通一定要先酝酿一个程序，使自己显得很有条理性，哪怕只有几个字也行，先讲什么，后讲什么，要心中有数，做到三思而后行。

D. 情绪控制要恰当。在我们的身边有许多人认为，自己的上司不如自己。其实，人各有优劣，在技术型的公司里，老板通常是技术带头人，但与人打交道并非他们的强项；在家庭企业中，老板是子承父业；在公共服务业中，老板的能力常常让人不敢恭维；在销售型的企业中，成功的销售人员转而当了老板，却将管理搞得一团糟；在一些政府机关里，论资排辈是常见的现象；在新兴的信息技术公司及网络公司里，老板通常经验不足，不善于处理危机，等等。

术业有专攻，何必要按自己的心愿来选择老板并要求其十全十美呢？自己如果真的坐上了领导的宝座，能做到十全十美吗？在剧烈变化的环境中，能够生存下来的不是那些最强壮的，也不一定是最聪明的，而是那些最灵活的。最先适应环境的猿猴才变成了人，不能适应的成了濒危动物，放在了动物园。正确的态度就为：适应上级，影响上级，改造上级。

公开对抗、情绪化是没有修养的表现。世界对爱动感情的人，是个悲剧，对爱思考的人，是个喜剧。

不要局限在你能干什么，一定要明白上级让你干什么；不要问别人干什么，先要把握住我应干什么；不要问过去我干的是什么，整明白我现在是干什么的，将来要干什么。

总之，形势估计得要复杂一些，措施想得要周全一些，心胸放得要开阔一些。

E. 多用侧向思维，避免观点的直接碰撞。宴席上一人曰："我发现我们吃的是动物的尸体!"众人停箸默然。可见真话不仅逆耳，而且败胃口。人们常说：良药苦口利于病，忠言逆耳利于行。良药为什么一定要苦口呢？所以人们在苦药的外表包了一层糖衣，不照样能够解决问题吗？同理，忠言为什么不能顺耳呢？尤其是对领导，多用侧向思维很有好处。

（2）对下沟通

对下沟通常见的有表扬和批评。提起表扬和批评，大凡作为领导，每个人都有自己的一套。下面程序化的方式仅供作为参考。

A. 表扬

描述他的一个进步；

解释这个进步对他及本单位工作的重要意义；

富有同情心地倾听雇员关于取得这个进步所作努力的陈述；

询问雇员，为他作什么，能使他的工作更方便、更有效；

如果方便的话，对他提起你将对他采取的奖励计划；

谢谢他的优良表现。

B. 批评

及时批评；具体指出毛病出在哪里；

以毫不含糊的语言告诉他们，你为他们的错误感到难受；

令人难堪的短暂沉默，让他们感受你的心情；握手或友善地拍拍他们，使他们明白你和他们同舟共济；

提醒他们，你是如何器重他们；

让他们清楚地懂得，你对他们印象不错，但是像这样干可不行；

说清楚，批评完就完了。

5. 例外与需知原则

为了解决信息过量妨碍沟通的问题，有两种方法可以考虑：第一，只有那些属于“例外”的情况，而不是例行的指令等信息，才由下级按照正式渠道向上沟通。这样保证上级了解到的信息都属于他们必须注意的，这些信息反映了对原有期望状态的偏离。第二，上级只将那些必须让下级了解的信息向下传递，以免干扰下级对信息的理解。但是必须注意，运用这两种方法有一个前提：组织的结构和日常行为比较规范，无需过多的沟通就可有条不紊的工作。因此，只有在必要的情况下，才进行必要的信息沟通。

改善团队中的沟通还有许多具体措施，我们在前面的讨论中已多有涉及，这里就不再赘述。

（二）制度性措施

沟通的技巧和方法固然重要，但沟通绝不仅仅是一种临时性的技巧和方法。沟通是一种制度，改善沟通也必须有制度性措施。当然这里讲的制度性措施，是从对原有沟通制度进行改进或补充意义上讲的。

1. 设计固定沟通渠道

2. 形成沟通常规这样的形式很多，如召开例会制度、相互交换信息、报告等

3. 建议制度

鼓励员工就他们任何关心的问题提出意见。这实际上是为了避免向上沟通的信息被滤掉，采取了某种强行向上沟通的办法。因此，单纯的鼓励是不够的，因为等级和权力上的差别肯定会形成阻碍。团队必须建立起一套建议制度，保证强行向上沟通，诸如接待日、领导者直接深入基层、物质奖励等。如果领导者深居简出，员工很难见一面，这必然带来沟通的困难。

各种各样的参与管理，参与决策的制度，实际上也都起到了改善沟通的作用。

第十一章

团队冲突

团队为了达到其目标，应建立和谐的人际关系。团队只有协调与合作，行动才能一致。但遗憾的是，由于客观存在的种种差异性，在团队内部和团队之间往往存在着各种冲突。有些人十分害怕冲突，认为这必须绝对禁止以免造成伤害而付出痛苦的代价。但另外也有一些人认为这是一种良性的争执，而且可以凭借化解冲突过程中得到满足的成就感。

你是哪一种人?

事实上，并非所有的冲突都是坏事，有时候就是需要不同的观点彼此激荡才可发出改进的火花。如果有一天团队中的人们都可以自由表达自己的心声或喜恶，或者不把这视为是一种“毒瘤”而是一种健康的表现时，那整个团队必会因为多元化而受益。因为毕竟我们如果意见完全一致的话就不会有任何进步了。

有了冲突虽不一定都是坏事，但却是一件令人忽略不得的事，它听之无声，看之无影，却以一种无形的力量在影响着人们的一举一动，如果处理不妥，其后果是团队内员工流失，绩效下降。

一、冲突的定义及分类

个人或团队之间由于对同一事物持有不同的态度与处理方法而产生矛

盾，这种矛盾的激化就称为冲突。冲突常常表现为由于观点、需要、欲望、利益或要求的不相容而引起的一种激烈争斗。

管理者既要洞察到冲突发生的可能性，尽量缓和与避免冲突的发生，又要正确地对待已经发生的冲突，科学合理地加以解决，使冲突结果向好的方面转化。其次管理者应该用辩证的观点来对待冲突，要注意和分析冲突的不同性质，要善于在对与错、是与非等问题上明确表态。

冲突的不同性质，一般是指：建设性冲突，即由于双方目的一致，而解决途径不同所产生的冲突；破坏性冲突，即由于双方目的不一致所引起的冲突。两者的划分不是绝对的，往往是综合交叉，也可相互转化。团队领导要提倡建设性冲突，激发员工工作积极性，减少对抗性冲突。

对中国人来说，总体上认为冲突是不利的。过分强调了冲突破坏性的一面，主张“和为贵”、“和气生财”、“家和万事兴”，凡事采取中庸之道，尽量避免冲突，以求和平共处。所以管理人员一般都会认为，冲突会威胁到团队的内部和谐及团结，使团队的正常活动受到干扰，造成员工的不满。为此，管理者希望团队能够风平浪静，没有冲突就代表了管理者的工作效果良好。其实这是片面的，如果能够有效管理冲突，冲突可以帮助团队提高绩效，可以激发大家去思考问题，寻求改变，发展创造力等。

表 11—1　　**两种不同性质的冲突比较**

建设性冲突	破坏性冲突
1. 双方对实现共同的目标的关心	双方对赢得自己观点胜利十分关心
2. 乐于了解对方的观点、意见	不愿听取对方的观点、意见
3. 大家以争议问题为中心	双方由问题的争论，转为人身攻击
4. 互相交换情况不断增加	互相交换情况不断减少，以致完全停止

二、冲突产生的根源

团队总存在着许多导致冲突的潜在根源，一旦有了冲突的起因，冲突就会出现。概括起来，冲突的原因有以下几种：

（一）价值观和利益的冲突

价值观深受信念影响。不同价值体系的人想要一起工作时，通常会发生冲突。在一个团队中老年人和青年人之间的冲突，经常是由于价值观不一致而引起的，这就是人们通常所说的“代沟”。冲突涉及到价值观时，人们就很难改变立场，因为人们投注了强烈的情绪感觉和信念在里面。

（二）有限资源的争夺

相对于员工的需求来说，团队所拥有的资源总是有限的，为了提高这些资源的使用效率，必将按照公平和效率而不是平均的分配方式来进行，这就会引起部分员工的心理失衡，特别是团队中的资金、名誉、人员、地位、时间、权力等越是稀缺，越容易导致一部分人的心理失衡，如评奖，一方面是名额的有限性，另一方面又有众多的需求者，二者之间必然产生矛盾，孕育冲突。

（三）分歧的目标

许多时候，团队冲突都是因为各自之间的行为目标存在差异。生产部门乐于接受定型的生产任务，而销售部门则希望产品的多样化。同一团队内的不同员工由于对市场调查的信息掌握不同，而对开发市场有不同看法，甲想以改进产品的质量来帮助公司得到更多利益，而乙却想要看到公司因为降低价格而得到更多好处。这必然引起冲突。

（四）职责不清

由于对出现的任务应该由谁负责，存在着不同的看法而出现的冲突，这是团队内经常发生的事。由于职责规定不清，使得两名或多名员工对工作互相推诿或者争着插手，引起冲突。

(五) 个人的素质和经历

团队是由不同的成员组成的，这些成员在知识、态度、经验和观点等方面都存在差异。差异就是矛盾，差异的存在必然导致团队成员之间不可避免地会发生这样或那样的冲突。如：对周围世界的感受，没有两个人的感觉是一样的，每个人的感觉像独特而有个性的过滤器，透过它，把每一件事解释为主观的现实。而这通常会导致误解、困惑及冲突。

引起冲突的原因很多，如还有沟通问题，角色的压力，知觉问题等等，在此不一一列举。

三、冲突对团队的影响

冲突根源的客观存在使冲突的存在成为一种必然，如何正确认识冲突，对于有效的团队管理具有重要意义。

(一) 适量的冲突有利于工作绩效的提高

适量的冲突有助于促进创新。由于不同意见、观点的交锋，使人们的认识逐步取得一致，同时不同观点的交锋有利于引发创造性思想的产生。由于公开的冲突，使问题显露出来，暴露了分歧的因素，冲突双方表明了自己的观点，促进意见交流，增进了解，紧张的情绪得到宣泄，使冲突者感到互相接近，不致于使不团结的因素隐瞒下来，造成更大的矛盾。所以冲突有助于消除分歧，增进团结。

经过冲突，管理者为了解决团队内外之间的矛盾，会采取吸收、合并的方法，对团队结构进行调整。如果原领导不胜任工作，还可能使领导者发生变动，这种变动将促使团队发生有益的变化。

(二) 太多或太少的冲突会造成绩效水平的下降

如果冲突水平低，员工只顾因循守旧，不思进取，对改革没有反应，缺乏创意，工作效率低；过多或无法控制的冲突则破坏了团队的和谐，各人集中注意力攻击对方，勾心斗角，互不合作，无秩序，工作效率自然下降。如图 11—1 所示。

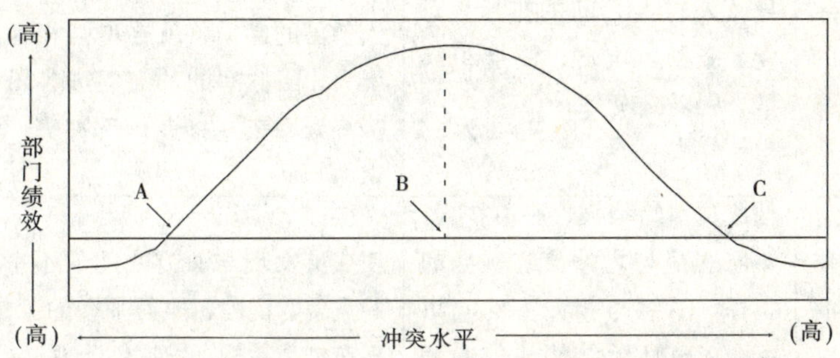

情境	冲突水平	冲突类型	部门的内部特征	部门的绩效水平
A	低或无	功能失调	冷漠、迟钝 对变化反应慢 缺乏新观念	低
B	最佳	功能正常	生命力强 自我批评 不断革新	高
C	高	功能失调	分裂 混乱无秩序 不合作	低

图 11—1 冲突与工作绩效的关系

(三) 冲突与精神压力

冲突会造成很大的精神压力，往往会影响冲突双方的精神健康。尖锐的矛盾冲突常常造成时间和金钱的浪费，决策错误更会造成资源的错误分配，给团队造成损失。有时冲突双方各抒己见，容易歪曲团队目标，使团队行为偏离团队任务。表 11—2 显示了冲突对于团队的利与弊。

表 11—2　　冲突对于团队的利与弊

	消极影响	积极影响
对成员心理的影响	带来损害，引起紧张、焦虑，使人消沉痛苦，增加人际敌意	使坚强者从幻觉中清醒，从陶醉中震惊，从不能战胜对方中看到弱点所在，发愤图强
对人际关系的影响	导致人与人之间的排斥、对立、威胁、攻击，使组织涣散，削弱凝聚力	“不打不成交”，使人加强对对方的注意，一旦发现对方的力量、智慧等令人敬畏的品质，就会增强相互间的吸引力，团体间的冲突促进各团体内成员一致对外，抑制内部冲突，增强凝聚力
对工作动机的影响	使成员情绪消极、心不在焉，不愿服从与之冲突的领导的指挥，不愿与相冲突的同事配合，破坏团结愉快的心理气氛，减弱工作动机	使成员发现与对方之间的不平衡，激起竞争、优胜、取得平衡的工作动机，振奋创新精神，发挥创造力
对工作协调的影响	导致人与人之间、团体与团体之间的互不配合、互相封锁、互相拆台，破坏组织的协调统一和工作效率	使人注意到以前没有注意到的不协调，发现对方的存在价值和需要，采取有利于各方的政策，加以协调，使有利于组织的各项工作均得以开展
对组织效率的影响	互相扯皮，互相攻击，转移对工作的注意力，政出多门，互不同意，降低决策和工作效率，互争人、财、物，造成积压、浪费	反映出认识的不正确、方案的不完善，要求人全面地考虑问题，使决策更为周密
对组织生存、发展的影响	冲突达到一定程度后，双方互不关心对方的利益及团队的整体利益，有可能使组织在内乱中濒于解体	冲突本身是利益分配不平衡的表现，它迫使人通过互相妥协让步和互相制约监督，调节利益关系，使各方在可能的条件下均得到满足，维持内部的相对平衡，使组织在新的基础上取得发展

从表 11—2 可以看，如果冲突旨在促进竞争、提高工作努力和效率，那可能是有益的，太少的冲突，可能会导致停滞不前；但无法控制的破坏性冲突会对团队产生威胁。由于成员和团队对冲突所造成的压力忍受度不同，故冲突不应太大。最主要的是，冲突的本身并不危险，危险的是处理不当。

四、管理者经常面临的几种冲突

(一) 自身的冲突

通常指个人生活与公事之间的冲突，或是个人价值与团队目标之间的冲突。如果你刚刚就任主管就会发现，当新的责任加到你身上时，你很像以前一样处理你个人的生活。如果你在工作时的压力与负担很重的话，回家一定要发泄一下，以减缓压力，通常人是很难不把工作时的压力带回家的，于是，沮丧、失望与受挫的心灵往往会干扰到我们的私生活。

你究竟在工作上付出了多少？你会把未完成的工作带回家吗？你是不是比其他人都早到或晚归？如果你不幸有的话，这就表示你已付出私人生活的代价了。在你增加工作时间的同时，无形中就减少了个人的业余时间，你的家庭生活自然就会受到影响。如果这是暂时性的而且家庭其他成员都能体谅你的话，还好，但如果这种情形一直下去，而且家庭的成员都不支持你这样做，那你恐怕很难化解这种冲突了。

另外一种个人的冲突是个人的价值观与团队的目标无法吻合。如当公司进行非法生产时，你或许会睁一只眼闭一只眼地继续工作，让你的正义与公理暂时平息，直到有一天你能离开此地；你或许会对公司继续效忠下去，只要求你自己的团队能够“出污泥而不染”。但无论如何，这都是非常痛苦的抉择。在做任何事情之前都要仔细想清楚。

（二）和属下之间的冲突

通常发生在和属下之间有不同的标准与不同的期望之下。你希望他们能尽快地完成他们的工作，而他们却认为你的要求太严苛了，也太不合理了，因此你就会变得很沮丧，也十分恼火，觉得莫名其妙。另一方面，员工们的需求是丰富多采的，而你能够满足的是有限的。

（三）和上司间的冲突

这个冲突的角色和上一种刚好相反，这个时候，你会觉得上司对你有不合理的期望与企求，或者你自己的要求（自认为是合理的），上司不理不睬，你肯定会觉得十分沮丧，这些都会为冲突埋下隐患。

（四）属下之间的冲突

由于不同的期望、角色，个人的经历，目标、任务的理解，资源的有限性等等因素的制约，属下之间的冲突是大量存在的，但管理者切不可“视而不见，听而不闻”，不可用掉以轻心的态度去对待这些冲突。

五、处理冲突的方法

当团队发生冲突时，首先要对冲突的性质进行全面细致的分析，然后根据冲突的不同性质，采用适当的方法，有针对性地加以解决。

（一）托马斯的两维空间模式

托马斯认为，解决冲突的方式有五种典型的方式。见图 11—2。

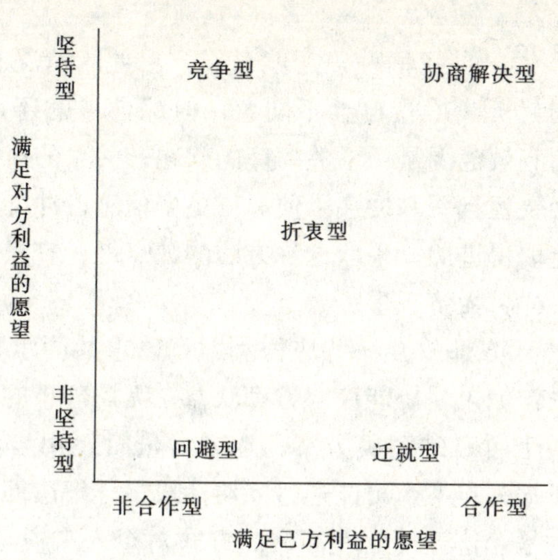

图 11—2　处理冲突的典型策略

1. 协商解决型，又叫交涉与谈判型。主要由双方派出代表通过协商解决冲突，双方的意图是澄清差异，求同存异，以谋求共同的解决方法。在以下情形下运用这种方法较为有效：卷入冲突的双方都受过解决问题的技巧培训；冲突双方有着共同的目标；冲突原因是双方缺乏交流或仅仅是因为有误解。这种方法的缺点是：对价值观不同或目标各异的人不灵。

2. 回避型。指的是一个人可能意识到了冲突的存在，但希望逃避它或抑制它，使其不了了之。这种方法的有效范围是：冲突起因不过是些琐碎小事；冲突缺乏双赢协商技巧；冲突带来的潜在利害关系得不偿失；没有足够的时间。这种方法的不足之处是只能暂缓人们直接的面对面冲突，而无法主动化解。

3. 竞争型。指的是一个人在冲突中寻求自我利益的满足，而不考虑他人的影响。即唯我是图，试图以牺牲他人的目标为代价而达到自己的目标，试图向别人证实自己的正确。牺牲他人的目标为代价而达到自己的目标，试图向别人证实自己的绩集决策是正确的，而他人的则是错误的，出现问题时试图让别人承担责任。这种处理手法适合以下情形：需要迅速行动和当机立断；冲突双方均认可强权关系。采取这一策略的弊端是：冲突的真正起因得不到解决；另外，还须考虑输家的情感，他们一有时机就可能报复。

4. 迁就型。做出自我牺牲，迁就对方。常见的情况有：牺牲自己的目标使对方达到目标，尽管自己不同意，但综合考虑还是支持他人的意见。这种方法的有效范围是：不关痛痒的问题；关系的损害会伤及冲突各方的利益；有必要暂且缓和冲突以便取得更多信息；冲突双方情绪太过激动，根本不可能取得进展。采取这种方法的缺点是：它只是权宜之计，有点像杯水车薪一样，无济于事。

5. 折衷型。双方都放弃一些应得利益，以求共同承担冲突问题。折衷法的有效范围：如果妥协能使双方都获益；无需理想的解决方案；只想为复杂的问题找个暂时的解决方案；双方力量旗鼓相当。此方案的缺点是：大家都有所损失；不大可能通过妥协达成最佳解决问题的方案。

应当说明的是，这五种处理冲突的方式对个人来说，各有各的偏好，在特定情况下，无好坏之分。也就是说，当面对冲突情境时，有些人希望不惜一切代价获胜，有些人希望发现一种最佳的解决方式，有些人希望逃避，有些人希望施惠于人，还有一些人则希望共同分担。中国人崇尚和谐共处，顾及长远的关系，以互惠互让的方法处理纷争，所以宁可采用妥协、逃避等较为忍让的方法，至于竞争的方法一般不太受重视，以免伤害彼此融洽的关系及有损面子。

自测题：你处理冲突的基本意图是什么？(18)

下面列出的每一种做法你是否经常使用？圈出最符合你的数字。由1—5 表示你对命题的感觉由弱到强。

(1) 与同事一起讨论我遇到的问题，以显示我的意见的优越性　1 2 3 4 5

(2) 我与同事共同协商，以找到一个折衷方案。　1 2 3 4 5

(3) 我试图满足同事的期望。　1 2 3 4 5

(4) 我与同事一起研究问题，以找到一个双方都能接受的解决办法。　1 2 3 4 5

(5) 在任何问题上，我总坚持自己的看法。　1 2 3 4 5

(6) 我试图回避针锋相对，并把自己与同事之间的冲突藏在心里。　1 2 3 4 5

(7) 我总坚持自己对问题的解决办法。　1 2 3 4 5

(8) 我使用互相让步的方式获得折衷解决的办法。 1 2 3 4 5

(9) 我与同事相互交换信息，共同解决问题。 1 2 3 4 5

(10) 对于我与同事之间的差异，我回避开放的讨论方式。 1 2 3 4 5

(11) 我会迁就于同事的希望和要求。 1 2 3 4 5

(12) 我试图把我们关注的所有问题公开化，以便找到最佳解决办法。 1 2 3 4 5

(13) 为了打破谈判僵局，我倾向于采用中庸之道。 1 2 3 4 5

(14) 我常常赞同同事的意见。 1 2 3 4 5

(15) 为了避免对方的激烈情绪反应，我试图把自己与同事之间的不一致意见藏在心里。 1 2 3 4 5

为了确定你处理冲突的基本意图，请在代表各个问题的数字后面写出代表你选择的分数，然后相加。

竞争＝1＋5＋7＝？

协商＝4＋9＋12＝？

回避＝6＋10＋15＝？

迁就＝3＋11＋14＝？

折衷＝2＋8＋13＝？

得分最高的一类便是你解决冲突的基本意图，其次是得分第二高的。

(二) 仲裁法

当冲突双方经过协商仍不能解决冲突时，就需要有第三者或较高层次的领导人出面调解，进行仲裁，促使冲突得到解决，这种方法亦称互助解决法。

(三) 权威解决法

当冲突双方通过协商不能解决，又不服从仲裁时，可以由上级主管部门作出裁决，按“下级服从上级”的组织原则，强制冲突双方执行上级决定或命令。使用权威或强力解决冲突往往不能从本质上解决问题，在具体适用中要注意熟悉情况，裁决公正、正确。或者由上级部门通过改变团队员工的组成来减少冲突。如把爱“闹事”的人调出去。这种方法在情况紧迫时有其特殊的作用。但要注意在任何情况下，权威都不仅仅是权力。

（四）目标升级法

提出一个新的高层次的共同目标，该目标不经冲突双方的协作努力是不可能达到的。通过双方的共同努力来逐步缓解对立情绪。

谢里夫曾做过一个实验。他召集12岁的男孩兴办夏令营。这些孩子被分成两个彼此没有交往的独立小组。小组内通过一系列的活动非常亲近。后来，谢里夫故意挑起争端，使两个小组互相不满。

当冲突明朗化后，谢里夫又试图使他们和睦。他先后尝试了多种方法，如分别向每组说对方的好话，邀请两组的孩子一起吃饭、看电影，让两组的组长坐下来讲和，均以失败而告终。要么是拒绝这些信息，要么是互有敌意，成员之间很难接近，要么是这些领袖们不敢背叛自己的成员，以免被罢官。

最后，谢里夫设置了一个共同的目标，这个目标只有大家都共同参与才能实现。他故意弄坏了营地的食品运输车，使得双方孩子必须一起来推车才能把食品运回营地。由于需要一起克服困难，两个小组的孩子最终采取了友好的合作行为。

这种方法知易行难，因为首先，要冲突双方互相信任，充分合作；其次，若目标定得太远大，只是一种理想，未必切合实际，人总是比较现实，往往只顾及现在及眼前的利益，所以目标究竟该定多高，对每一个管理者来说都是一个不小的考试。

（五）卡片训练法

卡片训练法又称技能程序训练法，西方发达国家认为，只要是技能的，都是可以程序化的。他们认为，从大街上随便拉来一位老太太，只要通过训练，教她严格按“麦当劳”的配方配料，按“麦当劳”的程序操作，制造出来的就是标准的“麦当劳”食品。我们的观念则不同，要吃烤鸭，就得去全聚德，要吃涮羊肉就得去东来顺，只有那里最正宗，别处就不是那个味。再讲究一点的，即便去了全聚德、东来顺，还须看是哪位厨师掌灶，换一个人味道都不正。

关于“解决矛盾与冲突”，他们也有训练用的卡片。该卡片没有任何理论叙述，文字非常简练，几乎就是该项技能的操作步骤。先干什么，后干什么，易懂易记，训练的人照着做就是了。反复多次训练后，技能练会了，习惯也就养成了。

“解决矛盾与冲突”技能训练卡片

- 描述矛盾的现状及矛盾给双方带来的利害关系；
- 询问并理清产生矛盾的原因；
- 作出富有同情心的反应，但要表明自己的立场；
- 探讨各种可能的解决办法；
- 说服双方采取一些特殊行动，各自作些让步；
- 表达自己对双方解决矛盾、缓解冲突意向的理解和感谢。

第一步：正视现实。吵成这个样子多不好，一是伤和气，二是劳神，三是影响工作，四是损害名誉，五是影响了大家的奖金，六是……

第二步：查找原因。怎么会闹到今天这个地步的？找着找着就会发现，没有什么大不了的问题，若能早些沟通，绝不会闹成这样。

第三步：找到原因后，要沉住气，一不要简单、草率行事，二不要发脾气，批评人。按卡片指示——作出富有同情心的反应——这件事是没落到我头上，要是让我遇上，也许还没你们处理得好呢！这么一说，双方可能气都消去一半了。但是，同情心归同情心，立场还要鲜明，是非一定要讲清楚。

第四步：大家心平气和以后，就要设法寻找解决办法了，跟双方先背对背地商量。要不咱们这么着吧？要不咱们那么着吧。试探双方的口气，求同存异，探索双方都能接受的方案。

第五步：有了一个初步方案后，让双方面对面地沟通，启发双方高姿态，多作自我批评。只要有和解的愿望，什么事都好办了。“忍一忍风平浪静，退一步海阔天空”。

第六步：冬天过去是春天，双方重归于好后，作为领导人的甲，要诚心诚意地感谢双方对自己工作的支持，并真诚地说，以前都怪我工作不深入，使大家这么长久处于不愉快的心境下工作，今后我们精诚团结，共创新绩。

关于领导与下属可能出现的冲突：我们可通过下面的小案例，应用卡片训练法予以解决：

案例：

一个新组建的团队领导发现，虽然有些工作方法稍稍改变，简化程序，就能提高效率。但是，新组建的团队中有几个人的行为处事老是按照他们过去所在工作组的老皇历来办。

试问：这个领导怎样才能使他的这几个新部下心服口服地接受新的思路，且以一种新的观点看待自己的工作？

案例训练卡片

- 置他们于困境；
- 一段时间后，询问近期工作进展情况；
- 对面临的困难表示关注，然后和他们一起研究解决问题的方法，并适时地抛出自己对解决问题的思路或看法；
- 双方共同选择一种都能“接受”的方法；
- 询问他们如按这种方法去做，需要提供哪些帮助；
- 实施新方法后，关注进展情况。

第十二章

团队凝聚力与团队士气

在日常工作、生活中，我们常常会看到这样一些现象：有的团队内部，人与人之间勾心斗角，矛盾重重，干的不如看的，捣蛋的整肯干的，这个团队的目标再宏伟，再有吸引力，人们也不想多呆一天；而另一些团队却相反，成员间和睦相处，互相帮助，关系和谐，能很好地完成工作任务。有的团队活力旺盛，处处充满生机，有的团队如一潭死水，没有一点生机，这就是一个凝聚力和士气的问题。

一、凝聚力的概念与特征

（一）凝聚力的概念

团体的凝聚力即指团体对每个成员的吸引力和向心力，以及团体成员之间人际关系的程度和力量。它是维持群体行为有效性的一种合力。它可以通过团体成员对团体的向心力、归属感、荣誉感、责任感等来表示；也可以用团体成员之间的人际关系融洽、众志成城、齐心协力、友谊和志趣等态度来说明。团体凝聚力是衡量一个团体是否有战斗力，是否成功的重要标志。它对团队的存在和发展、团体行为和团体效能的发挥都有着重要作用。

（二）高凝聚力团体的特征

一个高凝聚力的团队，主要有以下特征：

1. 成员间意见沟通快，信息交流频繁，而不是互不理睬，老死不相往来。

2. 有良好的团体气氛，民主意识浓厚，关系和谐，成员没有压抑感。

3. 团体成员有强烈的归属感，并为成为该团队的一分子感到骄傲和自豪。而不是“孔雀东南飞”，跳槽现象不断。

4. 团队成员之间互相关心，互相尊重。

5. 团体成员有较强的事业心与责任感，愿意承担团体的任务，维护团体的利益和荣誉，集体主义精神盛行。

6. 团队为成员的成长与发展，自我价值的实现提供了良好的条件。

管理实践表明：有的团体关系融洽，凝聚力强，意见一致，团结合作，能顺利完成组织任务；有的团体成员之间意见分歧，关系紧张，相互摩擦，凝聚力差，个人顾个人，一盘散沙，不利于任务的完成。

二、影响团队凝聚力的因素

（一）外部影响因素

当团队遇到外力威胁时，无论这个团队内曾发生过或正在发生什么矛盾，只要尚有一息向心力，那么，成员们会立即求同存异，放弃前嫌，一致对外，特别是当团体内部每个成员都面临生死存亡的威胁和压力，任何人没有单独逃避的可能时，团体的凝聚力会大大增强。虽然，有时这只是暂时的行为，但却有利于实现群体的即时目标。

在受到外部威胁时群体通常会变得凝聚力更强，但这种现象是有条件的。如果团队成员认为实力悬殊，他们的团队根本无力应付外部的威胁和攻击，那么，团队作为成员安全之源的重要性就会下降，团队凝聚力就很难提高。另外，如果团队成员认为外部攻击仅仅是因为团队的存在而不是个人的原因引起的，只要团队放弃或解体就能终止外部的威胁或进攻，团队凝聚力也就可能降低。

（二）内部影响因素

1 领导方式

领导是团队行为的导向和核心，采取什么样的领导方式会直接影响团队的内聚力。美国心理学家温勒等曾做过这方面的实验研究，比较了民主、专制和放任三种领导方式下的实验小组的团队气氛。结果表明：开放、民主型领导方式下的小组，成员有充分表达自己意见的机会，有较强的参政意识，成员之间团结协作、互助友爱，活动交往积极性高，因而有较高的凝聚力；而专制型领导方式下的则不同，领导独裁、武断，一人说了算，成员没有参与团队活动的机会，包括集体活动，甚至决策，所以成员内心里对这个团队非常不满意，牢骚满腹，彼此之间推卸责任，甚至进行人身攻击，其攻击性言论明显高于民主型领导方式下的团队。至于放任的领导方式，团队本身就如一盘散沙，人心涣散，凝聚力肯定高不了。

2. 团队规模

团队规模大小是影响团队凝聚力的一个重要因素。规模过大，一方面容易造成团队成员意见分歧，信息交流与信息沟通受阻，另一方面成员之间相互接触相对减少，关系淡薄，再者，过大的团队容易产生人浮于事，互相扯皮、不负责任，办事拖拉等现象，更有甚者，随着团队规模的增大，团队内部产生小集团的可能性相应增大。如果团队内部再产生小集团，无疑会降低团队的整体凝聚力。但是，团队人数过少，内部压力太小，会失去平衡力量，影响工作任务的完成，另一方面，会造成团队成员心理不平衡，有了矛盾难以调解与解决，从而降低凝聚力。

3. 团队目标

团队目标是团队奋斗的方向，是团队成员的共同行为导向，一个吸引力、号召力强的团队目标，如果再与个人目标相一致，使成员通力合作才能完成，团队的凝聚力就会增强；反之，如果团队成员的任务目标互不关联，成员间交往合作少，感情就会冷漠，从而降低团队的凝聚力。

4. 奖励方式

管理心理学的研究与实践表明，个人奖励与集体奖励方式有不同的作用。西方管理心理学的研究一般认为集体奖励方式可能增强团体的凝聚力，因为团队奖励会使成员意识到个人的利益和荣誉与他们所在的团队是不可分割的。为了争得团队的奖励，他们必须紧密地团结奋斗。团队奖励将促进团队间的竞争，而团队间的竞争会导致团队凝聚力的增强；而个人奖励方式可能增强团队成员之间的竞争力，各人顾各人，从而使相互协作的成员形成利益对立关系，弱化团队的凝聚力。我国的研究证明，个人奖励与团体奖励相结合的形式，既能调动个人的积极性，又能增强团体的凝聚力。

5. 团队成员对团队的依赖性

人们参加一个团队，总希望满足一定的需求，包括物质的和精神的。在这个团队里，他喜欢它，可能仅仅是由于他喜欢这个团队所从事的活动或所做的事情。那些具有较高文化水平和较多特殊技能的人寻求在团队中施展他们的才能的机会时，这种吸引力可能会更大。此时，如果团队成员的多种需求在团队中得不到满足，或满足很少，团队也就失去其聚合的魅力。

6. 人际关系

一个人可以从某个团队内获得个人的满足，这是由于从其他成员的身体外观、态度和价值标准或能力方面，感受到的吸引力；或者是由于团队给予他心理上的慰藉。也就是说，在一个团队中，如果彼此间存有较强的人际吸引力无疑是一种聚合的力量，特别是团队中能够形成一个人际聚合中心时，使得团队比较容易规范团队成员的行为。实践证明，如果一个人加入一个团队的难度越大，说明这个团队的人际关系越好，团队的凝聚力就可能越强。

7. 团队以往达成目标的状况

如果团队一贯有成功的表现，团队在过去总是能够按照团队目标的导向很好地运行，它就会增强团队成员的信心，容易建立起团队合作精神来吸引和团结群体成员，在这样的团队中，内聚力的提高是为了取得共同的目标利益，使个人利益和团队目标直接联系在一起。一般来说，成功的企业与不成功的企业相比更容易吸引和招聘到新员工就是一个明显的例子。

8. 个性特质与技能

团队成员个性之间的共同性是团队行为一致性和建立共同观念、需求的出发点，共同性越多，越容易建立形成内聚力。例如，团队成员有共同的奋斗目标、理想、信念；相同的需要、动机、兴趣与爱好；相同的民族及文化背景；相似的个性及个性心理特征等，团队的凝聚力就越容易提高。尤其是在态度和价值标准方面的相似性，在团队环境中可能起重大作用。你完全可以想象得到，要是一个人和团队的价值观互不相容时，两者之间互相排斥的可能性有多大。

三、团队凝聚力的效果

团队凝聚力是团队活性的重要标志，提高凝聚力必然能够增强团队行为的效果，主要体现在以下几个方面：

（一）团队的凝聚力与团队的生产率

团队的凝聚力高，生产率就高，对吗？非也。研究与实践表明：团体凝聚力与生产效率之间存在着较复杂的关系，团体凝聚力高可能提高劳动生产效率，也可能降低劳动生产效率。为什么会出现这样相反的情形呢？我们可以设想：如果团体目标与组织目标一致，则凝聚力与生产效率之间成正相关，凝聚力高，生产效率也高；反之团体目标与组织目标不一致则凝聚力与生产效率成负相关，凝聚力越高，则会抱团来抵制组织目标，其生产或工作效率反而越低。有的研究还表明高凝聚力的团体成员更加遵循自己所在团体的工作规范，因而成员的工作表现没有什么差异。

社会心理学家沙克特在这方面进行了研究，他用一个控制组和四个实验组进行对照，即高凝聚力和积极与消极诱导组；低凝聚力和积极与消极诱导组。通过实验，得出如下结论。见图 12—1。

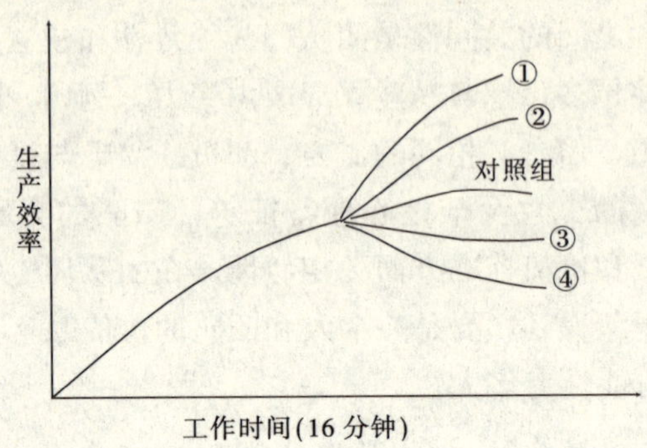

图 12—1 凝聚力、诱导关系与生产效率

四种不同的条件，对生产效率的影响是不相同的。无论凝聚力高低，积极诱导都能提高劳动生产率，其中高凝聚力组的生产率更高；而消极诱导则明显降低了劳动生产率，高凝聚力组的生产率更低。

沙克特的研究告诉我们，团队凝聚力是影响生产效率高低的决定性因素，但不是惟一因素，也不是有了凝聚力，生产效率就自然高。管理者必须在提高团队凝聚力的同时，提高团队生产指标的规范标准，使团队目标与组织目标保持一致性，加强对团队成员的思想教育和指导。克服团体中的消极因素，这样才能使团队的凝聚力真正成为提高生产效率的动力，使团队向正确的方向发展。所以我们只能说，在大多数情况下，凝聚力是生产率提高的有利因素。

(二) 提高团队成员的工作满意度

凝聚力较高的团队其成员对工作的责任感也较强。共同的利益价值观使他们能够在达成目标之后，获得一定的工作满足感。同样，这样的团队中，成员之间彼此容易接纳、相容，因此而增强了友谊和吸引力。

(三) 团队对个人的成长与发展

如同凝聚力对生产率的影响一样，在高凝聚力的团队中，个人的成长也会表现出积极和消极两个方面的特征。一方面，高凝聚力的团队可以提高人际吸引力，在共同分担的基础上提高生产率，使个人从中得到成长的机会。另一方面，高凝聚力有较强烈的团队限制特性，已经形成的规范、行为准则可能会限制个人潜能及能力的发挥。同样，它依靠团队聚合的力量抗衡社会的变化，如果，这个社会的变化在短时内可能会带来团队利益的下降，那么，团队为了维护自身的利益，就要采取相应的对策，抵消抗衡。其结果是使团队和个人脱离了变化中的社会环境。

（四）加强对团队行为的制导和控制

凝聚力是团队行为表现一致性的反映。利用形成的团队规范、人际吸引力和聚合的力量，指导团队行为是一种有利的管理手段，当然，这种手段也可能被消极力量所控制，从而对团队的发展产生不利的影响，特别是具有高凝聚力的团队有以自我为中心，与现实脱节的倾向，这使得团队做出不切实际，有时是灾难性的决策。问题的关键是如何使这种制导和控制朝着有利于实现团队目标的方向运行。运用凝聚力制导团队行为要考虑到时效问题，过多的采取这种方法，会逐步降低它的作用。仅仅依靠凝聚力，不辅以其它的手段，如激励、奖惩等，很难长时间的保持其效用。

总之，高凝聚力团队是在共同目标下，使成员的价值观相互联结在一起，促成和推动凝聚力的增长是生产率、提高工作绩效、工作满意度、发展个人和团队的重要管理手段。

四、团队士气的概念与特征

士气的本义即指军队作战时的精神状态，如：一鼓作气，再而衰，三而竭。拿破仑曾认为，一支军队的实力，四分之三是由士气构成的。其含义延伸到现代企业和组织中表示团队的工作精神和服务精神。概括地说，就是团队精神。即团队成员愿意为实现团队目标而奋斗的精神状态和工作风气。

高士气团队的待征：

1. 团队的团结来自于团队内部的凝聚力，而非由于外部情境决定；

2. 团队中的成员之间没有分裂为相互对立的小团体的倾向，没有离心倾向；

3. 团队本身具有解决内部矛盾，处理内部冲突和适应外部环境变化的能力；

4. 成员之间彼此理解，对团队具有强烈的认同感，成员对团队有较强的归属感；

5. 团队成员都明确地掌握和理解团队目标；

6. 团队成员对团队的目标及领导者抱信任和支持的态度；

7. 团队成员承认团队的存在价值，并且有维护团队继续存在与发展的愿望。

五、影响士气高低的原因

影响士气高低的原因有：

（一）对团队目标的认同

士气是一种团体意识，是团体成员对组织的集体态度，它代表一种个人成败与团队成就休戚相关的心理。如果团队成员赞成、拥护、接受团队的目标，认识到团队目标反映了自己的要求和愿望，具有较高的价值，个人就愿意为达到团队目标而努力，则团体士气高涨。

（二）利益分配的合理性

人们奋斗所争取的一切，都同他们的利益有关，这是马克思的至理名言。人们为团队工作，总要获得利益，或物质的，或精神的。利益的分配，代表着一个人的贡献和成就。必须公平合理，同工同酬，论功行赏，这样才可以调动职工的积极性，提高团队士气；反之，引起职工的不满，挫伤职工的积极性，降低团队的士气。

（三）团队成员对工作产生满足感

对工作感到满足就能够提高士气。什么是满足，个人对工作非常热爱、感兴趣，而且工作适合个人的能力与特长，有用武之地。因此，要提高士气，就应根据职工的智力、才能、兴趣、技术特长安排每个人的工作。如果个人的能力超过了工作的要求，个人就不会有什么满足感，觉得没劲。反之，如果个人的能力不及工作的要求，则个人就会生活在一种痛苦的压力中。所以工作的安排必须以能够施展他的抱负且具有挑战性为宜。

（四）优秀的领导者及领导集团

研究表明，领导者和领导集团作风民主，广开言路，乐于接纳意见；办事公道，遇事能同大家商量；善于体谅和关怀下级，则团队士气高涨。反之，遇事独断专行，压抑成员积极性和创造性的领导者和领导集团可能降低团队的士气。

（五）团队内部团结和谐

团队成员之间人际关系和谐，相互赞许，认同，信任，体谅和通力合作，凝聚力强，很少有敌对冲突现象，则士气较高。反之，搞“窝里斗”，本来想好好干，有点生机的团队也会慢慢地变为没有了生机和活力。也就是说：肥的拖瘦，瘦的拖死。

（六）良好的信息沟通

领导与下级，下级与上级，以及同仁之间的意见沟通受阻，会引起职工的不满情绪而影响士气。单向沟通，没有反馈信息，容易使人陷入不安并产生抗拒心理，从而降低团队的士气。所以要让员工参与决策，进行双向沟通，方可提高员工的工作精神和状态。

六、团体士气与生产效率

作为管理者，谁不希望自己团队的成员士气高昂，但是，有了高昂的士气，就一定有较高的劳动生产率吗？不一定。士气只是提高生产效率和工作效率的必要条件之一，还不是充分条件。除此之外，提高职工的素质、技术水平与工作能力，提供充分的设备、科学管理、原材料、信息等都是重要条件。

戴维斯于 1962 年曾研究职工的士气与生产效率之间的关系，得出以下结论与趋势，见图 12—2。

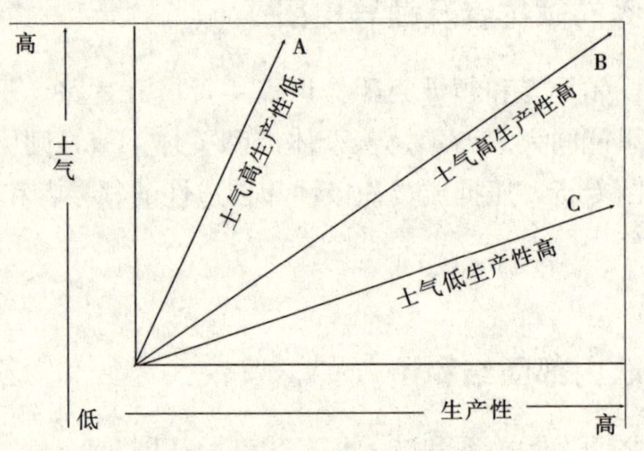

图 12—2　士气与生产率的关系

图中，A 表示，士气高，生产率低。如果管理者只关心职工的需要，协调团队成员之间的关系，不注意生产任务与目标；职工只关心自己心理需要的满足，而不顾及组织目标的关联性，这种情况下，尽管团队士气高涨，但是也创造不出高效率来，当然，也可能是由于团队生产技术水平低所造成的。

B 表示，士气高，生产效率高。组织的生产目标与职工需要趋向协调一致时，团队能接受组织的生产目标，则可能出现士气高，生产效率高的状况。这种状况的管理者一般是非常能干的。

C表示，士气低，生产效率高。原因是某些铁腕和强制性的管理方式，可能出现这种状况。它迫使大家好好工作，否则要受到纪律制裁，因而生产效率较高。但是，由于士气低，职工反感逐渐增加，这种高效率不会维持很长时间。

一般说来，管理分为对人的管理和对工作的管理，如果管理偏重于工作，忽视对人的心理需求，就会出现片面追求高效率的做法，其结果是很难实现。泰勒的传统科学管理方法就是一个典型的例子，他采用动作与时间分析、任务管理与职能化分工管理等指导工作程序，以严格控制的方式管理职工时，可能会出现生产效率高，士气低的状况；但是，这种高效率不会太持久，效率也会逐渐降低。这就是C线所反映出来的情况；反之，管理者如果侧重于人而忽视工作，士气高涨而生产效率未必高，这是A线所反映出来的情况，所以要取得高效率，必须既能关心团队成员的需要，调动职工的积极性，又能把这种积极性导向生产和服务，这样才能出现B线所反映的情况。这是最佳的状态。

第十三章

团队学习

谈到学习，在人们的头脑中就会立刻浮现出一块黑板、一排排课桌的情形，一位教师侃侃而谈，台下的学生笔直地坐着，我们太熟悉这种场面了。这是典型的学生时代的学习写实。而团队学习是提高团队成员互相配合、整体搭配与实现共同目标的能力的学习活动及其过程。这一过程不仅仅是学习知识，还包括提高技能、改变态度的任务。

一、团队学习的外部环境

（一）社会环境的变化

有这样一则寓言：每天早上，一只非洲羚羊醒来，她就知道她必须比跑得最快的非洲狮子还要快，否则她就被吃掉。

每天早上，一只非洲狮子醒来，他就知道他必须比跑得最慢的非洲羚羊还要快，否则他就会饿死。

不管你是狮子还是羚羊，当太阳升起的时候，你就得奔跑了。“沉舟侧畔千帆过，病树前头万木春”。现在这个社会的竞争何尝不是如此。

20 世纪 80 年代和 90 年代，全球政治和经济都发生了巨大的变化，全球经济一体化步伐加快，企业分崩离析、连横合纵，竞争日益激烈，技术进步一日千里，社会变化日新月异。任何一个有机体要想生存下来，其学习的速度必须等于或大于其环境变化的速度。在管理上，开发“学习型”团队以适应迅速发展的社会变化已成为时代的必需。正如美国麻省理工学院的管理学家彼得·圣吉（Senge）所言：“当世界更息息相关、复杂多变时，学习能力也要增强，才能适应变局。未来真正出色的企业，将是能够设法使各阶层人员全心投入，并有能力不断学习的组织。”

（二）组织的变化

在全球经济一体化所带来的前所未有的竞争挑战面前，为了自身的生存和发展，组织也不得不将自己改建为学习型组织。1990 年，圣吉教授出版了一本轰动全球的著作：《第五项修炼——学习型组织的艺术与实务》。《中外管理》杂志报道说，近两年，各国企业的主管见面时都要提到这本书，好像对此书一无所知的人就会给人留下“无知”、“闭塞”的印象。为什么一本管理著作能够引起如此巨大的轰动？从短期来看，公司竞争依靠的是价格、现有产品等；而从长期来看，公司真正的竞争优势在于快速开发适销对路的新产品、灵活把握稍纵即逝的市场机会的核心能力和提供高质量、低价位的产品。所有这一切的前提条件是：组织必须具有一流的创新能力。所以，彼得·圣吉在其《第五项修炼——学习型组织的艺术与实务》的一书序言中写道：“在全球的竞争风潮下，人们日益发现 21 世纪的成功关键，与 19 世纪和 20 世纪的成功关键有很大的不同。在过去，低廉的天然资源是一个国家经济发展的关键，而传统的管理系统也是被设计用来开发这些资源。然而，这样的时代正离我们远去，发挥人们的创造力现在已经成为管理努力的重心。”创新能力从何而来？从实践中来，但仅靠单纯的实践摸索已远远跟不上时代发展的步伐，那就必须另辟蹊径，这就是学习，它不仅指个人的学习，而是指作为整个的组织的学习。

（三）对知识作为一种生产力要素的认知

从理论上讲，知识就是生产力来自于“知识社会”和“知识经济”。

1. 人类知识的发展趋势

人类社会在相当长的时期内，知识积累像蜗牛爬行似的，以缓慢的速度向前行进，而当今人类社会已进入“知识爆炸”时代，人类知识总量成倍增长（见图 14—1）。今天一份《纽约时报》的信息量要比 17 世纪一个普通英国人一生的经验还多；在今后 15 年内，人们需要研究和发表的知识相当于自亚里士多德以来 2000 年内的知识总和。尤其在企业联网中，几秒钟就会汇成大量数据令人目不暇接。

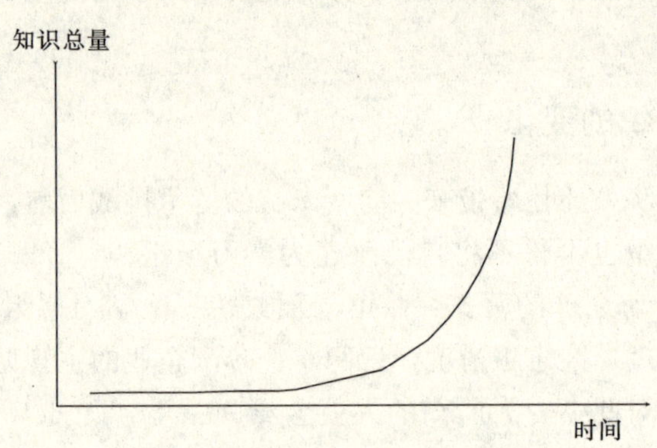

图 14—1　知识总量发展的趋势

2. 知识更新的速度加快

信息时代的核心是知识，而知识的本质就是：知识经常发生迅速变化。在许多领域，知识的“半衰期”约为五年，即在学校学到的东西的一半，在五年内变成为过时的东西。十年后依然有效的就所剩无几了。不仅知识的绝对量在不断呈指数增加，而且知识、技术和工作的结构越来越变得复杂和专门化，对专业人员来说，在本身专业的复杂性日益加大时，对别的专业的相互依赖性也日益加大，必须在不断扩大的范围内关心许多问题。例如，内科医生还必须应付大量出现的不熟悉的新药物、处理与医疗界内外的人际之间不断改变着的关系、解决生与死和伦理上的麻烦等等。

3. 知识转化为生产力的时间越来越短

关于知识转化为生产力的时间越来越短这个问题，见表 14—1。

从科学发现到技术发明，在 20 世纪初以前大约需要 30 年，到 20 世纪初至 20 世纪中叶大致为十年，至 20 世纪下半叶缩短为五年左右。也就是说，周期日趋缩短。

表 14—1　　若干科学发现和技术发明比较表

科学发现	年份	技术发明	年份	孕育过程
摄影原理	1782	照相机	1838	56 年
电机原理	1831	发电机	1872	41 年
内燃机原理	1862	汽油内燃机	1883	21 年
电磁波通信原理	1895	第一个公众广播电台	1921	26 年
涡轮喷气机原理	1906	涡轮喷气发动机	1935	29 年
发现抗菌素	1910	制出抗菌素	1940	30 年
雷达原理	1925	制出雷达	1935	10 年
发现铀核裂变	1938	制出原子弹	1945	7 年
发现半导体	1948	制出半导体收音机	1954	6 年
提出集成电路的设计思想	1952	制出第一个单块集成电路	1959	7 年
光纤通信原理	1966	制出光纤缆	1970	4 年
提出无线移动通信设想	1974	蜂窝移动电话系统	1978	4 年
多媒体设想	1987	多媒体电脑	1991	4 年

4. 知识经济

知识是生产力，科学技术是第一生产力，这已经成为世界公认的原则。比尔·盖茨靠其在微软上的知识垄断，使其个人财富在短短的几年内成为世界首富，自从 1986 年 3 月 13 日微软上市日起，盖茨的财富就以每年 53.4%的速度递增，按照这个速度，盖茨将在 2005 年 9 月 25 日成为世界上第一个万亿富翁。即使盖茨向世界上每个人赠送 14.46 美元，他自己仍将留有 5500 万美元。如果将比尔·盖茨个人资产列入各国 GDP1998 年排名，他可以排在第 38 位，仅次于以色列（8760 亿美元），而排在哥伦比亚（8680 亿美元）之前，是好几个非洲国家的总和。目前一吨重的高型号的波音飞机（不是一架）已大体卖到五分之一吨黄金的价格，而我们出口多少万台彩电才能卖到 1 吨黄金的价钱。在这知识经济的大潮中，团队培养“知识工人”的重要性日益突出。

二、团队学习的内在动因与障碍

（一）团队学习的动因

1. 被动动因：紊乱与危机

这是一种被动的反映。这种反映主要由两种原因引起：

第一，当团队的期望与实际结果出现差距时，才进行团队学习。

本来，按照我们的理解，团队的集体智慧应高于个人智慧之和，团队拥有整体搭配的行动能力。但是，经过一段时间的磨合，团队未能实现整体搭配。而且在团队内部，个人还格外地努力，但他们的努力未能有效地转化为团队的力量。许多个人的力量被相互抵消掉了。这就是团队内部的紊乱。当团队真正在学习的时候，不仅团队整体能产生出非凡的成果，个别成员成长的速度也比其他的学习方式更快。而且更主要的是，通过学习，使成员之间不和谐的力量抵消或浪费减至最小，从而实现团队的整体搭配，发展出一种共鸣或综合效果，就像凝聚成束的激光，而非分散的灯泡光，朝着共同的方向，无往而不胜。

第二，团队的生存受到了威胁

当团队对完成组织的目标不力时，可能会受到组织对其能否存在进行决择的危险，此时，如果再不进行大的“动作”，使其在业绩上有新的突破，很难有其存在的理由，新的突破，需要有新的知识、新的技能和新的态度，这些东西必须依靠学习才能在短时期内迅速获得，这一招大有逼上梁山、亡羊补牢之意。

2. 主动原因：直面未来，提高工作效率

这是一种主动的反映。团队所有成员上上下下达成共识：学习是团队得以较好生存的一种条件，是团队可持续性发展的重要条件。因为与竞争对手相比，学习快的团队是惟一能在未来保持竞争优势的团队。只有团队学习，才能不断地提高，也只有团队学习，才能使团队具有较强的战斗力。

通过学习，可以提高团队的工作效率。这主要得益于学习后，可以避免过去的过失，还可以强化过去成功的经验，改变团队的一些低效行为。

3. 个体工作观念的转变

随着社会的发展、物质的丰富，人们的工作观正逐渐由“工具性”工作观（工作是达到目的的手段）转变为“精神性”工作观（寻求工作的“内在价值”）。汉诺瓦保险公司总裁欧白恩说：“当你工作两天所赚的钱比你的父辈们工作一周赚的钱还多时，大家开始渴望建立比遮风挡雨及满足物质需求层次更高的组织，而这种热望将不竭止，直到理想实现。”这是促使我们向学习型团队迈进的深层次的社会动力。而这种变化也是工业社会演进的一部分。

（二）团队学习的障碍

1. 过去的知识与经验

过去的知识是我们成功的资本，但也有可能成为我们进一步前进的障碍。19 世纪末举世闻名的英国物理学家达尔文在他展望 20 世纪的文章中，满怀胜利的喜悦宣称：“物理学的大厦已基本建成，后辈要做的只是零碎的修补工作，把实验数据搞得更精密化。”无独有偶，1900 年，法国数学界领袖人物庞加来在国际学术会上发表演说，总结了 19 世纪数学领域的光辉成就后，兴高采烈地宣称：“数学绝对严密化的目标已经达到了。”可是，人类刚进入 20 世纪，物理学便捷报频传：相对论、量子力学等重要成果相继问世；数学领域也传出“勒贝格积分”等令人耳目一新的成果。由于人们对新科学、新思想缺乏思想准备，人们的脑筋没有转过来，以致很长时间里新积分理论创立者、法国一名中学教师勒贝格的创新思想被人斥之为“大逆不道”、“破坏传统数学的优美”。一时间，只要勒贝格出席学术会议，就会遭到嘲笑和非难。

过去成功的技能和经验，即使对现在的情况无能为力，但人们仍固守这些经验和技能。荷兰物理学家洛伦兹在相对论诞生后，他昨天尚能驰骋的园地的基石开始出现裂缝，他曾提出用“长度收缩”的假说来解释新出现的矛盾，但由于难以自圆其说而悲观失望。他哀叹道：“在今天，人们提出与昨天完全相反的主张，这就无所谓真理的标准了。我真后悔没有在这些矛盾出现前五年死去。”

2. 为难的管理者

客观上，信息爆炸的负面影响就是信息紊乱，即太多的信息，难以给所有的信息进行整理、归类。所以，管理者很难对未来有一个清晰的认识，以至于团队学什么，如何学，管理者也难以定夺。从主观上讲，有时候，管理者不得不以自己的特权按照自己对社会、组织和团队的理解来制定规则，学习那些自认为有用的知识，放弃自认为“没用”的知识。

3. 妨碍团队学习的一些习惯用语

(1)“这些从来就没有做过”(我也不必去试，不必要去学习新的知识)；

(2)“这台机器没有坏，你又去安装它，干吗?”(为什么要这样做呢?其实再次拆装就是学习，没准还能发现问题)；

(3)“你在这儿才呆了多长时间?(这是年长者常常对年轻人所说的话)；

(4)“这不是我的决定”(为什么要我改变行为)；

(5)“关于这件事，我认为需要进一步地深入研究”(而不是再一次地去尝试)等等。

三、学习型团队的特征

(一) 一个理想的学习型团队具有以下特征：

1. 团队具有高度的柔性，适应能力强，能不断调整、更新或再造自我，以适应变化的环境。团队内部具有和谐的工作环境，高效、畅捷的信息交流，学习已渗透到团队的每个环节，人人参与管理；每个成员都有机会参与讨论团队的政策制定与战略形成过程。

2. 团队中的个人具有强烈的学习欲望与能力。整个团队具有浓厚的学习氛围，人们能够摒弃其原有的思考方式，以及解决问题或执行工作的标准规程。团队成员喜欢变革，善于创新，每个成员都有自我发展的机会，团队也允许一定程度的失败等。

3. 当然，学习型团队还应表现出强大的团队精神和优异而且蒸蒸日上的业绩。

（二）团队学习的三个面向

团队学习要涉及到三个面向：

1. 当需要深思复杂的问题时，团队必须学习如何取得高于个人智力的团队智力。

2. 当需要具有创新性而又协调一致的行动时，团队能创造出一种“运作上的默契”，如在一流爵士乐队中，乐队成员既有自我发挥的空间，又能协调一致。杰出团队也会发展出同样“运作上默契”的关系。每一位团队成员都非常留意其他成员，而且相信人人都会采取互相配合、协调一致的方式。

3. 当团队中的成员与其他团队发生作用时，能培养团队之间相互配合的能力。

四、团队学习的修炼

（一）团队交谈

团队交谈包括“真诚交谈”和讨论两种方式。这两种方式常常互补，交叉运用，但又有所不同。

基本规则不同。在团队学习时，讨论是提出不同看法，并加以辩论，它能够对整个情况提供有用的分析。真诚交谈则是提出不同的看法，以发现新的看法。

目标不同。通常人们用真诚交谈来探究复杂的问题，用讨论来达成协议。

因此，如果团队必须达成协议，并必须作出决定，那么，讨论是需要的。在讨论中大家依据共同意见，一起来分析和衡量各种可能的想法，并从中选择一种较佳的想法。如果有成效，讨论将得出结论或找到行动的途径。相反，真诚交谈是发散性的，它寻求的不是同意，而是更充分掌握复杂的问题。

真诚交谈和讨论都能产生行动的新途径。如何行动通常是讨论的焦点，然而新的行动只是真诚交谈的一种副产品。讨论是真诚交谈不可缺少的搭配。一个学习型的团队，要善于交叉运用真诚交谈与讨论这两种方式。

由于讨论方式对大家来说比较熟悉，这里主要介绍真诚交谈（或称深度汇谈）。

1. 真诚交谈的理论和方法是由美国杰出的量子物理学家鲍姆（D. Bohm）提出来的。在真诚交谈时，人们先撇开个人的主观思维，彼此用心聆听，达到一起思考的境地，从而自由地、有创造性地探讨复杂而重要的问题。

（1）真诚交谈的目的

鲍姆认为，人的思想是一个集合体，它不但受个人的知识和经验的影响，也受周围环境中人、事、物的影响。因此，当人们思考问题时，为了获得对事物本身的正确认识，必须学习如何与人、事、物进行交流。真诚交谈的目的就在于充分畅谈个人的见解，使团队智慧超过个人智慧的总和。如果真诚交谈进行得当，人人都是赢家，个人可以获得独立思考无法达到的见解。这样，团队便可以进入一种个人无法单独进入的、较大的“共同意义的汇集”，它是由整体来架构各个部分，而不是设法将各个部分拼凑成整体。

（2）真诚交谈的基础

反思、探询是真诚交谈的基础。建立在反思与探询技巧上的真诚交谈，将是一种更可靠的团队能力，因为它不大依赖于团队成员之间是否有某种良好关系这类特定的先决条件。

（3）真诚交谈的基本条件

真诚交谈的基本条件用一句话表示就是：敞开心扉，无拘无束。在真诚交谈时，大家以不同的观点探讨复杂的议题，每个人都摊出心中的假设，并自由交换各自的想法。在一种无拘无束的探讨中，人人将深藏内心的经验与想法完全浮现出来，而不是害怕别人知道自己的想法。

具体说来表现在三个方面：A. 悬挂假设，B. 伙伴关系，C. “辅导者”。

A. 悬挂假设

“悬挂”假设的意思是，所有参与者必须将自己对问题的假设毫无保留地“悬挂”在众人面前，不断地接受众人的询问，并检验和测试这些假设。

在悬挂假设中，应注意以下两种情况：

个体在提出自己的假设被“悬挂”起来并接受询问与观察后，这并不意味着抛弃、压制或避免表达个人的假设，更不是指发表意见是一件坏事，或者是要完全消除个人主观意识，而是为了察觉和检验各自的假设。

如果人们一味地为自己的意见辩护，坚持认为“事情就是这样”，根本没有察觉到自己的看法只是假设，或未察觉到自己的看法是以假设而非事实为依据，人们就无从悬挂自己的假设，真诚交谈就会中断。

B. 伙伴关系

伙伴关系是指所有参与者必须视彼此为工作伙伴。团队成员只有视彼此为工作伙伴，才能共同思考问题和进行真诚交谈。这是因为在团队成员沟通的过程中，彼此的思维会不断地得到补充和加强，从而产生较好的互动作用。随着真诚交谈的深入，团队成员会发现，甚至那些原先跟他们没有多大共同之处的人，也会发展出伙伴的感觉。特别是能在意见出现重大不一致的情况下，将“反对者”发展成“意见不同的伙伴关系”，则收获会更大。

在伙伴关系中，应注意以下两种情况：

不但要除去因地位高而可能占优势的情况，同时要避免因地位低而害怕陈述自己看法的情况。也就是说，每个参与者先将自己的假设真正与他人平起平坐，不得有任何特殊，尤其是作为领导者更是如此。

不要过分关切谁说了什么，或自己的想法是否愚昧可笑，否则，真诚交谈就难以为继。

C.“辅导者”有效的真诚交谈还必须有一位“辅导者”来掌握真诚交谈的精确涵义和活动过程。真诚辅导者的主要作用是：

一个真诚交谈的辅导者是一个交谈“过程催化者”(Process－facilitator)。他所应做的工作是：

a. 让员工了解他们自己才是过程与结果的“主人”——对真诚交谈的结果负责任。

b. 保持交谈进行得顺畅而有效率。如果有人在不该讨论时，开始把过程引向讨论，辅导者要能及时识别并加以纠正。

c. 在交谈中，对员工进行启发，而不是以专家的姿态出现，以免有些成员因过分注意辅导者而分散了注意力，或疏忽了自己的想法及责任。

辅导者的另一项功能是，通过自己的参与来影响真诚交谈发展的方向。譬如，在某一个人做了某项观察与推论之后，辅导者可以提醒大家，相反的情况也可能是对的。也就是说，辅导者的参与也是一种真诚交谈的示范。有时候，正确的示范比任何抽象的说教更能说明问题，并获得大家的认可。

一旦团队成员养成了真诚交谈的习惯，并掌握了真诚交谈的经验与技能，辅导者的角色就渐渐变得不那么重要，或可以成为参与者之一。所以，在习惯于真诚交谈的团队中，通常是不需要确定辅导者的。

“辅导者”应注意的问题

忌用生硬话语，更不能冷嘲热讽。如某个成员被突然有意禁止，该成员便开始抱着保留的态度，而不愿悬挂假设。

掌握一定的谈话技巧，适时地进行导向。否则，过去的思维习惯很有可能使真诚交谈转化为一般性的讨论，尤其是在真诚交谈的早期更是如此。在真诚交谈过程中，要善于进行引导，适时地把握启发或沟通的时机，一定不要以专家的姿态出现。这样，人们就不会怯于在众人面前将自己的假设悬挂出来。

(4) 真诚交谈的最大障碍：习惯性防卫

习惯性防卫是根深蒂固的习性，用来保护自己或他人免于因为说出真正的想法而处于窘境或受到威胁。习惯性防卫并不是指人们一味地强词夺理，或是为了保持良好的人际关系而采取的一种保护措施，而是惧怕暴露出心中真正的想法。因为，对多数人而言，暴露自己心中真正的想法是一种威胁，因为人们害怕别人会发现自己的错误。而这种认知上的威胁自孩提时代就已经开始，许多人在学校里更是不断加重。许多人都记得被点名提问时回答不出问题时的尴尬。在日后的工作中，这种情形会更加严重。所以当就某一问题让人们敞开心扉、真诚交谈时，人们总是存在这样或那样的顾忌。

(5) 习惯性防卫的消除

A. 自我揭露

要想克服他人的习惯性防卫，必须先自我揭露。将自己的观点与想法全盘托出，这样就可以降低对方防卫的对立情绪。此外，自我揭露是一种真诚的表现，只有在真诚的环境下，讨论才能够开放，否则，真诚交流就会没有存在的空间。

如何进行自我揭露，是一项巨大的挑战。有技巧的管理者应知道如何处理防卫，而不是导致出现更加防卫的现象。同一件事，如果我们问："你说的这种情况不太妥当，请你再详细地说一遍，好吗?"十有八九，对方不再回答，因为对方很可能认为，自己说了也是自讨没趣。假如我们这样问："我觉得这个新提议不妥，你或许也有这种感觉，能否帮我看看这个不妥的感觉来自何处?"或"我所说的合理吗? 我的沟通方式是否过分强硬或主观? 但我想听听你的观点，这样我们可以对现状有一个更客观的看法。"这两段话都承认讲话的人感到不妥，这是一种自我揭露，然后再以询问的方式邀请别人一起探讨原因，其效果要好得多。

B. 兼顾反思与探询

消除习惯性防卫所需的技巧，也就是反思与探询的技巧。以探询的方式讨论问题的原因时，个人能够毫不隐瞒地摊出自己的假设和想法背后的推理过程，并鼓励别人也这样做，如此一来，习惯性防卫便无从发挥作用。

其具体做法是，当我们思考某一问题时，我们不妨问一些具体的问题，如：

别人是否对自己的假设加以反思?

是否探询彼此的思考?

是否先摊出自己的想法以鼓励他人探询自己的想法?

如果我们感觉自己在防卫和逃避问题，或思考如何保护某人或自己时，则表明自己已到了应该重新努力学习的时候。同理，如果团队中的每个人都是这样的感觉，那么习惯性防卫就可以在团队学习过程中发挥积极作用。所以，习惯性防卫如果处理得当的话，它可以为彼此的思考开一扇窗户。当团队能够以“自我揭露”和“兼顾反思与探询”成功地处理防卫时，团队成员就可以更加了解彼此的思考。当团队成员学会如何运用，而不是排斥自己的习惯性防卫时，他们就建立起了处理自己防卫心态的信心。

(二) 团队员工的培训

1. 新形势下培训观念的创新

人是习惯的奴隶，在许多方面，他总是喜欢按照过去的观念来思维，按照旧有的方式来行事。在培训上也是如此。长期以来，由于我国从整体上缺乏对成人培训的深入研究，致使在成人培训上产生了许多的误区，正是这些误区，使得成人培训的效果值得怀疑，所以每到年终，当我们总结一年来的工作时，毫无例外地都要写上，我们办了多少培训班，而不敢断言，我们培训了多少人才。由于培训效果的不显著，又使得人们对培训有成见，这就使得培训进入了一个怪圈，在这个怪圈中，留给培训的舞台越来越狭小。因此，培训观念的创新已势在必行。

(1) 培训与普通教育

对普通教育来说，学生的主要任务是学习新东西，了解新知识，“学而时习之”。其主要教学形式以讲授为主。培训则是一个过程，在这个过程中，通过学习知识，改变态度和提高技能，以达到提高组织绩效的目的。其主要任务是促使人的行为的变化，而不单纯是学习新的知识，主要目标是提高组织的绩效。为此，培训也是实现组织战略和促进组织发展的重要手段。

只要符合培训的概念，我们就可以把我们所从事的活动称作为培训，为什么非要将自己束缚在一个教室、一块黑板、一名教师范围内呢？试想，如果一名教师在黑板上大讲特讲日光灯的安装，而不让学员去尝试，即便讲得头头是道，它能转变成个人技能吗？还有对国家干部的反腐败培训，凡是领导干部的培训差不多都有这样的课程，课程设计中准备了大量的内容，向他们灌输廉政的知识，告诉他们如何去做，才能保持勤政廉洁。试问，一个干部以权谋私，贪污受贿，是因为缺乏这些知识吗？这是一个态度问题。如果我们坚持用传授知识的方法去进行技能与态度的培训，必然是不会有好结果的。我们的一些青年干部，甚至有一些高级干部，在参加完一些高层培训班回到岗位后，很快被发现犯罪者不乏其人，但这些人在培训记录中都成绩优秀，不少还是在培训中被考察定为后备干部。

培训不仅仅是讲授，还有角色扮演、练习、案例教学、课堂研讨等许多有效的方法。

表 13—1 是成人培训与普通教育的详细区别。

表 13—1　　普通教育与成人培训的区别

普通教育	成人培训
广泛的人生指向	具体的工作针对性
面向未来，打好基础，知识储备	针对现实，解决问题，即学即用
建立规范，被动接受	自主学习、主动学习、发现学习
规模、批量	个性、个体
集中的课堂传授	各种形式、参与、交流
长期见效果	短期见效果

普通教育有三个中心：以教师为中心，以教材为中心和以课堂教学为中心。成人培训则是以问题为中心，以学员为主体，以教师为主导的。

（2）教师与培训者

教师重在传道、授业、解惑，渊博的知识是其必备的素质。培训者不能等同于教师，我们可以设想：如果将培训者等同于教师，那么，作为一名教师，他必须拥有比学员渊博得多得多的知识，方能胜任，而我们的学员全都是成人，有着丰富的实践经验和为人处事的能力，更有许多学员本身就接受过高等教育，而且随着社会的发展，这样的人将会越来越多，那么作为一名教师，其授课难度就可想而知了。你讲的内容，我都知道，你没讲到的，我也知道，甚至我比你的经验还丰富。我干嘛要受这份洋罪来听你讲课。这也正是许多人迫切要求参加培训，又不想参加培训的矛盾之所在：不参加培训，感觉自己要被社会所淘汰，参加培训又觉得学不到什么新鲜的东西。特别是那些参加过一次培训，等到几年后又来参加培训的同志，一看，教师还是那个教师，内容还是那些内容，教室还是那个教室，食堂还是那个食堂……要是能够产生兴趣，那才叫怪！于是乎，“低效率重复培训”的“美名”就毫不客气地给了培训机构。所以，转变培训教师的角色，使其成为优秀的培训者已势在必行。

培训者：A. 学习的促进者。他不是将学习的内容直接提供给学员，而是向学员提供一种问题情景，引导学员对这种情境发问并自己收集证据，试图让学员从中有所发现。B. 学习的组织者。传统的教学，把教师看做传授知识的人，其主要行为是通过讲授，使学员掌握知识。现代的成人培训，则是通过设计教学方法，不断地使学员自行学习，它把教师看成是一个机智的组织者。C. 是一个教授也是一个演员。教学方法作为实施教学内容的工具，教师在实践中总是以自己独有的特性去影响教学方法，因此，课堂教学效果，往往不在于方法本身，而关键在于教师运用方法的巧妙，能根据不同课程的特点，不断调整其教学方式，以满足不同课程、不同学习者的要求。D. 特别注重教学的技能。现代教师在面对教学现实时，他们需要获得的与其说是教学方法，不如说是教学技能。教学技能指范围广泛的对人的需要易起反应的能力，其中包括诸如处理人际关系。解决问题和作出决定等方面的技能。

随着现代科学技术的不断发展，没有哪个培训教师能够成为培训教室里一部能行走的百科全书，人们不能对他报这样的期望，他也不可能在培训项目所涉及的内容的所有方面都成为专家。他的作用，应当被看成提供机会使学员能更方便地学习，当他不能够亲自为某些疑难问题提供答案时，他应当知道到哪儿去找答案，应当成为能够为学员指明方向的人。总之，培训者重在组织、诱导和催化，其目的是促进学员的“悟”，掌握一定的培训技巧是其基本的技能。

在成人教育领域里，设想那种拎着一个教案来上上课，侃一侃的想法，或者做好后勤服务工作就行了的想法不会再有了。掌握成人教育的科学与艺术，是成为培训者的专业标志之一。

(3) 积极参与与被动接受

普通教育基本上是一种被动接受的教育，因为有许多知识是学生所不知道的，他们只能先接受下来，再慢慢消化、吸收，转化为能力。成人教育则不同，学员本身就已具备了工作所必须的基本知识，并且具有丰富的工作经验，在许多方面所欠缺的只是对工作的态度和能力的进一步提高。因此，学员必须参与整个教学过程，而不是被动地坐在自己的座位上去听，况且通向我们大脑与记忆有关的有六个主要通道：看、听、尝、触、嗅、做，而不仅仅是听。在西方，与汉语“学员”相对应的英文词是Participant，它的本来含义就是参与者。

表13—2是活动、参与与学习效果关系图。

表13—2　　活动、参与与学习效果关系图

<table>
<tr><th>学习效果</th><th>活动</th><th>参与水平</th></tr>
<tr><td>阅读的10%</td><td>阅读</td><td rowspan="2">文字感受</td></tr>
<tr><td>听到的20%</td><td>听讲</td></tr>
<tr><td rowspan="2">看见的30%</td><td>看图表或图片</td><td rowspan="3">视觉感受</td></tr>
<tr><td>看电影或录像</td></tr>
<tr><td>读、听和看的50%</td><td>看示范</td></tr>
<tr><td rowspan="3">说过的70%</td><td>参与讨论</td><td rowspan="3">感受并参与</td></tr>
<tr><td>交流</td></tr>
<tr><td>参加角色扮演</td></tr>
<tr><td rowspan="2">说过、做过的90%</td><td>模拟练习、实践</td><td rowspan="2">操作</td></tr>
<tr><td>实际操作</td></tr>
</table>

在表13—2中，我们可以清晰地看出，不参与，不足以记忆，不参与，也不足以解决问题。

(4)“一桶水”与“小溪”

我们对教师的要求通常是：要想给学员一碗水，自己必须先具备一桶水。这里我们不免会产生两个疑问：第一，要是学员本身就拥有了一桶水或更多桶水呢？那作为一名合格的教师该具备多大的能耐才能满足学员的要求呢？事实上，在成人培训这个领域里，这样的教师少之又少，甚至没有。因为，对从事普通教育的教师而言，由于学生在某一领域，未授课前，他的脑子里是一片空白，也就是说，若干学生的知识，加在一块，仍然是零加零的效果。而在成人培训领域里，每个人都具有丰富的经验和知识，即使教师再聪明，恐怕也难以抵挡得住全班几十颗脑袋加在一块儿的智慧。第二，要是这桶水过时了呢？教师不但起不了应有的作用，还将贻害无穷。在这里，如果我们的教师能成为一条奔流不息的小溪该有多好。它不但保证了新鲜的“血液”供给，对学员而言，还同时起一个导向的作用，知道“流”到哪儿，知识才能不干涸。

思路决定出路，观念决定行为，有正确的思路才能有较好的出路，有正确的观念才能有恰当的行动。培训好似一个广阔的市场，等待着我们去开拓，去挖掘。

2. 培训的程序

一个完整的培训程序应包括五个步骤：

需求分析→课程开发→课程设计→课程实施→培训评估

(1) 需求分析

培训是从需求分析开始的，通过需求分析，我们需要弄清以下几个问题：

A. 确定差距：目前的实际情况和所期望达到的情况之间的差距。见表13—3培训需要确认表

表13—3　　**培训需要确认表**

	所需要的	实际所拥有的	应被开发的
知　识	1 2 3	1 2 3	1 2 3
技　能	1 2 3	1 2 3	1 2 3
态　度	1 2 3	1 2 3	1 2 3

B. 确定通过学习所期望达到的团队变化。

C. 实际工作中的问题，经过培训后是否有利于得到解决。

D. 个人和团队是否愿意培训。

E. 培训对个人的发展影响。

（2）课程开发

成功的课程开发涉及到许多变量，在准备课程前，不妨问以下几个问题：

A. 培训需要涉及哪些内容？

B. 如何将这些内容组织成易讲授的单元？

C. 讲授这些单元最合乎逻辑的顺序是什么？

D. 传授这些内容最有效的方法是什么？

（3）课程设计

课程设计一般有以下几种类型：

A. 螺旋上升型：课程内容由浅入深，前后相关性很大。

B. 模块型：课程内容彼此联系不太紧密，将它们分割成几个模块，进行阶段性授课，如计算机、外语和业务课就适合采取这种形式。

C. 行动学习法：一边学习，一边实践。先集中学习，然后让员工在岗位实习一段时间后，再集中学习，解决实践中的疑难问题，再让员工回岗位实习……

（4）课程实施

方法服务于内容，培训方法的改进有助于培训内容的完成，有助于培训目标的实现。一般说来，有五种常用的方法可供参考：

A. 讲授

B. 练习

C. 角色扮演（或情景模拟）

D. 案例分析

E. 讨论

（5）培训评估

培训的每一个阶段，我们都应进行评估活动，以确保培训的价值。评估的焦点应放在总体培训战略和它对团队的影响上。评估的行为是能够作出价值判断和采取行动，以便有助于组织目标的实现和培训战略的顺利进行。

最常用的评估分为四个层次，这四个层次的主要内容是：

A. 反响如何：培训过程中对课程的总体反应，包括授课的方法。

B. 掌握知识的程度：学习了什么知识？实现组织和个人目标的程度如何？

C. 个体行为的转变：通过培训，对于提高工作能力，达到什么样的程度？

D. 给团队带来的变化：通过培训，对组织影响的程度，对实现它的目标作用的程度？培训对组织的最大好处是什么？

第十四章

团队决策与创新

现代管理科学家赫伯特·西蒙有一句简洁的名言："管理就是决策。"决策是领导者最主要的职能。决策是对未来实践的方向、目标以及达到目标，提出并选择行动的方案，而后付诸实施的过程。当有人问及前任英特尔的总裁葛洛夫先生，"您的成功是否因为您特别的聪明，"他说："不是的，只是我们做出更多正确的决策。"如何做出正确的决策，是每个管理者迫切需要锻炼的管理技能。

创新是创造（creativity）与革新（innovation）的合称。创造是指新构想、新观念的产生。韦特海默也认为，创造性思维包括两个方面，一是将我们关于某一现象的知识拆开、解构；一是将其重构、重组。其目的是获得新的洞见和新的认识。革新是指新观念、新构想的运用。本章主要讨论前一个问题。

创新是在决策中产生的，创造性思维的过程就是一个决策的过程。从认识论角度看，决策是一个主观见之于客观的认识——实践过程。它的逻辑程序包括"发现问题——确定目标——制定方案——确定方案——付诸实施——实现目标"等环节。

一、问题的提出

（一）什么是问题

有一位心理学家说："如果你想做什么事，但你不知道如何做，那么你就遇到了一个问题。"没有任何问题的人是极其罕见的。有了问题就有了压力，有了动力，有了思维的激情。对问题的认知是创新思维的开始，是决策的开始。确认问题是一项非常重要的活动。

然而人们常常忽视问题或适应问题，而不是去主动地解决问题。当问题出现时，由于它们极少会像贴有标签、包装精致的盒子那样，写上"问题"字样，所以你看不出问题是情有可原的。况且，当我们谈到问题时，许多团队的管理者不敢真诚地面对，其主要原因是在现实生活中，我们常说，某某团队有问题，某某员工有问题，或问题成堆，一般来说，是一贬义。所以当我们谈到问题时，很容易地对它进行掩盖或否认，更重要的是有些问题的解决，将意味着一些人的既得利益的失去或惯常行为的改变，对一些管理者而言，这是一件很难办或难堪的事。所以他们希望问题永远地潜在或者自行解决，遗憾的是，问题极少会自行消失，一般来说只会恶化。

什么是问题？有一种定义把问题描述为：现状与期望状况之间的差距。这种差距也可以看作是"是什么"与"应该是什么"之间的差别。如果是这样，我们就可以将解决问题理解为缩小这种差距的过程。即改变现在的状态，使其转入期望状态的过程。

（二）界定问题

界定问题是十分重要的，正确界定问题等于解决了问题的一半。在有些人看来也许是些琐碎小事，但其背后或许隐藏着有待解决的大问题。在界定问题时，我们不妨问以下几个问题：

1. 正在发生什么事?

对所发生的事进行客观的描述。这里一定要将正在发生的事和你自己认为正在发生的事区别开来。

2. 就你的问题提几个问题。

(1) 我是立即采取行动解决问题呢，还是花些时间再考虑一下?

(2) 我是否需要请教别人?

(3) 我是否需要进一步把问题搞清楚?

(4) 这一切是怎么发生的?

(三) 界定问题的方法：6W2H 法

WHAT：什么问题

WHY：为什么出问题

WHO：谁的问题

WHOM：对谁来说是问题

WHEN：何时的问题

WHERE：在哪里发生的问题

HOW：怎样的问题

HOW MANY (MUCH)：什么程度的问题

也就是说，问题出现的可能原因。除了努力收集自己能够收集得到的资料外，还要注意倾听别人的意见，做到尽量客观地去看待问题出现的原因。

(四) 我的目标是什么

解决问题时，知道自己的目标是什么是非常重要的，不同的目标往往反映出人们对问题的不同理解。如一些人也许主张商业发展方向应是国际市场，而另一些人则认为，应把商业目标定位在国内市场上，重要的是尽力增加国内市场的利润。这两种情况清楚地反映了对同一个问题不同的人们在目标认识上具有何等大的差异。否则，费了九牛二虎之力，发现问题的解决对自己的工作几乎无甚影响；或者，自认为，问题轻如鸿毛，结果却给团队带来不可估量的损失。因此，确定目标是解决问题的关键一步。

知道了自己的目标，还应该清楚如果问题得不到解决，其后果是什么，即将会付出什么代价。这样做后，你就能分清问题的轻重缓急。

二、创造性解决问题的步骤与方法

盲目尝试非但不能解决问题，反而会带来更多的麻烦。尽管有的解决方案是多么诱人，但对创造性的思维来说，任何解决问题的答案都不只一个。并且，显而易见的解决方法未必是最好的。那么，你应该找出一系列的可供选择的解决问题的方案，从中比较，进行优选，然后制定可供选择的方案。

（一）创造性解决问题的三个步骤

1. 收集信息

知识＝信息＋思考

技术＝知识＋实现方法＝信息＋思考＋实现方法

智慧＝知识＋创意

创新发明＝智慧＋实现方法＝知识＋创意＋实现方法＝信息＋思考＋创意＋实现方法

在收集信息时要尽力保持思想开放，除了自己收集自己认为需要知道的外，还要虚心向别人请教，以期收集尽可能多的信息，然后按照自己理解的方式进行排列。一旦你尽己所能收集到了许多信息，你就会对整个问题有了更好、更深刻的理解，并且有了可供进一步研究的资料基础。

2. 产生主意

几乎每个问题都有几个解决方法，我们要做的事情就是去找出它们。

（1）客观地考虑问题。全方位地思考，避免个人偏好。

（2）集思广益。让众人参与，各抒已见，从中感悟。

3. 列出结果

在你产生了一些可能会解决问题的想法后，列出所有的可供选择的方案来。

(二) 团队创造性解决问题的常用方法

创新需要灵活的思维方式。这种思维方式是多元的，而不是单一的。

(1) 头脑风暴法

头脑风暴法，是美国创造工程专家奥斯本于 1939 年发明的一种创新技术，这种技术实际上是一种别开生面的小组畅谈会。

奥斯本为这种会议规定的四条规则是：

第一，不允许对不同意见进行反驳，也不许下结论；

第二，欢迎和鼓励个人独立思考，广开言路，以便集思广益；

第三，追求数量，所提的意见或建议越多越好，不要害怕彼此之间相互矛盾；

第四，寻求意见的改进与联合，与会者除提出自己的意见之外，也可以发挥别人的设想，或是把几个人的意见综合起来产生一个新的构想。

头脑风暴法的具体实施，可分为以下五个步骤：

A. 准备阶段。主要是指会议主持人明确议题，做到心中有数，然后根据问题的性质挑选组成人员。

B. “热身”。即通过提出一两个与会议主题无关联的小问题来激发起与会者的兴趣，促使与会者的大脑开动起来并处于兴奋状态，从而初步形成一种紧张而热烈的气氛。

C. 介绍问题。问题应尽量具体，特别是要关注那些实际工作中遇到的急待解决的问题，目的是为了进行有效地联想。这里应强调的是只向与会者提供有关决策对象的最低数量的信息，切忌将背景材料介绍过多，尤其不能把自己的设想全盘说出。因为这样做极有可能形成某些条条框框，无形之中把其他与会者的思维引入自己预先设计好的轨道。

D. 提出设想，记录方案。通过畅谈提出各种设想和方案，设想和方案可以多种多样，数量也越多越好。特别是选择和记录那些思维最活跃，想象力最丰富，创造力发挥处于顶峰时能够考虑解决问题的最为关键的方面。

E. 方案评估。会议结束后，主持人应对提出的方案作出经济和技术方面的评价。

(2) 戈登法

由美国心理学家戈登发明的一种创新技术，它也是一种以小组集体讨论的方式激发创造性想法和观念的方法。与头脑风暴法的不同之处在于，戈登法在提出问题的方法上有其独到之处。头脑风暴法是明确而又具体地提出必须思考的问题，而戈登法则是抽象地提出问题，除小组主持人之外，会议的参加者并不知道要解决的具体问题是什么，告知他们的只是一个慎重选择出来的抽象的关键词，因为一般性的关键词不会限制人的思维。

例如，寻求改善食品脱水的方法，可以选择“保存”作关键词；要解决自行车停放处的问题，可以用“存放”作关键词。这样，小组成员不能一开始就讨论答案的优缺点，而是不断寻求新主意。当意见集中到某种程度时，主持人才公开原先打算解决的问题，然后逐条地考虑这些随意提出来的想法能否成为解决原有问题的启示。

这种方法可能会引出许多对解决其他问题有价值的建议。

这种方法的具体步骤如下：

A. 以抽象的形式引入问题。

B. 在形成观念的过程中，领导介绍一些关键信息来解决问题。这样逐步对问题进行重新界定，直到不那么抽象为止。

C. 领导向小组成员揭示最初的问题。

D. 通过激发出的想法，寻求解决最初问题的新见解或新思想。

头脑风暴法和戈登法假设大部分人都有相当好的创造力，但因为某些原因使得创造力受到压抑。这两种方法可以帮助减轻这种压抑，使创造力发挥出来。

(3) 德尔斐法

20 世纪 50 年代，美国兰德公司与道格拉斯公司合作，研究一种如何通过有控制的反馈更为可靠地收集专家意见的方法时，以原古希腊的一处遗址，亦即传说中神喻灵验并可预知未来的阿波罗神殿所在地“德尔斐”为代号，德尔斐法由此得名。后人借用德尔斐来比喻高超的决策能力。其实质是采用函询调查，请有关领域的专家对决策对象分别提出意见，然后将他们所提的意见加以综合、整理和归纳，匿名反馈给各位专家，再次征询意见，随后再加以综合和反馈。如此多次循环，最终得到一个比较一致的并且可靠性较大的意见。德尔斐法也是一种专家集体判断法，但并不将专家们集合在一起面对面地发表见，以防止相互见面所造成的影响和干扰。

具体实施过程是：

A. 主持人将征询的问题书面送交各专家，让他们提出书面意见。

B. 将专家的意见集中到主持人那里，进行归纳整理。

C. 将整理后的意见再次寄给各位专家，让他们重新考虑自己的意见。

D. 反复多次，直到取得一致意见为止。

每个专家在征询过程中的任何时候都可以修正自己原先的意见，不过要说明修正的理由。这种方法可以使参加决策的人独立地、自由地进行思考，并作出判断。

(4) 名义群体法

名义群体法同样是一种集体讨论法。群体成员相互见面，但在出主意、想办法时不许彼此交谈，故名“名义群体”。

具体实施步骤是：

A. 领导给出成员需要决策的问题。

B. 群体成员个人默默地将自己的意见写在纸条上。

C. 由记录员依次将每人写在纸条上的意见抄写在记事板上，或由每个成员依次逐字逐句把自己的想法念给大家听，不进行任何讨论。

D. 重复几次，起码到所有意见都找到为止。

E. 评估与排序。对每一条意见进行讨论，通过评估，与会人员匿名写下对这些意见的排列次序的看法，综合所有成员的排序，排在第一位的意见就是决策意见。

这种方法的好处是可以防止被能说会道但并没有真知灼见者操纵，也可以防止自信心较低而表达力又不强的人的好主意被埋没。

表 14—1 是头脑风暴法、德尔斐法和名义群体法三种集体决策技术效果的比较。

表 14—1　　　　三种集体决策技术效果的比较

评估效果的标准	集体决策技术类型		
	头脑风暴法	名义群体法	德尔斐法
构想的数量	中	高	高
构想的质量	中	高	高
社会压力	低	中	低
时间/金钱成本	低	低	高
工作责任导向	高	高	高
人际冲突	低	中	低
成就感	高	高	中
对决策的承诺	无	中	低
建立集体凝聚力	高	中	低

三、方案的评估与决策

提出问题，分析问题，目的是要找出解决问题的最好方法，对所有的可选择方案进行评估，从中筛选出自己满意的方案来。

（一）逻辑决策法与直觉决策法

不作出决策，问题就无法解决。决策时，犹豫不决，将误战机；草率决策，将后患无穷。作出决策的方法有很多，每一个成功的人士都有自己一套决策的方法。但是，所有的方法如果进行分类的话，不外乎逻辑决策法和直觉决策法两类。

1. 逻辑决策法

如果你需要作出一个决策，而手头又有充足的资料供你使用，那么，采用逻辑的方法来进行决策是合适的。其大致程序如下：

（1）权衡抉择。对可择方案尽量量化，以便澄清思路；

（2）从列举和评估的方案可选出一些较优方案，排除其他选择；

（3）从剩下的较优方案中，选出最有可能达到预期结果的方案。

这看起来很容易，遗憾的是，有时候你觉得自己作出的决策合乎逻辑，但事实上却存有偏见。因为你自己的偏好、经历、经验等等在决策中不知不觉地加入了其中。

2. 直觉决策法

当你缺乏足够的信息时，直觉决策法不失为一种上乘之作。实际上，在有些特殊情况下，采用直觉决策比逻辑决策更为恰当。

（1）当存在很大的不确定性而又无先例可循时；

（2）当“实情”有限，又没有指出一个明确方向时；

（3）当有很多似乎合理的备选方案，并且每个方案又各有所长时。

3. 对直觉决策法的认知

当代一般的管理理论教科书常常对直觉决策持否定态度。然而，被誉为当代美国式经典管理学者哈泼·柯林斯极力推崇直觉，并撰写了专著《直觉——管理和决策中的超凡智慧》。据他了解，不少出类拔萃的领导者，作出的决策除了依赖正确的信息，更重要的是听从自己内心的声音——直觉。他认为，知识和经验在内心融合便是直觉，这是一种感觉事物可能的下意识的能力，只有真正具有超凡智慧的人才能在霎时接受直觉的指引，让自己多年的积累和磨砺在压力下迸发。德国管理心理学家法斯博士说：“理智要通过费时的分析，会拖延决定，而直觉能在多少分之一秒内对形势或个人的态度哪怕是微小的变化作出反应。”特别是股市投资基本上全是靠的直觉决策，股市要人安德列·科什托拉尼说：“谁想在股市上靠电脑获得成功，肯定会彻底失败。对股市的涨落就是需要有感觉。”伟大的牛顿被科学评论家认为是具有杰出直觉能力的物理学家。他意识到和感觉到的东西多于他能证明的东西，而证明往往也是以后补上的。瑞士洛桑国际学院对1300人所作研究得出的结论是：一半以上的企业领导者是凭直觉办事的。世界轮胎大王弗朗索瓦·米什米就是典型的凭直觉办事的企业家，他对自己的决定或决策从不加以解释和说明，下属只要照办就是了，而他的企业却获得极大的成功。

但是，直觉只是决策的一种形式，而不是绝对的。对于过分强调个人作用的直觉决策方式，不是人人都可信手拈来，一般领导者需慎用之。1995年，英国有233年历史的最古老的巴林投资银行倒闭，原因之一就是新加坡分行的一名28岁的经理人利森个人独断专行、“凭直觉”交易决策错误所致。1998年1月11日被称为亚洲金融界奇迹的香港百富勤投资股份公司宣布停业清理，其原因与“巴林”如出一辙。由于该公司固定收入部32岁的负责人法籍韩国人安德列·李“偏执、傲慢”，凭个人直觉作出错误决策，使百富勤公司放债过多，处于危险境地。

尽管人们对直觉决策多有微词，但在日常的团队管理中却用之甚多。希望领导者在直觉决策时从实际情况出发，慎之又慎。

（二）几种具体的方案评估与决策方法

1. 直观法

根据自己的知识和经验来进行判断。其具体步骤如下：

A. 对所有的观念分类整理。

B. 众多的观念根本无法实施，必须对所有的观念进行分类整理，将相雷同的观念进行合并。

C. 将分类后的观念进行排序。假如经过分类后，有六种观念，我们可以用以下三种方法进行排序：

（1）总体评估

就你的知识和经验，凭直觉，请你将最为重要的列为6，其次为5，依次类推，最不重要的为1。然后，汇总各小组的结果，按其所给的数字打分，分数与数字数相等。计算出各种观念的总分，分数最高的为首选方案。

（2）单个评估

请对每一方案依你的感觉进行评估，并按照下列要求给出相应的数字。

最重要	重要	中立	不重要	最不重要
5	4	3	2	1

数字代表分数，将整个团队成员对每一个观念的衡量分数相加，得出每一观念的得分情况，毫无疑问，分数最高的为首选方案了。

（3）贴点法

将已经分类的观念写在活页纸上，然后将其固定在白板上或墙壁上。团队中的每位成员领取一些可以粘贴的彩色圆点纸片，圆点数应不超过观念总数的10%。此时，在团队成员对每个观念作出评价时，他只需在他所赞赏的观点旁贴上圆点即可，如果你愿意，也可以将其所有的圆点都粘贴在一个观念上。圆点最多的观点将被选出作进一步分析或实施。如表14—2所示。

表14—2　　公司应首先制作哪种家具

观点			
椅子	桌子	橱柜	书桌
● ● ● ●	● ● ●	● ●	● ● ● ● ●

贴点的结果：公司应首先制作书桌。

2. 权衡利弊法。

A. 首先给出评价的标准。

B. 用每一个标准来同时衡量可供选择的方案。

例如：假设问题是如何打入新产品市场，并且我们已获得如下三种解决办法。见表14—3。

需要一家已开始在市场上运作的专家型小公司。和另外一家以其他产品打入同一市场的公司建立战略性联盟。在内部开发必要的产品，并对现有的市场营销人员进行培训，以便使产品进入市场。

在这个例子中，方案 2 显然有利一些。

如果只对各种观念作粗线条的评估，这种方法是比较实用的。但是，这种方法的最大弊端是没有对每项标准进行权重，而是同等对待。

表 14—3　　三种方案利弊表

评价标准	方案 1		方案 2		方案 3	
	利	弊	利	弊	利	弊
销　售	●		●		●	
利　润	●		●			●
现金流动的影响		●	●			●
需要的新投资		●	●			●
风　险		●	●			●
企业目标	●		●		●	
得　分	3	3	6	0	2	4

3. 权重系统法

在权衡利弊法的基础上，对每个不同的评价标准设置权重，因为不可能每个标准都有相同的价值，所以需要对其进行权重分配处理。

权重系统法实际上是对每种观点的优缺点作出系统评价的一种方法。其操作步骤是：

（1）作一个评价标准表。

（2）小组成员根据重要性，为每种标准分配一定的权重，所有标准的权重之和为 1.00。

（3）根据标准对每种备选方案打分定级。

（4）用所给的定级分数乘以该项目的标准权重，得出权重分数。

（5）把各项标准的乘积加起来，选出最符合标准的方案。如表 14—4 所示。

表 14—4　　权重系统法

标准	权重	方案 1		方案 2	
		分数（最大为 9）	权重分数	分数（最大为 9）	权重分数
A	0.15	7	1.05	6	0.90
B	0.20	4	0.80	7	1.40
C	0.15	3	0.45	5	0.75
D	0.30	5	1.50	3	0.90
E	0.20	6	1.20	7	1.40
总分	1.00		5.00		5.35

4. 城堡法的步骤

（1）明确告诉参加评价的人用以下三个标准对每种观念作出评估：

A. 可接受性（满足目标的程度）。

B. 实用性（满足人力、物力和财力的程度）。

C. 创新性（对原有的思维方式改进的程度）。

（2）根据观念总数分发选票，使二者的数量相等。如果有 15 种观念或方案，那么就给每人分发 15 张选票。

（3）投票表决。对每一种观念给予“是”或“否”的回答，记住，每种观念或方案只投一票。

（4）将肯定的票数进行统计。

(5) 将获得最多的两个肯定性票数的观念或方案结合起来，组成一个新观念或新方案。此方法简单实用，也易于操作。

5. 聚集法

相对于其他方法来说，这是一种比较简单的但也是最为有效的观念评价法。其基本指导思想是将各种观念中的“火花”聚集起来，组成新的观念，然后对这些新组合成的观念作适当的修改或调整，使之成为可行的解决方案。具体步骤如下：

(1) 对所有的观念进行考察，如有闪光点，加上标记（火花）。

(2) 将加了标记的想法抽取出来，不论其是否切实可行。

(3) 将抽出来的火花按其是否有联系组合成新的观念。

(4) 重新考察每一个新的观念，把那些看起来最适合于解决问题的新观念挑选出来，形成解决问题的方案。如果条件许可，也可将两个或更多的新观念合并在一起，最终产生解决办法。

6. 逆向头脑风暴法

这是一种小组评价法，其主要用途是借以发现某种观念的缺陷，并预期如果实施这种观念将会出现什么不良后果。此方法颇似头脑风暴法。所不同的是，头脑风暴法是用来刺激创造新观念、新思想，而逆向头脑风暴法则是以批判的眼光提示某种观念的潜在问题。正因如此，我们才说它是一种评价观念的方法。具体操作步骤如下：

(1) 将经过种种程序筛选出来的有限的几个观念写在白板上。

(2) 遵循头脑风暴法的程序，对每一观念寻找缺陷，进行批判。

(3) 把那种缺点最少，而且最有可能用来解决问题的观念挑选出来，以便实施。

关于评价和决策的方法很多，每种方法都有其优点和缺点，关键是看它与我们正在考虑的问题之间有无联系，如无联系，再好的方法也难适用。所以在使用时，一定要具体问题具体分析。

(三) 推敲、咨询与再回头

如果你确实不能肯定作出的决策是否正确，那么花些时间全面考虑一下是会有所帮助的。

1. 留待翌日决定。如果第二天早晨你的想法还是如此，这通常意味着你的决策是正确的。

2. 咨询。如果这个决策可能会直接影响到别人，那么你可以向与此决策利益相关的人进行咨询。

3. 测试。对于一个颇为棘手的问题进行决策，在时间和资金允许的条件下，不妨进行情景模拟，对不同的解决问题的方法进行一番测试。

4. 再回头。再回头的目的就是让你检查一下是否客观地把握了事情的全貌，有没有感情用事。同时，我们也不妨问以下几个问题：

（1）此方法是一劳永逸呢，还是暂时性的？

（2）所出现的问题是立即解决呢，还是等事态继续发展后再说？

（3）此问题是否非解决不可？

（4）成功的可能性有多大？

（5）可能会出现什么新的问题？

（6）这个决策是否解决了迫在眉睫的问题？

（7）这个决策可以防止问题再次发生吗？

四、阻碍创造性思维发挥的主要障碍

（一）个体方面的障碍

每一个人都具有创造力，但并非每一个人的创造力都能发挥出来，人的创造力会受到阻碍。创造力受阻是由一系列主客观原因造成的。排除这些因素的干扰和影响，人的创造力才会发挥出来。

1. 从众心理

它是指人会自觉不自觉地向社会上占统治地位的观点看齐，假如某个人的意见和观点与团队的规范或标准不一致，那么他常被认为行为古怪或思想偏执。迫于团队或社会的压力，他只能迎合众人的一般观点。这些观点一经进入人的经验之中，很有可能成为束缚手脚的框框。如果完全被已有的框框束缚住，真正的创新是不可能的。特别是有时候明明知道自己没有错，但由于自己没有信心或不敢有违众意而采取与大众一致的观点。人云亦云就是这种心态的典型写照。根据心理学家的研究，从众者在智力方面低于有独立质疑性者。

2. 思维定势

它是指习惯于从固定的角度看待事物，不会从不同的角度去分析问题。人们一旦习惯于此，如果再接触到这类问题时，就很自然从这个角度而不从别的角度去认识它。思维定势的特征是：一、只有一个正确答案；二、采取“是的”、“但是”式的思维方式；三、过分注重逻辑思维。思维定势容易使思路闭塞和思想僵化。

科学家有一个鲨鱼实验，将一条鲨鱼放进一个大容器内，从中间用玻璃隔断，另一边放进若干大鲨鱼可口的小鱼，饿急了的大鲨鱼为了能够吃到小鱼，拼命地撞击玻璃，甚至头破血流，其结果都是无功而返，渐渐地它再也不碰玻璃了。实验进展到这一步，科学家将玻璃抽了出去，发现鲨鱼仍然不会游到容器的另一面。

其实，人和鲨鱼一样。经过一段努力而没有达到预期的效果时，我们便固步自封，画地为牢，认为这件事自己永远办不到，却完全忽视外界条件的改变。久而久之，便形成了惯性思维，套在失败的经验中爬不起来，以至失去了一次又一次唾手可得的机会。柏拉图说：“经验使人失去的东西往往超过给人的东西。”

人在框框内久了，就成了“囚”，人有时因环境条件的限制不能离开框框，但心在框框外就是“思”，人虽在框内，可以想着窗外的蓝天，只要思想不受到有形框框的限制，仍然可以有无限的想象空间。

3. 情感障碍

怕犯错误、怕失败或者说怕担风险，这恐怕是影响创造力最基本、最常见的情感障碍了。做“正确的”事受奖励，做错事受惩罚，这是我们一贯的训条。长此下去，害怕自己的行为受到批评，或观点受到嘲笑，成了人类的通病。人们之所以不愿发表自己的看法，多半是因为害怕受到嘲笑或批评。而当你进行创新性的思维时，就承担着做错事的风险，而且这种风险的概率还很高。一旦失败，丢了面子不说，还可能遭受经济损失，实乃“赔了夫人又折兵”。况且，新事物通常是对既定秩序的威胁，会受到抵制，这又对创新者带来了巨大的思想压力。

(二) 个人创造力的测试

下列问卷由美国心理学家、普林斯顿创造才能研究公司总经理尤金·罗德塞设计，适用于成人。被测试者在每一道试题后面根据自己的态度选择字母：同意的选 A，不同意的选 C，不清楚或说不准的选 B。回答必须明确，符合实际。测试时间 10 分钟左右。( )

(1) 我不做盲目的事，亦即我总是有的放矢，用正确步骤解决每一个具体问题。( )

(2) 我认为，只提出问题而不想获得答案，无疑是浪费时间。( )

(3) 无论什么事情，要我发生兴趣，总比别人困难。( )

(4) 我认为合乎逻辑的、循序渐进的方法，是解决问题的最好方法。( )

(5) 有时，我在小组里发表的意见，似乎使一些人感到厌烦。( )

(6) 我花大量时间来考虑别人是怎样看我的。( )

(7) 我自认为正确，比力求得到别人的赞同要重要得多。( )

(8) 我不尊重那些做事似乎没有把握的人。( )

(9) 我需要的刺激和兴趣比别人多。( )

(10) 我知道如何在考验面前保持自己的内心镇静。( )

(11) 我能坚持很长一段时间来解决难题。( )

(12) 有时我对事情过于热心。( )

(13) 在特别无事可做时，我倒常常想出好主意。( )

(14) 解决问题时，我常常单凭直觉来判断“正确”或“错误”。( )

(15) 解决问题时，我分析问题较快，而综合收集的资料较慢。( )

(16) 有时我打破常规去做我原来并未想要做的事。( )

(17) 我有收集东西的癖好。( )

(18) 幻想促进了我提出许多重要的计划。( )

(19) 我喜欢客观而有理性的人。( )

(20) 如果我在本职工作之外的两种职业中选择一种，我宁愿当一个实际工作者，而不当探索者。( )

(21) 我能与我的同事或同行们很好地相处。( )

(22) 我有较高的审美感。( )

(23) 我在一生中始终追求着名利和地位。( )

(24) 我喜欢那些坚信自己结论的人。( )

(25) 灵感与成功无关。( )

(26) 争论时使我感到最高兴的是，原来与我观点不一致的人变成了我的朋友，即使牺牲我原先的观点也在所不惜。( )

(27) 我更大的兴趣在于提出新建议，而不在于设法说服别人接受建议。( )

(28) 我乐意自己一个人整日“深思熟虑”。( )

(29) 我往往避免做那种使我感到“低下”的工作。( )

(30) 在评价资料时，我觉得资料的来源比其内容更为重要。( )

(31) 我不满意那些不确定和不可预测的事。( )

(32) 我喜欢一味苦干的人。( )

(33) 一个人的自尊比得到别人的敬慕更为重要。( )

(34) 我觉得力求完美的人是不明智的。( )

(35) 我宁愿和大家一起工作，而不愿意单独工作。( )

(36) 我喜欢那种对别人产生影响的工作。( )

(37) 在生活中，我常碰到不能用“正确”或“错误”来加以判断的问题。( )

(38) 对我来说，“各得其所”、“各在其位”，是很重要的。( )

(39) 那些使用古怪和不常用词语的作家，纯粹是为了炫耀自己。( )

(40) 许多人之所以感到苦恼，是因为他们把事情看得太认真了。( )

(41) 即使遭到不幸、挫折和反对，我仍能对我的工作保持原来的精神状态和热情。( )

(42) 想入非非的人是不切实际的。( )

(43) 我对“我不知道的事”比“我知道的事”印象更深刻。( )

(44) 我对“这可能是什么”比“这是什么”更感兴趣。( )

(45) 我经常为自己在无意中说话伤人而闷闷不乐。( )

(46) 即使没有报答，我也乐意为新颖的想法花费大量时间。( )

(47) 我认为“出主意没什么了不起”这种说法是中肯的。( )

(48) 我不喜欢提出那种显得无知的问题。(　)

(49) 一旦任务在肩，即使受到挫折，我也要坚决完成。(　)

(50) 从下面描述人物性格的形容词中，挑选出十个你认为最能说明你性格的词。

精神饱满的　有说服力的　实事求是的
虚心的　观察敏锐的　谨慎的
束手无策的　足智多谋的　自高自大的
有主见的　有献身精神的　有独创性的
性急的　高效的　乐意助人的
坚强的　老练的　有克制力的
热情的　时髦的　自信的
不屈不挠的　有远见的　机灵的
好奇的　有组织力的　铁石心肠的
思路清晰的　脾气温顺的　爱预言的
拘泥形式的　不拘礼节的　有理解力的
有朝气的　严于律己的　精干的
讲实惠的　感觉灵敏的　无畏的
严格的　一丝不苟的　谦逊的
复杂的　漫不经心的　柔顺的
创新的　泰然自若的　渴求知识的
实干的　好交际的　善良的
孤独的　不满足的　易动感情的

参考答案：

题号	A	B	C	题号	A	B	C	题号	A	B	C
(1)	0	1	2	(18)	2	1	0	(35)	2	1	0
(2)	0	1	2	(19)	4	0	−2	(36)	−1	0	2
(3)	4	1	0	(20)	0	1	2	(37)	2	1	0
(4)	−2	1	3	(21)	3	0	−1	(38)	2	0	−1

续表：

题号	A	B	C	题号	A	B	C	题号	A	B	C
(5)	2	1	0	(22)	−1	0	2	(39)	0	1	2
(6)	−1	0	3	(23)	0	1	2	(40)	−2	0	3
(7)	3	0	−1	(24)	1	2	3	(41)	0	1	2
(8)	3	0	−1	(25)	−1	0	2	(42)	2	1	0
(9)	0	1	2	(26)	2	1	0	(43)	0	1	2
(10)	−1	0	2	(27)	0	1	2	(44)	−1	0	2
(11)	0	1	3	(28)	3	0	−1	(45)	2	1	0
(12)	−1	0	2	(29)	0	1	2	(46)	3	2	0
(13)	0	1	2	(30)	0	1	2	(47)	0	1	2
(14)	3	0	−1	(31)	0	1	2	(48)	0	1	3
(15)	1	0	3	(32)	3	1	0	(49)	3	1	0
(16)	4	1	0	(33)	−1	0	2	(50)	详见以下说明		
(17)	3	0	−1	(34)	2	1	0				

(50) 下列每个形容词得 2 分：

精神饱满的　观察敏锐的　不屈不挠的

柔顺的　足智多谋的　有主见的

有献身精神的　有独创性的　感觉灵敏的

无畏的　创新的　好奇的

有朝气的　热情的　严于律己的

下列每个形客词得 1 分：

自信的　有远见的　不拘礼节的

一丝不苟的　虚心的　机灵的

坚强的

其余的形容词得0分。

评价标准：

累计得分　创造力水平

110分～140分　创造力非凡

85分～109分　创造力很强

56分～84分　创造力强

30分～55分　创造力一般

15分～29分　创造力弱

－21分～14分　无创造力

（三）团队方面的障碍

1. 官僚主义

或者说死板的管理控制。官僚主义是创造力的大敌。它严重地削弱了团队的创新能力，因为官僚主义的盛行，将会限制员工的灵活性，而灵活性正是创造性思维的有机组成部分。如果真正要从管理入手来促进团队的创造力，那就必须采取有效措施，减少官僚主义所带来的影响。

2. 缺少管理支持

现代管理是建立在对有限资源（人力、物力和财力）的合理配置的假定基础上的。也就是说，它容不得有富余的劳动力或其他资源的不充分利用。在这方面，创新却偏偏要求团队内提供一定的宽松度，好使具有创新性思维的人在一定的空间内乘风破浪，披荆斩棘。

3. 抵制变化

创新与变化相对应。有了创新，就有了变化。有了变化，就意味着工作习惯的改变或团队的变化，工作或责任的重新分配，工作方法的改变等等。这是一些人所不愿看到的。所以对一些创意常常作过度的分析，试图将其扼杀在摇篮里。

哥伦布用了14年时间才说服了人们理解和接受他所提出的航行计划；静电复印技术在没有找到财政支持之前，整整耽搁了四年；贝尔第一次向市场提供电话时，遭到断然拒绝，因为不存在市场需求；约翰·凯伊发明的纺织飞梭，当时被认为是劳工的灾难。愤怒的纺织工人成群结队袭击凯伊，还毁了飞梭的模型；1844年，威尔斯第一次使用麻醉剂给患者拔牙，当时的医学界同行纷纷奚落指责他，说纯粹是一场骗局。

爱迪生说："社会从未打算欣然接受任何发明创新。"

五、团队的创新环境

团队成员个人创造力的发挥可以使团队充满活力和有效率。但是，拥有具有创造力的人并不能保证就会产生创造力，因为有些团队压抑了创造力，沉闷的组织环境会使这种潜在的创造力化为泡影。团队环境是影响个人的创造力是否得到发挥的决定性因素。团队环境对于创造力强的人会产生支持、中立或破坏的作用。因此，管理者有责任培育一个能使创造力得到发探挥良好环境。这些环境包括：

（一）鼓励学习

在 21 世纪，企业惟一持久的竞争优势，就是具备比你的竞争对手学习得更快的能力。加拿大媒体怪杰麦克鲁汉说："不会学习，是一种罪恶。"在未来，真正出色的企业，将是能够设法使各阶层人员全身心投入，并有能力不断学习的组织。

创新要求在整个团队中有一个学习的气氛。任何时候都不允许任何人认为自己"都学会了"。通过学习，正如管理学家德鲁克说过的，保证自己"至少对创新的动力原理有所了解"。对团队中的所有成员来说，学习都是一个连续不断的过程，学习不仅可以使人增加创新所需的知识和经验，而且可以减少变革的阻力。反对变革常是由于无知并对不了解的事物感到害怕。

（二）内部竞争

在过去，沙丁鱼成活率很低，但总有一老头的沙丁鱼几乎全是活的，并作为一个秘密保留着。一日醉酒后，道出了其中的原委，很简单，在沙丁鱼中放入其死敌鲶鱼，造成其内部竞争即可。

内部竞争就是把“市场”机制引入团队内部，在各个岗位上可以争相开发新产品，谁抢先成功，谁就得到实际的利益。国外有些企业甚至鼓励下级进行其他部门正在进行的新产品发展计划。内部竞争虽然有不少弊端，如自相火并、浪费资源等，但其好处也是明显和突出的，尤其是在鼓起人们的责任感和首创精神以及提高效率方面。

组织内部管理一样，如果不创造一种竞争气氛，个人的积极性就不会被调动起来，工作效率将会越来越低，企业将会失去对市场信息的敏感，而走向衰亡。

（三）沟通信息

鼓励开放、自由的信息沟通。在其他条件不变的情况下，团队中的沟通越频繁，创造力就越发展，团队成效也就越大。开放式的信息沟通，是指团队之间、个人之间、团队与个人之间的信息公开，团队成员之间可以自由地交流意见或进行讨论，这是开发创造力的重要条件。在美国出色的企业里，对创新起促进作用的信息沟通制度具有以下特点：平易、不拘形式；信息沟通的强烈程度非比寻常；给信息沟通以具体的物质性的支持；信息沟通制度化；发挥监控作用。

（四）容忍失败

如果你把六只蜜蜂和六只苍蝇装进一个玻璃瓶中，然后将瓶子平放，让瓶底朝着窗户，会发生什么情况？

你会看到，蜜蜂不停地想在瓶底上找到出口，一直到它们力竭倒毙或饿死：而苍蝇则会在不到两分钟之内，穿过另一端的瓶颈逃逸一空。

事实上，正是由于蜜蜂对光亮的喜爱，由于它们的智力，蜜蜂才灭亡了。蜜蜂以为，囚室的出口必然在光线最明亮的地方：它们不停地重复着这种合乎逻辑的行动。对蜜蜂来说，玻璃是一种超自然的神秘之物，它们在自然界中从没遇到过这种突然不可穿透的大气层，而它们的智力越高，这种奇怪的障碍就越显得无法接受和不可理解。

那些愚蠢的苍蝇则对事物的逻辑毫不留意，全然不顾亮光的吸引，四下乱飞，结果误打误撞地碰上了好运气：这些头脑简单者总是在智者消亡的地方顺利得救。因此，苍蝇得以最终发现那个正中下怀的出口，并因此获得自由和新生。

美国密执安大学教授卡尔韦克不无感慨地说："这件事说明，实验、坚持不懈、试错、冒险、即兴发挥、最佳途径、迂回前进、混乱、刻板和随机应变，所有这些都有助于应付变化。"不论我们做什么，都有成功的可能，也有失败的危险；如果我们害怕出错，害怕失败，不敢冒一点风险，那就只好虚度此生，一事无成。永保不出错的惟一办法，就是永远不去进行尝试。

鼓励创新者实验新的构想，即使犯错误也不受处分。失败不仅是可以容忍的，而且还应受到赞扬。创新者必须经历无数的试验，遭受多次失败，否则就无法从失败中学习。当然，这里讲的失败是指尽力尝试后的失败，而不是因不负责任、玩忽职守导致的失败。

（五）支持创新者

一群小孩在铁轨上玩，此处有两条铁轨，一条在使用，一条已停用。只有一个小孩选择在停用的铁轨上玩，其他全在使用的铁轨上玩，此时一列火车飞驰而来，而你正好站在铁轨的切换器旁。你该如何选择？经过广泛的调研，不少的人选择了压死停用铁轨上的孩子。

那一名选择停用铁轨的小孩显然是作出正确的决定，为什么作出正确抉择的人要为了大多数人的无知而牺牲呢？其实，创新者的选择何尝不是如此！

创新者是团队发展的开路先锋，但"枪打出头鸟"，他们往往会受到攻击。这时管理者要给予全力支持。没有管理者的支持，就不会有创新者；而没有创新者，也就不会有创新。这一点的重要性无论怎样强调也不会过分。管理者应允许有创造才华的人在他认为最能发挥才能的环境里工作，并为他们提供各种方便。国外有些企业甚至故意把规章制度设计得有些漏洞，使创新者有空子可钻，搞到所需的资源，把事情办成。因为有创造力的人不喜欢条条框框，他们所习惯的是在某种框架内工作，有时甚至连框架也给予突破。

第十五章

塑造高绩效的团队

团队管理的落脚点就是塑造高绩效的团队。从团队建设的角度来看，高绩效的团队有以下几个最基本的特征：

从领导的角度看：高效的领导；

从员工的角度看：高素质的员工；

从团队的角度看：共同目标与具体目标，团队精神。

一、高效的领导

1. 团队领导者在知识、智力、素质、能力，尤其在态度和觉悟上要特别突出，遇事以团队利益为重，以身作则，身先士卒。

2. 在领导风格上既重团队绩效，又重人际关系，能在实现团队目标和满足成员的个人需要之间取得有机的动态协调。对团队成员充分信任，善当教练，积极促成队员的迅速成长。

3. 领导者乐意授权，充分调动队员的积极性、主动性、创造性，能把活力与热忱传播到整个团队之中，积极地鼓励队员在团队会议中参与讨论、共同决策。多数成员有较大的自由度。

对一个团队来讲，领导者太重要了，所以，前面我们专门开辟了一章来讨论这个问题。

二、高素质的员工

对一个团队来说，员工的素质，无论如何强调也不过分，因为团队规模一般都较小，如果一个五人的团队，有两个低素质的员工，那么，团队的工作就很难顺利进行。在过去，我们常说，三个臭皮匠，顶个诸葛亮，其实，对团队而言，一个臭皮匠，足以整死三个诸葛亮。

有一哲学家经过一个建筑工地，问那里的石匠们："你们正在干什么?"

A："我在做养家糊口的事，混口饭吃。"

B："我在做最棒的石匠工作。"

C："我正在盖一座美丽的教堂。"

听完回答后，哲学家心里暗自思忖：三人中，今后如有有所作为的话，恐怕只有第三个人了。

果不其然，第三个人就是日后西方宗教改革的领袖加尔文。

对于A来说，他所思考的是公平，在他心中，不允许别人付出的少而获得的多，也不允许自己付出得多而获得的少，世上哪有如此绝对公平的道理？天上星多月不明，地上人多路不平。

对于B来说，自己做得最棒，如果不顾及他人，即使最棒，又有什么用呢？可以设想，一个教堂，需要的是整体美观，而不是一两块石头的绝伦。一个水桶能装多少水，取决于它最短、最差的那块板，讲的就是这个道理。

20世纪80年代，美国汽车工业总在日本汽车业进攻时打败仗，于是美国下决心解剖日本车，并与美国车对比，这才发现，美国车就每个部件的质量来看，都是最先进的，每个零件的设计者都感到自豪，可是从总体上看，效益总不如日本车。日本的优势不是局部追求卓越，而是日本汽车总设计师对每个零部件设计者提出的切实必要的总体要求，即系统思考，美国一味追求的是局部过硬，实际上没有形成总体优势。仅螺丝一项的程序就比日本多好几道。

高素质员工的特点是：

1. 成员具有不同的专业知识、技能和经验。而且成员在性格、气质上互补。

2. 团队成员代表着不同单位的利益和立场，熟悉不同的领域，来自不同的背景。

3. 成员不仅有很强的专业技能，而且有很好的处理人际关系能力。在这种氛围里工作，成员间既相互竞争、相互激荡、相互促进，又相互合作、相互帮助、相互学习。

以上三个方面，由于在本书中我们或前或后都有专门的论述，在此不再详述。

4. 积极的工作态度。团队成员除了尽量具有丰富的知识、较高的智力、很好的素质、较强的能力外，更需具有很积极的工作态度，即公而忘私、认真负责、一丝不苟、不断进取的工作态度。

（一）态度的重要性

同学聚会，A对B说："我再也不能容忍公司对我的冷漠了，我已决定离开这个公司，另赴他处高就！"B建议道："我举双手赞成你离开，不过现在不是时候，就这样悄无声息地离开，是不是太便宜这个公司了。你应该再呆一两年，认真观察学习，将公司的核心机密、核心价值观、核心客户等全部拿下，再离它而去，使公司受到重创，处于被动地位，你才能解心头之恨。"A觉得B说得在理，于是努力工作，事遂所愿。两年后，B问A："怎么还没跳槽，现在应该是时机了。"A淡然笑道：现在老总对我的态度有很大的改变，非常在意我，对我也很尊重，还准备提升我做总经理助理，我已经不打算离开了。

其实，老板对谁都一样，不是老板的态度有多大的变化，真正改变的是自己的态度。在过去你做了什么，让老板欣赏你，尊重你，读懂你。什么也不做，还幻想让别人欣赏并尊重你，不是不可能，而是有很大的难度。

工作不是我们为了谋生才做的事，而是我们要用生命去做的事。工作就是付出努力。没有卑微的工作，只有卑微的工作态度，而工作态度完全取决于我们自己。看一个人是否能做好事情，只要看他对待工作的态度就行了。如果一个人轻视自己的工作，将它当成低贱的事情，那么他决不会尊重自己。因为他看不起自己的工作，所以备感工作艰辛、烦闷，当然不会做好工作。

当今社会，有许多人不尊重自己的工作，不把工作看成创造一番事业的必由之路和发展人格的工具，而视为衣食住行的供给者，认为工作是生活的代价，是无可奈何、不可避免的劳碌，这是多么可悲的观念啊！

有一本书的名字叫《态度决定一切》，虽不能如此绝对化，但其中的道理还是不言而喻的。关于心态和命运的关系，我们可以作如下的推论：

心态变，态度变；

态度变，行动变；

行动变，习惯变；

习惯变，人格变；

人格变，命运变；

命运变，人生变。

查克·史温德说："我活得越久，越了解态度对生活的影响。态度，对我而言，比事实更重要。它比过去的事迹、教育、金钱、环境、失败、成功以及其他人想的说的或做的都重要。它比客观、天赋或技巧重要。它成就或破坏一个公司、一个教会或一个家庭。每天我们很庆幸得以选择关于我们会接受那一天态度的标示。我们不能改变我们的过去，我们也不能改变别人以一定的方式行事的事实，我们更不能改变一定会发生的事。我们惟一能做的就是掌握我们的态度。我们深信生活就是十分之一发生在我们身上的事和十分之九我们对它如何反应。你也一样——我们负责管理我们的态度。"

尼尔·穆妮在她的《信念可以影响态度》一书中率直地说明这个事实。穆妮讲了一个在旧金山湾区进行的一项双边蒙蔽的实验。一所学校的校长召集三位教授说："因为你们三位是学校最好的老师，你们有最好的教学技巧，我们将给你们 90 位高智商的学生。我们将让各位以他们的进度教一学年，看看他们能学习多少。"

每个人都很高兴——教师和学生都高兴。第二年，教授和学生都自得其乐。教授在教最聪明的学生，学生受益于最高明的老师的指导和密切注意。实验结束时，学生的成就超过全区学生 20%到 30%。

校长叫来老师并告诉他们："我必须认罪，你们没有教智力最杰出的学生，他们是平凡的学生。我随机挑出90个学生交给你们。”

老师说：“这表示我们是优秀的老师。”

校长说：“我还必须认罪，你们不是最高明的老师，你们的名字是抽签最早抽出的前三个。”

老师问道：“到底什么造成不同？为什么90个学生全年表现水准那么杰出？”

答案是很显然的，态度决定了成功。

旧金山的一家顾问公司罗伯哈福国际公司，最近询问美国前100家大公司的副总裁和人事经理，请他们指出开除一名员工最大理由是什么。他们的回答非常有趣，也强调在商业世界之中态度的重要性：

1. 能力不足：30％；
2. 无法跟其他人相处：17％；
3. 不诚实或说谎：12％；
4. 态度消极：10％；
5. 缺乏动机：7％；
6. 未能或拒绝服从指示：7％；
7. 其他：8％。

请各位注意，虽然能力不足排名第一，但接下来的五个全都是态度问题。卡内基中心不久前分析10000个个人的记录，结论是15％的成功归功于技术训练，另外85％归功于人格，被研究认定是态度的基本人格特性。

阿诺·帕玛，这位最伟大的高尔夫名将，从不炫耀他的成就。虽然他荣获过无数的奖杯和奖品，在他的办公室里，只摆一个破旧的小奖杯，这是他1955年在加拿大公开赛赢得的职业赛第一个冠军。除此之外，墙上还挂了一个加框的牌子，牌子上写着：

若你认为被打败，你就被打败。
若你认为你不敢，你就不敢。
若你想赢但认为赢不了，
几乎确定你赢不了。
生活的战争不常奔向
较强或较快的人，
但是，早晚，赢的人，就是认为他能赢的人。

阿诺·帕玛和其他的高尔夫高手有什么不同？能力？运气？绝对不是！全球前25名高尔夫好手在每次锦标赛中，平均差距一般不会超过两杆，不同的当然不只是能力，而是这种必胜的信念和对待成功的态度。态度造成最不一样的人，有消极思想的人，刚开始可能很好，但随着比赛尾声的接近，早晚（通常是早）他们的态度会拖垮他们。

员工个人工作态度调查问卷（20）

使用下面的评价标准回答每一个问题：

1	2	3	4	5
强烈反对	不同意	不确定	同意	非常同意

（1）对我来说，这个团队是非常好的工作场所。（ ）

（2）如果我努力的话，我可以在团队里出类拔萃。（ ）

（3）这个团队的工资水平比其他的有竞争力。（ ）

（4）员工晋升决策都很公平。（ ）

（5）我了解团队提供的各种福利待遇。（ ）

（6）我的工作能充分发挥我的能力。（ ）

（7）我的工作具有挑战性，但负担不重。（ ）

（8）我信任我的上司。（ ）

（9）我可以随时将我的想法告诉我的上司。（ ）

（10）我知道我的上司对我的期望。（ ）

通过把个人问卷中对每一个条目回答的分数相加，就可以得出一个人的态度分数，以这些分数为基础还可以得出团队的平均分。

（二）态度的改变

你能够改变不讨人喜欢的员工的态度吗？不知道。的确如此，态度的改变是一件十分困难的事情，其难度绝不亚于你攻克工作上的一道难关。

态度能否成功地改变常常取决于以下几个因素：个人的魅力、说服的技巧、员工态度的强度和改变的幅度。

1. 个人的魅力。

员工喜欢你，信任你，他们更容易认同并且接受你的信息。对于你所谈论的问题，如果员工认为你是真诚的，无偏见的，那么，你就很有可能成功地改变一个人的态度。社会心理学家哈夫兰特（Havland）等人曾做过如下实验：让被试者分为两组：A组和B组，分别听同样的宣传材料，或录音或录像或文章，告知A组的听众，说宣传者是个权威，告知B组的听众，说宣传者是个普通人，结果A组有23%的人改变了态度，B组转变态度的人还不到7%。实验说明个人威望对人的态度的影响很大，因为人们普遍存在慕名心理，佩服那些地位高、有名望、有才华的人，愿意与他们的观点相认同，似乎这样才能够提高自己的身价。

2. 说服的技巧

（1）使用一种积极的、平和的、商量的语气来表达；

（2）拿出有力的证据来支持你的观点；

（3）因人而宜，根据对象来调整你的口气；

（4）周密的逻辑思考；

（5）使用恐惧、挫折和其他情感来支持你的观点。

自测题：你是否具有很强的说服力？

我们每天至少会碰到一次让别人照我们的意志行动的时候。为此，这里特别搜集了十种日常最容易发生的情境，每种情境各有四至五种说服的方式。如果是你的话，将怎样措词，才使人欣然乐为呢？请在A、B、C、D、E五个答案中选择相对来说最适合你的情况。

（1）请公寓的房东粉刷墙壁：

A.“我们已经住三年了，多少也照顾一下我们吧！”

B.“比起我们付的房租，这点费用真是微不足道。”

C.“我们也帮一部分忙吧！”

D.“最近我有两三个朋友要来做客，他们很想在这里住一段时间，如果欣赏这里也许会住下来呢！”

E.“如果我是你的话，一定二话不说就大大 粉刷一番的。这里又不是你一个人有房子。”

（2）在宴会中想使一个醉鬼安静下来：

A.“明天一清醒，你会后悔的。”

B.“那边有个漂亮小姐在看呢，安静一点吧，我来介绍介绍。”

C. “你还不知道吗？大家都在看你呢。”

D. “安静一点，不要那么大声好不好。”

E. “刚才听说你在最近的高尔夫球赛里得到优胜，可以告诉我一下详情吗?”

（3）你儿子的成绩不及格，他的任课老师知道大部分的课业都是你代做的，可是你却和他商量要求让你儿子及格：

A. “可是我儿子确实是用功的，请给他加点分奖励奖励吧!”

B. “你们的校长是我的老朋友呢!”

C. “是我糊涂，怪我不是，请给他一个发愤图强的机会吧。”

D. “我那位当明星的弟弟最近要来，我给你介绍介绍。”

E. “只要这科让他及格，他就会进入好大学的。”

（4）你正在为一慈善事业募捐，对方却是个吝啬成性的人：

A. “只要你捐一点钱，我就签一张两倍数目的收据，好让你少付一些所得税。”

B. “我想本地的问题由本地人来共同解决，不要让官方插手进来加税，不知贵意如何?”

C. “请你了解，这是身为市民应尽的义务。”

D. “如果你能捐款，就是给我赏面子。”

E. “这是十分有意义的慈善活动。”

（5）暴徒拿枪顶着你的背，你不想让他抢你的钱：

A. “你真倒霉，我身上恰好没有带钱包。”

B. “小心点吧，我是空手道三段高手!”

C. “老天爷，这是我一周来的血汗哪!”

D. “拜托拜托！没有钱，叫我怎么回家见老婆呀?”

E. “我的皮夹子在裤子后面的口袋里，尽管拿去吧。”

（6）你比老资格的同事高升了，却需要他的携手合作：

A. “这份工作只有靠你的协助才能进展。”

B. “上司快要退休了，我接了他的空缺后，就升你为科长吧。”

C. “真惭愧，他们把我提升了，其实你才是最合适的一位。”

D. “现在我是上司，今后请听我的命令行事。”

E. “这是你的新机会，可表现你的才能。”

（7）你的儿子想看电视，你却想要他练钢琴：

A.“你弹得好的话，爸会多开心呢！”

B.“好孩子该听话的，每个人都不得不做些不喜欢做的事呀。”

C.“我们来约好吧，我让你看完这个节目，你就乖乖练琴。”

D.“你把琴练好了，会很讨人喜欢的。”

E.“不练琴，那学费不是都白交了！”

(8) 你的秘书有个约会，你却不得不请她加班工作：

A.“把约会取消吧。打完这份报告就请你吃一顿好饭。”

B.“上头吩咐，今天非把这份报告发出不可。”

C.“我明知这是不情之请，可是事非得已，拜托拜托吧。”

D.“必须打完这份报告，不然就回到过去的打字部去。”

E.“我相信这项工作只有你才可以做好。”

(9) 你想劝你丈夫（或妻子）和你一起去度假：

A.“今天我见了王大夫，他说你得休息休息。”

B.“你常常为工作出差旅行，我想偶尔你也该去旅行一下。”

C.“你说，到风景宜人的××去休假10天，不是很惬意吗?”

D.“亲爱的，我好想去度个假呀，真想死啦！”

E.“不是很妙吗，只有我们两人一起去度假?”

(10) 你超速驾车，想请警察通融通融：

A.“仅此一次，请高抬贵手吧。”

B.“我送你一些钱，请就这样算了吧。”

C.“也许你不相信吧，我一直都是很规矩的。”

D.“可能是稍稍开快了些，我只是一时糊涂，没有觉察而已。”

E.“实在是迫不得已，我有个急事非赶快不行啊！”

评分标准：

题号	1	2	3	4	5	6	7	8	9	10
正确答案	D	E	C	B	E	A	C	E	A	D

你答对几个？

9个以上：说明你有比较高超的说服能力。

5～8 个：说明你的说服能力一般。

4 个以下：那就有必要研究一下你的说话技巧了。

以上正确答案是美国约翰·伍尔夫研究社制定的。他们曾训练了无数的售货员，教他们说服的艺术，以改变顾客的态度。据研究社指出，有时最高明的技术反而行不通，而最拙劣的方法则大行其道。但以上的正确答案一般是有效的。

3. 员工态度的强度

原有的态度越稳定、巩固和深刻，改变越困难；对态度的信念越强烈，改变它就越困难。如：如果员工还没有对某一态度作出明确承诺时，改变这种态度是比较容易的。相反，已经公开表示过的态度就难以改变，因为它需要个人承认他过去的态度是错的。

4. 改变的幅度

当态度的改变幅度不大时，态度容易改变。要让一名员工接受他从小就形成的、后经社会生活实践反复强化的态度，非经强有力的刺激，否则很难改变。

此外，当人们能多亲身体验时，更容易接受改变。史密斯曾做过下面的实验：安排白人学生到黑人居住区，连续两周与著名的黑人见面、听演说、参加茶会、午餐会等，结果 46 人中 40 人对黑人的态度变得友善。这种友善态度相当稳定，一年后仍不改变。因此，使用培训课程，采取多种培训方法，让员工在培训中亲身经历事件，同时实践新的行为，能有效地刺激他们去改变态度。这也不失为上策。

三、共同的远景目标与具体目标

哈特是著名的心算家，对数的运算从未失误过，既准又快。

一次，哈特照例登台表演，不断有人上台为他出题，他都轻易过关，这时又上来一位女士，她开始出题：

“一辆公共汽车上有 45 人，它在第一个站台下了 8 人，又上了 10 人；下一站又下了 3 人，上了 15 人；再下一站下了 10 人，上了 14 人；再下一站下了 6 人，上了 4 人；再下一站下了 16 人，上了 7 人。

女士越说越快，哈特早已胸有成竹，但仍故作大度地说："别急，您慢慢说，我有点跟不上。"其实，他内心在想，又是这类弱智题。

"好了，可以开始了。"他轻蔑地笑了笑，说道。

女士接着说："公共汽车继续前行，到下一站下 11 人，上了 4 人；再下一站下了 13 人，上了 1 人；再下一站下了 11 人，没人上来。"

"现在，"女士站直了身子，"我的题完了。"

哈特不屑地撇撇嘴："我可以给出你答案吗？"

"当然，"女士点着头："请问，该公共汽车总共停了多少站。"

哈特一下子呆住了。

没有目标，或者目标不明决心大，又有什么用呢？或许你说，我非常聪明，哈特不就很聪明吗？还不照样是宋江的军师——"无用"吗？

心理学上有一试验：读卡片字母测试。被给的卡片上，每一张都写有一个从 A 到 F 的任一英文字母，共有 30 多张，打破顺序，任意出示，每次一张。出示完毕后，问被测试者共有几个 A，或 B，或 C，……或 F。任何一个问题都没有一个被测试者非常肯定地回答上来，难道说他们连数都不会数吗？不是，如果被测试前，他们问一声，能让我看卡片上是什么？那么所有的问题都解决了。

无疑，这与哈特的遭遇是"异曲同工"。管理学将这种现象叫做"行动陷阱"，其意思是：每个人每天都在忙，但没有人停下来问一声，我在忙什么。

由此看来，无论是个人还是团队，目标都不是可有可无的事，而是至关重要的不可或缺的事情。如果你不知道要到哪里去，你就永远到不了那里。

（一）共同的远景目标

共同的远景目标最简单的说法是："我们想要创造什么？"如果没有共同的远景目标，人们将无法想像 AT&T、福特、苹果电脑等公司是如何建立起它们的惊人成就的。这些公司的领导人所制定的远景目标分别是：斐尔想要完成费 50 多年才能实现的全球电话服务网络；亨利·福特想要使一般人能拥有自己的汽车，而不仅仅是有钱人；苹果电脑的创业者们，想使人们通过个人电脑来加速学习，这些公司的成功，最重要的原因就是共同的远景目标所发挥的功能。

英国某教堂墙上有一块碑文，上面写道："干活如果没有远景就会枯燥乏味；有远景而没有实干只是一个空想；有远景再加实干就成了世界的希望。"基督教圣经箴言也讲道："凡没有远见的地方，人们必然毁灭。"

有效的团队必须具有一个大家共同追求的、有意义的目标，由于它的存在，使员工认识到这是"我们的团队"，而不是"他们的团队"，从而能够为团队成员指引方向、提供推动力，让团队成员愿意为它贡献力量。著名心理学家马斯洛晚年从事出色团队的研究，结果发现他们最显著的特征就是具有共同的目标。他观察到：一个出色的团队，任务与员工本身已无法分开，或者应该说，当个人强烈认同这个任务时，定义这个人真正的自我，必须将他的任务包含在内。

一个高效的团队都要花大量的时间在努力探寻一个共同的目标，这个目标既属于他们这个集体，也属于每个个人。因为这对澄清团队成员的模糊认识有好处。例如，苹果电脑公司中设计开发麦金塔计算机的团队成员几乎都承诺要开发一种适用用户、方便可靠的机型，这种机型将给人们使用计算机的方式带来一场革命。

团队有一个共同的目标，也说明了团队之所以存在的客观原因，共同目标刚开始时可能只是被一个想法所激发，然而一旦发展成能够感召一群人并得到大多数人的支持和认同时，它就不再是抽象的东西，人们开始把它看成是实实在在的东西。个人有目标，可以激发个人不断向前超越的力量；团队有目标，也会因大家一起投入，为共同目标的实现而奉献自己的才华而产生巨大的动力。有了共同的目标，每个成员也都知道共同目标实现后对团队和组织的贡献。所以，当目标真正产生后，人们将会不断地学习与超越，这并非由于别人叫他这么做才会有如此表现的，而是因为他们自己真的想要这么做。一句话，共同目标孕育着无限的创造力。

（二）具体目标

把广泛的方向性的团队目标转为可以衡量的、具体的、现实可行的具体目标，是团队要使共同目标对其成员产生意义的最重要的一步。

具体目标会使个体提高绩效水平，也能使团队充满活力，具体目标可以促进团队的沟通，还有助于团队把自己的精力放在有效的成果上。

（1）具体目标有助于团队内明确的交流和建设性的冲突。如：在24小时内回答所有客户的问题。这个目标的明确性迫使团队不得不集中全力，要么想办法实现这个目标，要么换个角度，认真考虑是否改变这个目标。如果这样的目标是明确的，团队的讨论就可以集中在怎样努力实现这些目标上。

（2）具体目标可使团队知道自己的工作进度。由于这些目标都是可以实现的，也是可以测量的，所以团队的工作进程完全可以估算出了。

（3）具体目标具有强烈的吸引力。它们要求团队成员全身心投入，一门心思创造出非凡的业绩来。假如我们的具体目标是：在半年时间内，把产品的生产周期缩短50%。那么每个人所各自拥有的头衔、特权和其他的“特点”全都无足轻重了，有的只是他为团队所做的贡献。

（三）如何确定远景目标与具体目标

1. 远景目标的确定

国际上常用的有SWOT分析法。S即strength，强项，W即weaken，弱项，O即opportunity，机会，T即threaten，威胁。其中S、W是对组织的内部分析，O、T是对组织的外部分析。

S	W
S1	W1
S2	W2
S3	W3
O	T
O1	T1
O2	T2
O3	O3

通过对组织的内外部状况分析，然后相应地组合成远景目标。如：

能力过剩（S）＋有线电视产业20％的年增长率（O）＝收购有线电视公司；

能力不足（W）＋两家国外竞争者退出本产业（O）＝收购竞争者设施；

较强的研究开发能力（S）＋青少年人数的减少（T）＝为成年人开发新产品；

雇员士气低下（W）＋工会活动加强（T）＝提供新的雇员福利。

甚至我们可以用S1＋S3＋O1＋T1＝远景目标的方式去进行组合。

2. 具体目标的确定

具体目标实质上是一种当前的具体工作分析，它规定了每项工作的具体职责以及员工需要为团队做出多大的贡献等等。

每一个具体目标的确定，都必须符合SMART的要求，S即specific，具体的，M即measurable，可测量的，A即achievement，可实现的，R即realistic，现实的，T即timebound，时间限制性。各取第一个英文字母，组合在一起，就构成了SMART，在英文里，SMART的本来意义是聪明的，精明的。这也说明如果我们在制定具体目标时，能做到SMART，我们也就真的成“精”了。

如：我们制定一个降低成本的目标，如果我们说，希望大家努力，争取把成本降下来。这样的目标太“宏观”，说明不了什么问题。如果我们这样说：力争在一年时间内，削减成本40％，且次品率为零，就具体得多了。

SMART法须注意的几个问题：

要让人跳起来，够得着去摘桃子；

关键在于对任务的分析；

避免使用“力争”、“争取”之类的字眼。

第十六章

团队精神

一、何为团队精神

法国科学家曾在1985年发现蚂蚁能救火，后来，英国一位动物学家的实验证实了法国科学家的发现。

英国科学家把一盘点燃的蚊香放进了一个蚁巢。一开始，巢中的蚂蚁惊恐万状，约20秒钟后，许多蚂蚁见险而上，纷纷向火冲去，并喷射出蚁酸。可一只蚂蚁能喷射出的蚁酸量毕竟有限，因此，一些“勇士”葬身火海。但它们前仆后继，不到一分钟，终于将火扑灭。存活者立即将“战友”的尸体，移送到附近的一块“墓地”，并盖上一层薄土，以示安葬。

一个月后，这位动物学家又把一支点燃的蜡烛放到原来的那个蚁巢进行观察。尽管这次“火灾”更大，但这群蚂蚁却已有了经验，不仅调兵遣将迅速，协同作战也是有条不紊。不到一分钟，烛火立即被扑灭，而蚂蚁无一遇难。科学家认为蚂蚁创造了灭火的奇迹。

而蚂蚁面临灭顶之灾时候的非凡表现，尤其令人震惊。

在野火烧起的时候，为了逃生，众多蚂蚁迅速聚拢，抱成一团，然后像雪球一样飞速滚动，逃离火海。那噼里啪啦的烧焦声，是最外层的蚂蚁用自己的躯体开拓求生之路时的呐喊，奋不顾身、无怨无悔。

有一年，洪水暴发，聚在堤坝上的人们凝望着凶猛的波涛。突然，有人惊呼："看，那是什么?"一个像人头的黑点顺着波浪漂了过来，大家正准备等他再靠近些时营救。"那是蚁球"。一位老者说："蚂蚁这东西，很有灵性。1969年发大水，我也见过一个蚁球，有篮球那么大。洪水到来时，蚂蚁迅速抱成团，随波漂流。蚁球外层的蚂蚁，有些会被波浪打落水中。但只要蚁球能靠岸，或能碰到一个大的漂流物，蚂蚁就得救了。"不长时间，蚁球靠岸了，蚁群像靠岸登陆艇上的战士，一层一层地打开，迅速而井然地一排排冲上堤岸。岸边水中留下一团不小的蚁球。那是蚁球里层的英勇牺牲者。它们再也爬不上岸了，但它们的尸体仍紧紧地抱在一起。那么平静，那么悲壮……

对于团队精神，目前还很少有明确的界定，但人们对团队精神的内涵却不乏切身的体会。

在某些团队，人们会觉得心情舒畅，干劲十足，在众人的齐心协力下，整个团队成绩骄人，蒸蒸日上；但在另一些团队，人们会勾心斗角，心情压抑，在内忧外患中整个团队分崩离析，成绩一塌糊涂。

没有团队精神，出现"……＜1＋1＋1＜1＋1＜1"的结果是人们早已司空见惯的事。

团队精神到底是什么？它到底包括哪些内容？综合中外学者的研究成果，可以作如下界定：团队精神是团队成员为了团队的利益与目标而相互协作，尽心尽力的意愿与作风。

团队精神主要包含以下三方面的内容：

1. 在团队与其成员之间的关系方面，团队精神表现为团队成员对团队的强烈归属感与一体感。

2. 在团队成员之间的关系上，团队精神表现为成员间的相互协作及共为一体。

3. 在团队成员对团队事务的态度上，团队精神表现为团队成员对团队事务的尽心尽力及全方位的投入。

二、中国更应强调团队精神

众所周知，中国有"三个和尚"的谚语，其实这是对中国人的嘲讽。

一位在纽约打工的小伙，听到这样一则故事：年底，美国老板欲给工人加薪，数额为500美元，但他规定：每组只加一个，具体加给谁，由各组民主讨论后决定。这间工厂的工人都来自亚洲，分为日本组、越南组、韩国组、中国组……

通知下达后，秘书要求各组下班前报上加薪名单。日本组最快，几分钟就定出了名单，送给老板一看，老板很满意，此人正是他意料中的人选——技术高、速度快；越南组报上来的是一个技术中等、工资最低的可怜人；韩国组也报上来了，是一个技术最差、人缘特好的和事佬，对此，老板摇摇头，无可奈何。

中国组呢？为何迟迟不报？快下班的时候，秘书再三催促，结果却是，中国人不要加薪！

老板听了大吃一惊！难道中国人真的发扬共产主义风格？难道正当的报酬都不要？老板不相信，亲自到中国组了解，终于真相大白：原来中国组的五个人已经讨论了半天，争得面红耳赤，互不相让……他们向老板提出："要么平均分配，每人加一百，要么大家都不加！"老板生气地把手一挥，取消了中国组的加薪！

一些外国老板得出结论说：聘请的中国人最好单独使用，几个人一起就会"内讧"。

但愿这只是一个故事!!!

如果回顾一下历史，你就会发现，众多的历史事件就不只是一个故事了，而是实实在在发生的令人心头沉甸甸的事实了。

唐太宗李世民的玄武门事变，杀的全是自己的亲弟兄；太平天国定都天京后，杨秀清以真天子自居，非要居洪秀全之上，如洪秀全坐八抬大轿，他必须坐十六抬大轿。随后发生的天京事变，多少大将长叹一声，从此将不再有生。更不必说，蒋介石在日本侵略大中华之时，发出的"攘外必先安内"之声了。

再说"非典"。按道理，对此次"非典"，我国的"实践"最早，经验最多，理所当然研究成果应最丰富，但我国的"非典"权威人士钟南山院士却遗憾地表示：重要成果基本都是外国首先研究出来的。为什么？因为我们做试验研究的拿不到足够的病毒样本，而掌握病毒样本的又没有科研能力。要害在于不协作，更勿论默契。根源是什么，缺乏团队合作的精神。

当今社会从表面上看，竞争更激烈了，但如果就此得出“竞争第一”的文化意识就错了，当今的世界恰恰是“合作第一”的时代，即在竞争前提下合作，在合作基础上竞争的时代，没有合作就没法竞争的时代。近年来，屈出不穷的强强联合事件正是这一趋势的突出表现。

20世纪80年代日本彩电击败美国彩电，靠的也不是内部的殊死竞争，而是一致对外的合作意识。相反，到今天，我们的老板还沉醉在价格战中乐此不疲，在于我们还在受“死拼”的竞争文化的左右，而没有建立“优势互补”的合作意识。以前的企业是“只要自己赚钱，自己就好”的内向工程，现在则是“只有别人活得好，自己才会好”的外向工程。松下总结为“共存共荣”。

不论做什么事都要以平常心对待。切记不要以树敌为目标。如果你主动以对方为目标，就是向别人挑战，让别人感到威胁甚至很有可能致命，那就树立了敌人。因此，即使在自己处于优势、胜势的情况下，即使已拿到大部分市场，对方已处于守势，也要向他提出合作期望，此时此刻一定要给对手企业以充分的尊重。如果对手对你怀有敌意、拒绝你的合作期望，也不要直接作反应，否则你将失去应付的时间。永远记住，争高下不是目的，发展自己才是目的。

三、谁说团队精神就是“集体主义”

我们社会的精神境界一贯强调“集体主义”，可它究竟是什么呢？人们认为：“集体主义”是与“个人主义”相对的基本道德原则，是集体利益与个人利益发生矛盾时的“正确的”价值取向。它要求一切“以人民群众的利益”为根本出发点，强调集体利益的道德权威性，坚持集体利益高于个人利益，个人利益服从集体利益。尽管它也提倡集体利益与个人利益的结合与协调，要求二者辩证统一地发展，倡导“人人为我，我为人人”……

但是，我们不能不考察它在社会生活中的真实价值。

长期以来，以传统集权思想为本的中国社会，更注重的是集体利益高于个人利益，个人利益服从集体利益。这样的价值取向发展到极点，集体主义的独特表象就显露出来了，那就是它追求趋同而埋没了人最本质的东西——个性与特长。

以趋同为基础，我们有了为人民服务的绝对要求，有了毫不利己、专门利人的舍己精神，有了无私奉献的崇高境界。这些本无可厚非，但最怕的是物极必反，久而久之的结果是：多数服从少数，惟命是听，惟命是从。而人的个性创造、个性发挥，最终则被扭曲和抹杀掉了。

（一）团队精神的基础——挥洒个性

一次，联想运动队和惠普运动队做攀岩比赛。惠普队强调的是齐心协力，注意安全，共同完成任务。联想队在一旁，没有做太多的士气鼓动，而是一直在合计着什么。比赛开始了，惠普队在全过程中几处碰到险情，尽管大家齐心协力，排除险情，完成了任务，但因时间拉长最后输给了联想队。那么联想队在比赛前合计着什么呢？原来他们把队员个人的优势和劣势进行了精心的组合：第一个是动作机灵的小个子队员，第二个是一位高个子队员，女士和身体庞大的队员放在中间，殿后的当然是具有独立攀岩实力的队员。于是，他们几乎没有险情地迅速完成了任务。

团队业绩来自于哪里？从根本上说，首先来自于团队成员个人的成果，其次来自于集体成果，一句话，团队所依赖的是个体成员的共同贡献而得到的实实在在的集体成果。这里恰恰不要求团队成员都牺牲自我去完成同一件事情，而要求团队成员都发挥自我去做好这一件事情。

也就是说，我们最不可忽视的团队高效率的培养，团队精神的形成，其基础是尊重个人的兴趣和成就。设置不同的岗位，选拔不同的人才，给予不同的待遇、培养和肯定，让每一个成员都拥有特长，表现特长，并且这样的氛围越浓厚越好。

（二）团队精神的核心——协同合作

团队的根本功能就在于提高组织整体的业务表现。

强化个人的工作标准也好，帮助每一个成员更好地实现成就也好，目的就是为了使团队的工作业绩超过成员个人的业绩，让团队业绩由各部分组成而又大于各部分之和。团队要想成功，就必须发挥每个人的特长，并注重流程，使之产生协同效应。除非团队赢了，否则每个人都等于输。2004年上半年，美国 NBA 总决赛，豪华的湖人队竟然 1∶4 不敌平民活塞队，从实力上看，湖人队拥有四位超级巨星：科比、奥尼尔、马龙、佩顿，还拥有全联盟最优秀教练迈克尔·杰克逊，为什么还以失败而告终？首先，科比与奥尼尔争论谁是球队领袖的报道经常在电视上或报纸上出现，马龙和佩顿则为了总冠军的戒指才加入这个团队的，其结局就可想而知了。

个人记录也许可以载入历史，但那只是为了回顾，真正重要的是整体的表现，这是团队的一大特色。

（三）团队精神的境界——凝聚力

至此，我们要问，团队精神的最高境界是什么？是全体成员的向心力、凝聚力。这是从松散的个人集合走向团队最重要的标志。

在这里，有着一个共同的目标并鼓励所有成员为之而奋斗固然是重要的，但是，向心力、凝聚力，一定来自于团队成员自觉的内心动力，来自于共识的价值观。我们很难想象在没有展示自我机会的集团里能形成真正的向心力；同样我们也很难想象，在没有明了的协作意愿和协作方式下能形成真正的凝聚力。那么，确保没有信任危机就成为问题的关键所在，而损害最大的莫过于团队成员对组织信任的丧失。

四、团队精神的塑造

团队精神的塑造，主要包括敬业精神、相互信任、员工数量及技能的互补、有效地沟通、成就需要和愿景目标六个方面。由于后四个方面，在前面的章节中都有详细的论述，在这里，我们将着重阐述敬业精神和相互信任这两个方面的内容。

（一）敬业精神

某公司招聘一名员工，层层筛选后，只剩下三名候选人。公司给出了这样一道看似非常简单的题目：假定公司派你到某工厂采购 2000 支铅笔，每支 5 美分，你需要从公司带去多少钱？三位候选人的答案如下：

A：120 美元。为什么？采购 2000 支铅笔可能要 100 美元，其他杂用就算 20 美元吧。

B：110 美元。为什么？2000 支铅笔需要 100 美元左右，另外可能需用 10 美元左右。

C：113.86 美元。为什么？铅笔每支 5 美分，2000 支是 100 美元。从公司到这个工厂，乘汽车来回票价 4.8 美元，午餐费 2 美元，请搬运工人需用 1.5 美元……因此，总费用为 113.86 美元。

假定你是定夺人，你会选择谁？

该公司最后选择了 C，他就是日后的钢铁大王卡内基。为什么？二个字：敬业。

用美国学者罗宾斯的话说就是：敬业，就是尊敬、尊崇自己的职业。一个人如果以一种尊敬、虔诚的心灵对待自己的职业，甚至对职业有一种敬畏的态度，他就已经具有敬业精神。

《读者》杂志上曾刊登过一篇有关中国人工作的百分比的文章，现摘录如下：

100％的中国人都想不干活白拿钱；

99％的中国人觉得自己付出大于收入；

92％的中国人都想只上半天班；

82％的中国人梦想一个理想婚姻而令自己少奋斗 20 年；

79％的中国人爱跟同事比待遇；

73％的中国人觉得上级并不比自己有水平；

64％的中国人说的比做的更多；

59％的中国人对单位的福利不满意；

56％的中国人将办公用品偷偷拿回家；

55％的中国人利用公务之便做过私活；

52％的中国人上班有迟到早退现象；

37％的中国人爱打探同事的私生活；

5％的中国人在上班时间玩游戏；

1％的中国人对工作永无怨言。

《经济管理》杂志社原社长赵英先生在日本作访问学者时，一次，他与日本一研究人员出差回到了东京上野车站，一看时间才下午4点，而单位下班时间为6点，这位研究人员毅然决然地回单位上班，要知道，这期间至少还需要半小时的电车。这件事令赵英先生十分感慨。中国的GDP只是日本的四分之一，人均收入是日本的三十五分之一至四十分之一，数据上的差距并不可怕，可怕的是我们的管理者、我们的员工与人家在敬业精神、责任心等方面的差距。

形成团队精神的首要条件是团队成员具有敬业精神：

1. 敬业精神的诠释

热爱职业像热爱生命一样，因为生命的价值在于职业。当我们说某个人活的值不值得时，不是指他活的年龄大小，漂亮与否，知识程度高低，而是指做事的多少。众所周知，中国有四大美女，其实，何止是四大美女，可以说美女如云，为什么单单留下了四大美女的美名？一句话，做事。做事除了在职业中体现外，还能有什么地方呢？

在西方，人们特别尊崇的职业是传教士，因为对传教士来说，无论是美国繁华的大都市纽约，还是非洲贫穷的原始热带雨林，一声令下，他们都会兢兢业业，义无反顾地去从事自己的事业，没有任何借口，没有任何推托。他们是将此作为使命来对待。

美国南北战争中南方主将罗伯特·李说："使命是我们的语言中最高贵的词，你要尽责，不能多一分，更不能少一分。"什么是使命？天使的命令，如果再加上两个字就是神圣使命？即神的圣旨，天使的命令。

"两弹元勋"邓稼先在接到上级指令后与妻子分别时说道："以后家里的事就不能多管了，我的生命就献给未来的工作了，做好了这件事，我这一生过得就很有意义，就是为它死了也值得。"还有什么理由不相信他能够完成这一艰巨的任务呢？

有人说：工作是为了挣工资，养家糊口。其实在工作中比薪水更重要的是：珍贵的经验；良好的训练；才能的表现；品格的修养等。先想想如何把工作做得更好。伏尔泰认为，工作使人免除三大流弊：生活乏味、胡作非为、一贫如洗。

散文学家孙淡宁说得好：

钱可以买到房屋，但买不到家；

钱可以买到药物，但买不到健康；

钱可以买到美食，但买不到食欲；

钱可以买到床，但买不到睡眠；

钱可以买到珠宝，但买不到美；

钱可以买到书籍，但买不到智慧；

钱可以买到娱乐，但买不到愉快；

钱可以买到谄媚，但买不到尊敬；

钱可以买到伙伴，但买不到朋友；

钱可以买到服从，但买不到忠诚；

钱可以买到奢侈品，但买不到文化；

钱可以买到权势，但买不到威望；

钱可以买到躯壳，但买不到灵魂；

钱可以买到虚名，但买不到实学；

钱可以买到小人之心，但买不到君子之志。

2. 员工自身敬业精神的修养

（1）拥有自信是敬业的份内要求。

撒切尔夫人在当选为英国历史上第一位女首相时，按程序前去拜见女王，临别时，她动情地引用了英国历史上一位诗人的话，以表示自己对未来岁月的执政信心：

在出现纷争时，让我们带来和谐；

在有了错误的地方，让我们带来真理；

在出现怀疑的地方，让我们带来信念；

在感到绝望的地方，让我们带来希望。

在她执政时，发生了马岛战争，当时的外交大臣反对出兵，她果断地将其换掉，重新起用新的人选，终于赢得了这场战争。在她执政时，发生了北爱尔兰为争取独立的绝食事件。她的立场始终如一，不妥协、退让半步，哪怕是一丁点儿。事件过后，她赢得了"铁娘子"的称号。事实上，一直到现在，英国公民都认为撒切尔夫人是英国历史上伟大的首相之一。

英特尔公司的创始人之一葛鲁夫在面对衰退时始终坚信三个定律：A. 坚定信心，相信萧条会过去，反弹会到来；B. 不能靠节约成本渡难关，要靠投入新技术；C. 坚信自己走出谷底时会比走进谷底时更强。用葛鲁夫自己一本书的名字来总结就是：《只有偏执狂才能生存》。

（2）注重工作细节是敬业的基石。

从前在美国标准石油公司里，有一位小职员叫阿基勒特。他在远行住旅馆的时候，总是在自己签名的下方，写上“每桶四美元的标准石油”字样，在书信及收据上也不例外，签了名，就一定写上那几个字。他因此被同事叫做“每桶四美元，”而他的真名倒没有人叫了。

公司董事长洛克菲勒知道这件事后，说：“竟有职员如此努力宣扬公司的声誉，我要见见他。”于是邀请阿基勃特共进晚餐。

后来，洛克菲勒卸任，阿基勃特成了第二任董事长。

这是一件谁都可以做到的事，可是只有阿基勃特一个人去做了，而且坚定不移，乐此不疲。嘲笑他的人中，肯定有不少有才华的人，能力在他之上，可是最后，只有他成了董事长。

对于敬业者来说，凡事无小事，简单不等于容易。

一年青人去一寺庙求道学艺，主持说：“初来乍到，人生地不熟，你可先熟悉一下环境，顺便干一些小事，如扫扫地，做做饭，整理整理房间等。”年青人一听就瞪了眼，心想，我是来求学学艺的，不是来给你们干杂活的。于是扭头就走。

其实，正道不是高不可攀或高深莫测的理论，它隐藏在日常的工作琐事及生活细节中，只要用心去从事，认真去体验，随手可得，处处可见。

20世纪末，一些学者统计了《人类历史上的100件大事》，与中国有关的共有七件：儒家和道家的形成；成吉思汗的帝国霸业；火药的发明和改良；印刷术的发明；中国工农红军长征；卢沟桥事变；新中国成立。显而易见，大事总是少的，我们普通人，很显然都在做一些小事，怕只怕小事也做不好，小事也做不到位。

在国际上有一个海恩法则——事故法则，即每一起严重事故的背后，必然有29起轻微事故和300起未遂先兆，以及1000起事故隐患。以美国工程师墨菲命名的墨菲定理也认为，凡是可能出错的地方一定会出错。可见，把每一件简单的事做好就是不简单，把每一件平凡的事做好就是不平凡。

如果我们从另一个侧面来看，一次升迁机会的丧失可能毁于你出差的费用远远超过标准；一次生意的失败可能仅仅因为你在谈话中暗示自己要一次回扣；一次解雇可能是因为你直接拿了公司不该拿的东西……总之，能揩油、占小便宜就不放过任何机会。

他们以为老板看不到这件事，其实，即使在无人知晓的情况下，那也将损害你自己的心灵和信仰。因为你的敬业程度，完全会因这些小事而变质、蜕化。工作和职业就是你的生命和信仰，你千万不能亵渎它。一个人如果困守于一些既得的“小”利益，很可能也会死亡在那些“小”利益上。

一位父亲在其儿子即将走上工作岗位时，语重心长地说道：无论未来从事何种工作，一定要全力以赴，一丝不苟。能做到这一点，就不会为自己的前途操心。因为世界上到处是散漫粗心的人，那些尽心尽力者始终是供不应求的。沃尔玛的创始人山姆·沃尔顿也认为：如果你热爱工作，你每天就会尽自己所能力求完美，而不久你周围的每一个人也会从你这里感染到这种热情。

在做事中，认真做事只是把事情做对，只有用心做事才能把事情做好。

（3）主动进取是敬业的特性。

对一个人来说，其做事的态度与报偿不外乎以下五种情况：

（1）不用别人告诉你，就能出色地完成工作，这种人总能得到最高的奖赏，包括荣誉。

（2）别人仅告诉你一次，就能圆满地完成任务，这种人会得到很高的荣誉，但不一定总能得到相应的报偿。

（3）别人告诉你二次，你才会去做。这些人不会得到荣誉，报偿也很微薄。

（4）有些人只有在形势所迫时才能把事情做好，他们得到的只是冷漠而不是荣誉，报偿更是微不足道。这种人是在磨洋工。

（5）还有些人，即使有人追着他，告诉他怎么去做，并且盯着他做，他也不会把事情做好。这种人总是失业，遭到别人蔑视也是咎由自取。

撇开第五种人不谈，因为他是我们打击的对象，谁也不会喜欢第五种人的。就说前四种人，他们都有一个共同的特点：把事做了，即消耗了人、财、物。同样地做事，为什么我们不能选择主动，选择优秀，选择卓越呢？要么全身心投入，要么全身心退出，这是我们的选择，在西方，人们非常看重的就是你的选择。在美国22条作战条例中，其中有一条是这样写的，Anything you do can get you shot——including doing nothing，即你做的任何事都可能令你挨枪子——什么都不做也一样。道理很明白，在战场上，随时你都有可能死亡，那为什么不选择当英雄，端着枪向前冲锋，而要选择狗熊呢？请相信：用我们的忠诚与热情，主动地去追求卓越，世界会给你以厚报的，既有金钱也有荣誉。

在日本，有一个广为传颂的故事：一个妙龄少女来到东京帝国酒店当服务员，这是她涉世之初的第一份工作。因此她很激动，暗下决心：一定要好好干！令她万万没有想到的是：上司安排她洗厕所！

当她用自己白皙细嫩手拿着抹布伸向马桶时，恶心得几乎呕吐却又吐不出来，太难受了。而上司对她的工作质量要求又特别高，高得骇人：必须把马桶抹洗得光洁如新！

她陷入了困惑、苦恼之中，也哭过鼻子。

此时，单位一前辈出现在她面前，没有任何说教，只是一遍遍地抹洗着马桶，直到光洁如新；然后，从马桶里盛了一杯水，一饮而尽。临走时送给她一个含蓄的、富有深意的微笑。

她目瞪口呆，热泪盈眶，恍然大悟，如梦初醒！好痛下决心："就算一生洗厕所，也要做一名洗厕所最出色的人！"

从此，她成为一个全新的、振奋的人；从此，她的工作质量也达到了那位前辈的高水平，当然她也多次喝过厕水，为了检验自己的自信心，为了证实自己的工作质量，也为了强化自己的敬业心；从此，她很漂亮地迈好了人生的第一步；从此，她踏上了成功之路，开始了她的不断走向成功的人生历程。

她就是日本鼎鼎大名的野田圣子。

再看我国在日本打工的留学生，在饭店洗碗时，日本法律规定：必须洗七遍，很快，他们就发现洗六遍也成，洗五遍也干净，以至于四遍，三遍。试想：三遍和七遍所消耗的时间一样吗？其结局也就可想而知。也就是说，在他有将七遍变为六遍这个想法的时候，就为他日后的失业挖掘了坟墓。

什么是卓越？

卓越就是比别人更为执着；

卓越就是比别人更敢于冒险；

卓越就是比别人更富于梦想；

卓越就是比别人有更高的期望！

在《把信送给加西亚》一书中，麦金莱总统把信交给罗文上校时，他替罗文上校出谋划策了吗？没有。

麦金莱总统把信交给罗文上校时，他替罗文上校选择行进路线了吗？

没有。

麦金莱总统把信交给罗文上校时，他替罗文上校安排交接地点了吗？没有。

麦金莱总统把信交给罗文上校时，他给罗文上校加西亚的地址了吗？没有。

没有，没有，没有……

麦金莱总统只说出了他要的结果：把信送给加西亚。我们身边无数的领导却没有麦金莱总统那么幸运，没有找到罗文式的人才。

所以，作者阿尔伯特·哈伯德感慨地说道："文明，就是充满渴望地寻找这种人才的一个漫长的过程。"

（4）忠诚是敬业的体现。

在素有欧洲屋脊之称的瑞士，有一个令人称奇的地方，它的名字叫卢赛恩。

说它称奇，一是因为风景秀丽，如诗如画。在一个人口不足两万人的城市里，世界旅游排位第60名，远远超出一些国家的首都所在地。

图16—1　美丽的卢赛恩

这里，湖面平静如镜，湖水清澈见底，一条欧洲最古老的木桥横跨湖的两岸（该桥在当时的主要作用是防止外来敌人的侵入），桥的中间是雄伟高大的瞭望塔，桥头的守护神教堂直指云霄，野鸭在岸边或桥下悠然自得地游来游去，湖边是古老的建筑物和郁郁葱葱的山丘，一切都是那么的自然，那么的和谐。见图16—1

然而，令人心灵震撼的是建在半山腰的另一个景观：狮子雕塑。见图

16—2。一头狮子，已身中毒箭，横卧于大地之上，面目表情揭示了其痛苦不堪的内心，头前是盾牌和折断的长矛，但其两爪却仍然紧紧摁着法国路易十六时期的国徽。

图 16—2 狮子雕塑

这是法国人专门为瑞士卢赛恩人而建造的。在法国路易十六统治时期，由于其独断专横，造成民不聊生，他曾声称："在我死后，哪怕洪水滔天!"其实，他还没死去，就已经洪水滔天了，1789 年爆发了法国大革命，1792 年 8 月 10 日，为保卫胜利成果再次进行的革命，将路易十六夫妇送上了断头台。

在保卫王宫的战斗中，大部分卫队士兵已逃之夭夭，但战至最后并全部壮烈牺牲的，人们惊奇地发现，都是瑞士卢赛恩人。《世界通史》是这样记载的："8 月 10 日清晨，起义队伍在巴黎公社领导人率领下包围王宫，歼灭瑞士近卫军，占领了王宫。"从此，法国规定，总统卫队尤其是保镖优先使用瑞士人，特别是卢赛恩人，现在的希拉克总统也是如此。罗马教皇听说此事后，将其卫队及保镖也规定为优先使用瑞士人，特别是卢赛恩人，直至现在。

这是瑞士人的骄傲与自豪，更是卢赛恩人的骄傲与自豪。为什么?

一丁点儿的忠诚抵得上一大堆的智慧。

忠诚体现在工作态度上。

就人的能力和态度这个问题，我们可以用矩阵来表示（见图 16—3)：

(1) 工作态度好，能力又强的人，要重用；

(2) 工作态度好，能力弱的人，要培训；

(3) 工作态度不好，能力又弱的人，要失业；

(4) 最令人难以定夺的是工作态度不好，但能力强的人，怎么办？

美国苹果电脑公司总裁和通用电器公司总裁不约而同地回答道：辞退。因为这种人一是自命不凡，难以管理；二是不出事便罢，出事便是大事。长痛不如短痛。

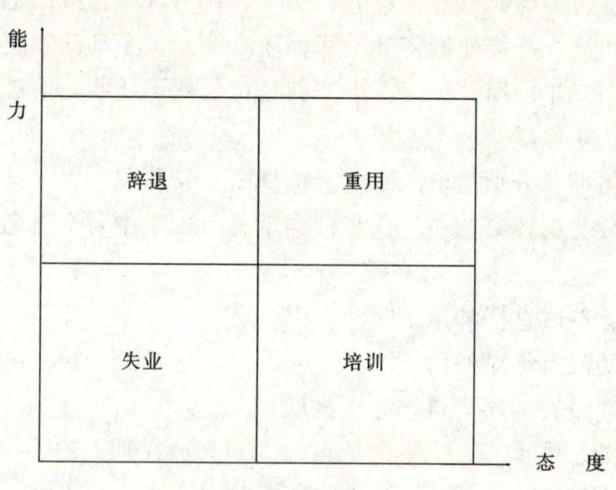

图 16—3　能力和态度矩阵

在这个世界上，并不缺乏有能力的人，那种既有能力又忠诚的人，才是每一个组织企求的最理想人才。那些忠诚于组织、忠诚于职业的员工，都是努力工作，没有任何借口的员工。他的忠诚会让他达到想像不到的高度。

工作不是我们为了谋生才做的事，而是我们要用生命去做的事。工作就是付出努力。没有卑微的工作，只有卑微的工作态度，而工作态度完全取决于我们自己。看一个人是否能做好事情，只要看他对待工作的态度就行了。如果一个人轻视自己的工作，将它当成低贱的事情，那么他决不会尊敬自己。因为他看不起自己的工作，所以倍感工作艰辛、烦闷，当然不会做好工作。

当今社会，有许多人不尊重自己的工作，不把工作看成创造一番事业的必由之路和发展人格的工具，而视为衣食住行的供给者，认为工作是生活的代价，是无可奈何、不可避免的劳碌，这是多么可悲的观念啊！

(二) 员工之间以及员工与领导之间的相互信任

两个犯罪嫌疑人被警察拘捕了。

警察分别告诉他们有三种可能：第一，死不认罪，最后也确实找不到他们犯罪的证据，这样他们将被无罪释放。第二，主动认罪交待并检举揭发同伴，只判三年刑期。第三，可能就是自己死不认罪，但被同伙揭发并证明有罪，这样你就会被判十年。

被分开关押、分别提审的罪犯会选择哪一条路呢?

绝大多数会选择第二条。这是社会学、心理学中一个著名的论例：囚徒困境。

为什么会造成这样的结果呢?

相互之间没有绝对的信任；

相互之间没有沟通，自己心里没底；

自我保护。谁也不愿也不敢把自己的明天放在别人的手中。

1. 信任的重要性

有一个劳改犯人在外出修路的过程中，在路上捡到了1000元钱，他不假思索地把它交给了监管警察。可是，监管警察却轻蔑地对他说：你别来这一套，把自己的钱变着花样贿赂我，想换资本减刑，你们这号人就是不老实。

囚犯万念俱灰，心想这世界上再也不会有人相信他了。晚上，他越狱了。

在亡命的途中，他大肆抢劫钱财，准备外逃。在抢得足够的钱财后，他乘上开往边境的火车。火车上很挤，他只好站在厕所旁。这时，有一位十分漂亮的姑娘走进厕所，关门时却发现门扣坏了。她走出来，轻声对他说：“先生，你能为我把门打开吗?”

他一愣，看着姑娘纯洁无邪的眼神，他点点头。姑娘红着脸进了厕所，而他像一个忠诚的卫士一样，严严把守着门。

在这一刹那间，他突然改变了主意。在下一站，他下了车，到车站派出所投案自首。

这是听来的故事，但我相信它是真的。因为在这个世界上，信任是一种弥足珍贵的东西，没有人用金钱可以买得到，也没有人可用利诱或武力争取得到。它来自于一个人的灵魂深处，是活在灵魂里的清泉，它可以拯救灵魂、滋养灵魂，让心灵充满纯洁和自信。

意大利“光头”裁判克里纳。在其一生的足球裁判生涯中，无论其判对还是判错，从未受到过人的指责，这并不是说他没有判错过，人非圣贤，孰能无过，况且足球场上的复杂多变，球一会儿前半场，一会儿后半场，他就是再能奔跑，也不可能赶得上足球在空中的速度，但人们信任他，这种过错绝对不是故意的。所以世界大赛的关键场次一般都由他来执哨。

日本社会关系学专家谷子博士讲过这样一个故事。

有一富翁为了测试别人对他是否真诚，就假装生病住进医院。

结果，那富翁说：“很多人都来看我，但我看出其中许多人都是为了分配我的遗产而来的，特别是我的亲人。”

谷子博士问他：“你的朋友来看你了吗？”

“经常和我有往来的朋友都来了，但我知道他们不过是当作一种例行的应酬罢了。”

“还有几个平素和我不睦的人也来了，我想他们肯定是听到我病重的消息，幸灾乐祸来看热闹的。”

照他的说法，他测验的结果就是：“根本没有一个人对他有真正的感情，也没有一个人是他所信任的。”

谷子博士就告诉他：“为什么我们苦于测验别人对自己是否真诚和信任，而从来不测验一下自己对别人是否真诚和信任呢？”

其实这个社会上谁都不傻，人心都是肉长的，你对人家虚情假意，怎么会寄希望人家对你真心实意呢？

在美国沃尔玛公司，每一个经理人员都镶上了镌有“我们信任我们的员工”字样的纽扣，在该公司，员工包括最基层的店员都被称为合伙人。1987 年美国的福特公司和通用公司同时取消了“监工”这一职位，这是企业对员工自主管理及其效应的充分肯定。

信任是未来管理文化的核心，代表了先进企业的发展方向。

著名的松下集团，招收新员工的第一天，就对员工进行毫无保留的技术培训。有人担心，这样可能会泄露商业秘密。松下幸之助却说，选择了松下的人，都是抱定终身为松下服务的，他们这样信任我们的公司，我们怎么可以对他们保守秘密呢。再说，如果为了保守商业秘密对员工进行技术封锁，导致员工生产过程中不得要领，必然带来更多的残次品，加大企业的生产成本，这样的负面影响比泄露商业秘密带来的损失更大。比较之下，还是对员工持信任态度的为好。而对于以脑力劳动为主要方式的未来企业，如软件业来说，其生产根本无法像物质生产那样被控制起来，信任也是惟一的选择。

相反，如果对员工不信任，就会成为管理中最大的成本。著名的《第五代管理》作者查尔斯·M. 萨维奇认为，怀疑和不信任是公司真正的成本之源，它们不是生产成本，却会影响生产成本；它们不是科研成本，却会窒息科研的进步；它们不是营销成本，却会使市场开拓成本大大增加；它们不是管理成本，却会因内讧而使管理成本加重。

有些企业在创办之初都能够很好地推行信任管理，这主要是由创业之初人手少、条件差，老板和员工以兄弟姐妹般的感情凝结在一起，共同创业。而当企业发展到一定规模后，利益分配差距越来越大，老板对下属包括当初一同打天下的下属也开始提防起来。有的把重要岗位换成自己的亲属；有的一份区域客户名单要分割成多个部分，交给多人掌握。有的在生产区层层设岗，并安装了自动搜检仪器，防止员工夹带。随着信任的不断流失，怀疑的空气遍布公司上下，久而久之，公司对员工的管理变成了防卫式的管理，疏远了人心，最后，企业也就开始走下坡路了。

成员间相互信任是有效团队的显著特征，就是说，每个成员对其他人的品行和能力都确信不疑，我们在日常的人际关系中都能体会到，信任这种东西是相当脆弱的，它需要花大量的时间去培养而又很容易被破坏。而且，只有信任他人才能换来被他人的信任，不信任只能导致不信任。所以，维持团队内的相互信任，还需要引起管理层足够的重视。

2. 信任的维度划分

在西方的研究中，他们将信任这个概念划分为五个方面：(1) 正直。即诚实、可信赖；(2) 能力。具有技术技能和处理人际关系的知识；(3) 一贯性。可靠，不是变色龙，朝三暮四，行为可以预测；(4) 忠实。维护和保全别人的面子；(5) 开放。畅开心扉，与他人倾心交流，共享信息。

研究发现，这五个维度的重要程度是相对稳定的，一般说来，其顺序是：正直＞能力＞忠实＞一贯＞开放。

在这五个因素中，正直程度和能力水平是一个人判断另一个人是否值得信赖的两个最关键的特征。因为，如果你对他人的诚实和可信赖度都没有把握的话，根本就谈不上信任了。《领导简要》披露，美国企业和政府的高层领导人，在被问及他们作为成功领导人最重要的因素时，答案是一致的：正直。

卡维特·罗伯说："若我的人了解我，我会得到他们的注意；若我的人信任我，我会得到他们的行动。"

德鲁克告诫说："人的品质和诚实本身，并不能成就什么事。一旦这方面有缺陷，则事事出毛病。因此，如果一个人在这方面有缺点，那就不是影响他工作能力和长处发挥的问题，而是根本不适合当管理者的问题。"

3. 信任感的培养

信任模型好比是一座教堂，建立在四根大柱上，这四大柱就是公开、诚实、信赖、尊重。

(1) 公开

公开指的是和别人分享你的想法和感觉，同时也要倾听别人的想法和感觉。也就是以真心取代戒心。

在杂技里，有一个传统项目叫抛球，就是一个人可以在空中同时抛接多个球。据说这里有一个奥秘，一般人在抛接球的时候，所看重的是接球，因为球接不住，就等于说是玩砸了。事实上真正的要害在于抛球，道理很简单，只有空中有球，才可能接住球。没有球，你接什么。

团队何尝不是如此，只有每个人敞开自己的思想，公开自己的想法，空中才能有"球"，每个人也才能选择适合自己的"球"，得以共同提高。

人们或许会说，有的东西没有办法公开，属于隐私。是的，请看表16—1，约哈里窗口。也就是说，真正属于隐私的有多少。那么众多的不属于隐私的我们公开了吗？

表16—1　约哈里窗口

自己／他人	自知	不自知
人知	开放区域	盲目区域
人不知	秘密区域	未知区域

哈佛大学的阿吉瑞斯对许多企业研究后指出：大部分管理团体都会在压力面前出现智障，这些智障集中体现在四种妥协，即：

为了保护自己——不提没把握的问题；

为了维护团结——不提分歧性的问题；

为了不使人难堪——不提质疑性的问题；

为了使大家接受——只做折中性结论。

如此这般，其会议或研讨还有什么意义呢？

(2) 诚实

诚实是指给予别人真实、完整的反馈，不管是好、是坏。

许多人都打过保龄球，保龄球为什么那么吸引人？锻炼身体。其实，仅就锻炼身体而言，它还不如我们打半小时的篮球实在。其实，人们真正感兴趣的是它的反馈——及时、准确、完整。当一个人将球抛出去后，他会瞪大双眼盯着球的滚动，看到底能打翻几个，接下来就是看记分牌的分数。

再说赌博，任何好处都没有，但就是吸引人，一个重要的原因也在于抓住了人的需要：反馈及时、准确、完整。

在我们的工作中，我们非但没有让人自己看到他打翻了几个球，还要在放球的地方设置幕布，聘请报幕人公布打翻的数字，更可怕的是设置的不只一个幕，而是几个，等成绩传到当事人的耳朵里时，已经全变了味，他明明听到自己打翻了球，可接到的正式通知却是球下道，今后还能有什么措施让他相信你呢？

为什么我们不能将此幕帘撤下去呢？一般人都想要，也都需要知道自己在别人眼中是怎样的。但真正做到这一点，并令人心服口服，是需要相当艺术的。

(3) 信赖

信赖是指做承诺和履行承诺。你做的承诺必须是你愿意履行的；不要做出含糊不清的承诺，同样也不要接受这种承诺；若无法履行承诺，须及早告知对方；假如你不得不破坏承诺，一定要主动重新协商，想办法弥补受损的信用。

(4) 尊重

在第三章《个体差异分析》中，有一幅图问：该图是少女还是老妇？如果我们出示不同的背景知识，哪怕是30秒，他们回答是少女还是老妇的倾向性就非常明显。见图 16—4。

图 16—4

人的知识背景仅 30 秒就能造成如此大的差距，况且人的知识、经历、经验、工作性质、性别、出生地、价值观等的不同呢。人与人的看法有差异是正常的，无差异则是不正常的。在这个世界上，只有差异性才有多样性；只有多样性，才有知识的丰富性。画地为牢、固步自封只能导致衰败。

我们经常嘲笑盲人摸象中的盲人，其实在这个世界上我们每个人何尝不是“盲人”，一个人即使再聪明、再博学，也总有自己的知识盲点。如果不尊重别人的看法，不虚心接纳别人的意见，是不是也是盲人摸象中的盲人呢？一个人的聪明不在于否定别人，而在于肯定别人，利用别人的长处丰富自己。

在人与人相处时，要想尊重别人，我们必须要做到的是：a. 纯粹倾听，不带批评。b. 接纳差异，不作指责。c. 肯定别人独特的品格。d. 多往好的方向去看。e. 以关怀之心告诉别人你的真正想法。

有一个聪明的男孩，有一天妈妈带着他到杂货店去买东西，老板看到这个可爱的小孩，就打开一罐糖果，要小男孩自己拿一把糖果。但是这个男孩却没有任何的动作。几次的邀请之后，老板亲自抓了一大把糖果放进他的口袋中。回到家中，母亲很好奇地问小男孩，为什么没有自己去抓糖果而要老板抓呢？

小男孩回答得很妙：“因为我的手比较小呀！而老板的手比较大，所以他拿的一定比我拿的多很多!”

这是一个聪明的孩子，他知道自己的有限，而更重要的是，他也明白别人比自己强：凡事不只靠自己的力量，学会适时地依靠他人，是一种谦卑，更是一种聪明。

骏马虽千里，耕田不如牛；耕牛虽勤奋，看家不如狗。

信任是一种尊重，它比关爱更珍贵。一个有品质、有修养的人，可以承受你扣他一年奖金的打击，却不能承受你哪怕一丁点儿的不信任。

松下说：比如给狮子肉吃，可能没有哪头狮子会因为你的给法不好而气恼地表示：这肉我不吃。因为动物是直觉的，只要它饥肠辘辘，它就要来吃食。如果你反复喂食它十多遍，下次你一来，狮子就会想到：哈哈，这位就是总喂我吃肉的人，从而驯服于这个人。但是，人就不同了，如果给的方法不好，他便会说：“不像话，我才不吃你的东西。”从此反目成仇。没有比人更难对付的了！如果有的话，那么，人也就进动物园了。相反，你让他有一种公平感，处处尊重他，一切事情就好办了。这就是“人”。

没有几个人是累死的，相反，气死的倒不少。什么是癌？一口气闷在肚子里出不来，形成疙瘩，演变成恶性肿瘤，就是癌。别听有的人喊，累死我了，这活不是人干的。你真让他轻松一会儿，他马上就会有一种失落感。生命中不能承受之轻。

总之，人是微妙而又复杂的，而且是千变万化的，社会正是由这些千变万化、微妙复杂的人组成的。因此，我们作为一个领导，首先要知人，了解人心和人情的微妙复杂之处，从而使你处在人际关系融洽的光明群体之中，否则就只有感慨世态炎凉了。

作为领导，如何体现尊重下属?

你希望别人怎么待你，你就先怎么待人（设身处地站在他人的立场)；

把部属当作同事，切勿轻视、命令或谴责；

再怎么说他们也是与你共事的人，并非你的仆役或至亲。因此，适当地对待他们吧！让组织内每一个人都分享人道精神。高高在上的领导激励不了任何人，只能遭致他人的怨恨。

当务之急是我们应该把自己从职位、头衔中抽离出来，从新的角度去看，其实每个人都是贡献者。同时，让下属看到你也是一个普通人。对人要公平合理，他们是贡献者，并非组织的一具机器。

自己一定要明白，除了拥有显赫的头衔外，其实自己跟其他同事之间并无任何不同。

老板驱使他们工作，领导者训练他们；

老板依赖权威，领导者依赖亲善；

老板引发恐惧，领导者鼓舞热诚；

老板说“我”，领导者说“我们”；

老板为偶发事故委过，领导者料理偶发事故；

老板知道怎么完成，领导者教人怎么完成；

老板说“走”，领导者说“我们走”。

你若能发挥这四大支柱——公开、诚实、信赖、尊重——你和别人的关系便会走向高度的信任。

四条建议在实践中的运用。

“IBM 研究员”制度。这种制度是 IBM 运用精神鼓励，充分激发他人主动创造性的一种方式。该制度创设于 1963 年。公司总裁每年任命二至七名在科研、开发新产品和产品制造上有杰出成就的技术人员为“IBM 研究员”。一经任命，每个研究员除立即加薪外，还享有各种特权。他们有五年的时间在自己的专业范围内，根据自己的兴趣与直觉，任意选择研究项目，自由制定工作计划。他们可以根据提高专业水平和交流经验的需要到任何地方旅行。他们可以完全摆脱日常工作，不受公司一般行政规定的约束。公司为每个研究员配备了一个由部门副主管为首的科室人员与后勤人员组成的班子处理日常工作，以使该研究员能专心从事研究。不愿搞管理工作的技术人员不必担任经理职务，但这丝毫不影响他们的晋升。一般来说，每个研究员每年有几十万美元可供自由支配，进行实验和研究。只有当某一项目的资金需要达几千万乃至几亿美元时，才需经总部批准。

近 40 年来，IBM 研究员实现了一个又一个技术上的突破，获得了一项又一项专利。如果一个研究员的创新成果得不到本部门的支持，他可以跨部门寻求用武之地。不少别的公司都愿以重金聘请 IBM 的研究员，但是真正为了钱而辞职的人绝无仅有。因为“IBM 研究员”在公司里备受尊重，行动自由，研究项目的资金充足。

所以人们常说：“老板的胸襟有多大，企业便有多大。”由此类推，老板的胸襟有多大，给他人营造的思维空间便有多大。

主要参考文献

1. Belbin，R. m. （1981） Teams：Why they succeed or fail，Heiemann，London.

2. Stephen P・Robbins Management. sixth edition，Prentice Hall International，Inc.

3. John R. Schermerhorn，Jr. Management. sixth edition，john Wiley & Sons，Inc.

4. Luis R・gomez－mejia，David B・Balkin，Robert L・Cardy，Managing Human Resources. second edition，Prentice Hall International，Inc.

5. 乔恩・R. 卡曾巴赫等著，侯玲译：《团队的智慧》，经济科学出版社，1999 年版。

6. H. 威廉斯著，秋同译：《团队管理》，中信出版社，1999 年版。

7. 贾砚林、颜寒松等著：《团队精神》，上海财经大学出版社。

8. 斯蒂芬・P. 罗宾斯著，孙建敏、李原等译：《组织行为学》，中国人民大学出版社，1997 年版。

9. 斯蒂芬・P. 罗宾斯著，黄卫伟、孙建敏等译：《管理学》（第四版），中国人民大学出版社，1997 年版。

10. 苏东水著：《管理心理学》，复旦大学出版社，1987 年版。

11. T. 普罗克特著，周作宇、张晓霞译：《管理创新》，中信出版社，1999 年版。

12. 蒂姆·欣德尔著，王楚凤译：《运筹时间》，上海科学技术出版社，2000年版。

13. 席西民、井润田著：《领导的科学与艺术》，西安交通大学出版社，1999年版。

14. 哈罗德·J. 利维特著，张文芝、张仲梁、张文中、张力译：《管理心理学》，中国人民大学出版社，1989年版。

15. 赵中天主编：《管理心理学》，中国经济出版社，1989年版。

16. 程正方编著：《现代管理心理学》，北京师范大学出版社，1996年版。

17. 王维义编著：《现代管理心理学》，首都经济贸易大学出版社，1996年版。

18. 罗锐韧、曾繁正主编：《组织行为学》，红旗出版社，1997年版。

19. 包国宪、钟占国等编著：《管理学——理论与方法》，兰州大学出版社，1998年版。

20. 周巧笑编著：《管理技巧》，四川辞书出版社·中文大学出版社，1999年版。

21. 王文波、文岗编著：《领导新智——二十一世纪领导艺术》，民主与建设出版社，2000年版。

22. 魏延军、江洪明编著：《如何授权——通过别人完成工作的艺术》，企业管理出版社，1999年版。

23. 孙春雷著：《领导与激励——人性化管理漫笔》，经济管理出版社。

24. 于显洋、林克雷、李路路著：《组织行为学》，北京工业大学出版社，1994年版。

25. 张玉利主编：《管理学》，南开大学出版社，1999年版。

26. 王忠明、杨东龙主编：《员工与组织创新》，中国经济出版社。

27. 王伟、樊懿德编著：《12小时哈佛管理学》，中国友谊出版公司，1997年版。

28. 黎少华著：《组织智慧——人力资源整合策略》，首都经济贸易大学出版社，2000年版。

29. 胡爱本、包季鸣、季路德编著：《新编组织行为学教程》，复旦大学出版社，1993年版。

30. 刘郁、毛建华编著：《自我认知自测与咨询》，浙江人民出版社。

31. 张力、张钦编著：《情绪智商自测与咨询》，浙江人民出版社。

32. 江铭强编著：《人力资源管理》，广东经济出版社，1999 年版。

33. 高玉祥著：《健全人格及其塑造》，北京师范大学出版社，1997 年版。

34. 刘诚岭、张冬梅等编著：《创新的策略：创新能力训练和测验》，红旗出版社，1999 年版。

35. 柏桦著：《领导 EQ》，西苑出版社，1999 年版。

文献的引用

1. 罗德·J. 利维特著，张文芝、张仲梁、张文中、张力译：《管理心理学》，中国人民大学出版社，1989 年版，第 236 页，语句有所改动。

2. 斯蒂芬·P. 罗宾斯著，孙建敏、李原等译：《组织行为学》，中国人民大学出版社，1997 年版，第 263 页。

3. 李雪峰、岳峥嵘主编：《现代领导发展与培训》，中国人事出版社，1999 年版，第 172 页。

4. 刘郁、毛建华编著：《自我认知自测与咨询》，浙江人民出版社，1999 年版，第 69 页。

5. 刘郁、毛建华编著：《自我认知自测与咨询》，浙江人民出版社，1999 年版，第 178 页。

6. 程正方编著：《现代管理心理学》，北京师范大学出版社，1996 年版，第 506 页。

7. 程正方编著：《现代管理心理学》，北京师范大学出版社，1996 年版，第 514 页。

8. 程正方编著：《现代管理心理学》，北京师范大学出版社，1996 年版，第 510 页。

9. 赵中天主编：《管理心理学》，中国经济出版社，1989 年版，第 53 页。

10. 斯蒂芬·P. 罗宾斯著，孙建敏、李原等译：《组织行为学》，中国人民大学出版社，1997 年版，第 189 页。

11. 斯蒂芬·P. 罗宾斯著，孙建敏、李原等译：《组织行为学》，中国人民大学出版社，1997 年版，第 217 页。

12. 斯蒂芬·P. 罗宾斯著，黄卫伟、孙建敏等译：《管理学》（第四版），中国人民大学出版社，1997 年版，第 493 页，个别文字有改动。

13. 周巧笑编著：《管理技巧》，四川辞书出版社·中文大学出版社，1999 年版，第 52 页。

14. 张力、张钦编著：《情绪智商自测与咨询》，浙江人民出版社，1999 年版，第 1 页。

15. 张力、张钦编著：《情绪智商自测与咨询》，浙江人民出版社，1999 年版，第 156 页。

16. 张力、张钦编著：《情绪智商自测与咨询》，浙江人民出版社，1999 年版，第 166 页。

17. 斯蒂芬·P. 罗宾斯著，孙建敏、李原等译：《组织行为学》，中国人民大学出版社，1997 年版，第 314 页。

18. 斯蒂芬·P. 罗宾斯著，黄卫伟、孙建敏等译：《管理学》（第四版），中国人民大学出版社，1997 年版，第 73 页。

19. 刘诚岭、张冬梅等编著：《创新的策略：创新能力训练和测验》，红旗出版社，1999 年版，第 302 页。

20. 张力、张钦编著：《情绪智商自测与咨询》，浙江人民出版社，1999 年版，第 171 页。

21. 斯蒂芬·P. 罗宾斯著，孙建敏、李原等译：《组织行为学》，中国人民大学出版社，1997 年版，第 288 页。

图书在版编目(CIP)数据

团队精神/尚水利著. —北京：时事出版社，2005
ISBN 978—7—80009—874—1

Ⅰ. 团… Ⅱ. 尚… Ⅲ. 企业管理－组织管理学 Ⅳ. F272.9

中国版本图书馆 CIP 数据核字（2005）第 016790 号

出版发行：时事出版社
地　　址：北京市海淀区万寿寺甲 2 号
邮　　编：100081
发行热线：（010）88547590　88547591
读者服务部：（010）88547595
传　　真：（010）68418647
电子邮箱：shishichubanshe@sina. com
网　　址：www. sspublish. com
印　　刷：北京昌平百善印刷厂

开本：787×1092　1/16　印张：22.25　字数：341 千字
2005 年 3 月第 2 版　2007 年 4 月第 3 次印刷
定价：35.00 元